普通高等教育"十一五"国家级规划教材

现代服务学概论

主　编　刘北林　霍　红

副主编　刘　莉

中国物资出版社

图书在版编目（CIP）数据

现代服务学概论 ／ 刘北林，霍红主编 . —北京：中国物资出版社，2008.1（2024.8重印）

普通高等教育"十一五"国家级规划教材

ISBN 978－7－5047－2775－6

Ⅰ. ①现… Ⅱ. ①刘…②霍… Ⅲ. 服务经济学－高等学校－教材 Ⅳ. F063.1

中国版本图书馆 CIP 数据核字（2007）第 189562 号

责任编辑：黄正丽
责任印制：尚立业
责任校对：孙会香

中国物资出版社出版发行

网址：http：//www.cfpress.com.cn

社址：北京市西城区月坛北街 25 号

电话：（010）52227588 邮政编码：100834

全国新华书店经销

北京九州迅驰传媒文化有限公司印刷

开本：710mm×1000mm 1/16 印张：22.5 字数：428 千字

2008 年 1 月第 1 版 2024 年 8 月第 7 次印刷

书号：ISBN 978－7－5047－2775－6/F·1157

定价：49.00 元

（图书出现印装质量问题，本社负责调换）

前　　言

《现代服务学概论》的主要目的不仅是为读者提供介绍现代服务领域的入门性材料，而且也为了使读者熟悉特定的客户服务问题。现代企业除了需要传统的服务营销知识外，还要增加员工在服务创新、服务质量、服务补救、客户服务等方面的知识。

本书共分九章，其中第四章、第六章、第八章为重点。第一章介绍了现代服务导论，包括服务的内涵和特征、国内外服务业发展概况、发展服务业的意义以及现代服务业的发展趋势。第二章引入了服务战略，介绍了服务战略的概念、要素、特点，重点是服务的一般性竞争战略。第三章阐述了如何进行服务市场选择，突出服务市场选择的三个阶段：服务市场细分、服务目标市场选择以及服务市场定位。第四章对服务营销组合 7Ps 作了系统的介绍和评述，包括产品、价格、渠道、促销、人员、有形展示和过程。第五章对服务创新进行展开，介绍了服务创新相关内容、服务创新的四维度模型以及创新体系。第六章对服务质量管理进行了深入的研究，指出产生服务质量差距的原因，服务质量是如何进行衡量、设计和改进的。第七章介绍了服务补救，提出服务补救的内涵、服务补救的模型与实施策略，最后介绍服务补救中各种理论的应用。第八章引入客户服务管理的概念，介绍了与客户服务管理有关的售后服务、客户关系管理（CRM）。最后，第九章介绍了国际服务贸易。

本书具有以下几个特点：①在每一章的前面，均有"本章学习目的"，引导读者具有针对性地去学习有关知识。②每一章都包括一个导引案例，文中亦配有若干案例及小贴士以供读者对内容作深入理解。③贯穿本书的有一系列图形及表格，同时每一章还包括课后思考题，利于读者理解所学内容。

本书是普通高等教育"十一五"国家级规划教材，适合高等院校工商管理、企业管理、应用经济学、国际经济与贸易以及相关专业师生使用。本书也适合第三产业各行业中高级管理人员阅读。由于编者水平有限，不妥之处在所难免，在此恳请读者批评、指正。

　　本书由刘北林、霍红任主编，刘莉任副主编，参加编写的有吴荣、冯波、黄小娟等。本书在编写过程中，参考了国内外专家学者的相关著作，在此表示衷心感谢。

作　者

2008 年

目 录

第一章　现代服务导论

> **本章学习要求：**
> 掌握：服务的基本特征；我国服务业的发展；发展服务业的意义。
> 熟悉：服务的分类；服务业的概念和分类；服务业的发展状况；现代服务业的发展趋势。
> 了解：服务的内涵；现代服务业概况。

　　海尔集团是目前亚洲第一家荣获国际星级服务顶级荣誉——五星钻石奖的家电企业。之所以取得今天如此大的成就，和它的完善服务有着密切的联系。当年在市场价格大战之后，海尔集团率先提出"以服务赢得市场"的口号，并切实推出了国际星级一条龙服务举措：售前本着"参与化"原则，通过与客户的感情交流，了解潜在需求；售中本着"方便化"原则，通过全方位咨询引导，提供符合客户期望的高、新、全的产品；售后本着"及时化"原则，通过客户回访不断征求意见，以国际星级化服务消除顾客烦恼。正是这种至真、至诚、至善的优质服务，使海尔实现了投诉率为零的服务竞争目标，牢牢占据了市场霸主地位。

第一节　服务的内涵和特征

一、服务的内涵

　　在我们周围，服务无处不在，不管是去银行取钱，去喜欢的餐馆用餐，或是购买了商品要求送货都包含了服务。全球的服务经济正在日益繁荣，特别是，越

1

来越多的工业化国家正在发现其大部分的国民生产总值都是由服务业所创造的。由此可见，服务已成为一个社会重要的组成部分。它是经济健康发展的关键，是经济发展的核心。

服务是一种复杂的现象，我们可以找到许多有关服务的定义，涵盖了从个人服务到产品服务，甚至还可以再广一些。它们都包含一个共同的方面，即强调服务的无形性以及生产和消费的同时进行。以下列举了几个具有代表性的定义：

• 为销售产品而提供的，或是与销售产品有关的活动、好处或满意（美国市场营销学会，1960）。

• 服务是直接提供满足或者与有形商品或其他服务一起提供满足不可感知的活动（Regan，1963）。

• 服务是可被独立识别的不可感知活动，为消费者或者工业用户提供满足感，但并非一定要与某个产品或服务连在一起出售（Stanton，1974）。

• 服务是与某个中介人或机器设备相互作用并为消费者提供满足的一种或一系列活动（Lehtinen，1984）。

• 服务是具有或多或少无形性特征的一项活动或一系列活动，它通常但并非一定是发生在客户和服务雇员和/或物质资源或商品和/或服务供应商系统之间的交互活动，它为客户提出的问题提供解决方案（Christian Gronroos，《服务管理和营销》，Lexington Books，Lexington，Mass，1990，第27页）。

• 服务是一种涉及某些无形性因素的活动，它包括与客户或他们拥有财产的相互活动，它不会造成所有权的更换，条件可能发生变化，服务产出可能或不可能与物质产品紧密相连（A. Payne，《服务营销》，1992）。

• GB/T 19000 - 2000 质量管理体系基础和术语 idt ISO 9000：2000 中规定：服务通常是无形的，并且是在供方和客户接触面上至少需要完成一项活动的结果。

二、服务的基本特征

服务与产品是完全不同的两个概念，我们有必要对服务进行专门的研究。关于服务与产品的差异主要归结为四个特征：①无形性：服务不能像感知有形商品同样的方式被看到、闻到、触摸到或感觉到；②同步性：在服务过程中消费者与生产者必须直接发生联系，从而生产的过程也是消费的过程；③差异性：从一次服务交易到下一次服务交易，服务操作存在着潜在的可变性；④易消失性：服务不能保存；没有使用的服务不能储存起来，服务本身是不能储存的。

以上四个特征，使得服务运营管理更具有挑战性，同时也要求管理者拥有与传统管理实践不同的思路。

（一）无形性

无形性是服务最主要的特征。服务的产品形式可以是完全的劳务，即无形产品形式。比如，汽车修理人员提供的修理服务，民航、铁路提供的运输服务；但是，也有很多是与有形产品的制造和提供结合在一起的服务形式。比如，汽车制造公司提供的汽车销售服务等。

服务的无形性会给客户带来一定的问题。主要体现在：

1. 服务缺乏存储的能力。例如，下午场没有售出去的电影院座位不可能加到晚场的电影中去。

2. 服务不受专利的保护。例如，企业会称它们的工艺流程是受专利保护的，实际上受保护的是工艺流程中有形的机器，而非工艺流程本身。

3. 服务展示或传达过程困难。例如，保险对于许多人而言是种复杂产品，我们看不到它，也不了解它，在购买之前也不能抽一个样品，即使花了很多钱购买了保险，在将来的某一时间之前也是感受不到的。因此保险推销员向客户解释其产品的价值是相当困难的。

4. 服务定价困难。例如，你要去当一名家庭教师，辅导小学英语、数学，那么你每小时收费多少？你的劳动成本又是多少？服务定价所面临的挑战在于根本就没有所销售的产品的成本，因为服务的主要成本是劳动力。

（二）同步性

同步性是服务管理的显著特征，即服务的生产与消费是同时进行、不可分离的。也就是说服务人员提供服务的同时也是客户消费服务的时候，二者在时间上不可分离。服务的同步性又派生出其他一些特性，主要有：

1. 服务是在服务提供者实际在场的情况下产生的。例如，医疗手术需要外科医生在场，家庭服务需要家政服务员在场。

2. 客户参与生产过程。当然客户参与生产过程会随情况而变。例如，客户在接受医疗手术或理发等服务需要全程在场；客户在接受家庭清洁服务时只需在服务开始和结束时在场；客户通过网络学习大学课程时只需精神在场。

3. 服务过程中有其他客户出现。服务过程通常是几个客户共享的，这种共享既可能是负面的，也可能是正面的。比如，公共场合吸烟会扰乱非吸烟者的空间；自习室里的聊天会影响他人学习。当然，"其他客户"也会带来正面的影

3

响。例如，电影院观众的笑声和恐怖的尖叫声常常会增强人们对电影的兴趣；通常，门口停车场上停满车的饭店比没有车停的饭店更会吸引用餐顾客。

4. 服务不易大量生产。因为服务提供者是直接与所生产的服务相联系的，单个的服务提供者只能生产有限的服务量。对于为特定的人所提供的服务感兴趣的客户只能到该种服务提供者所在的地方接受服务。

（三）差异性

服务的差异性是指服务的构成成分及其质量水平经常变化，很难统一。差异性所引起的主要障碍使服务的标准化和质量控制难以实现。不同的服务人员由于其自身因素的影响会提供不同质量和效果的服务，即使同一个服务人员提供的服务也会因时因地而产生不同的水准。例如，饭店里的服务员常常承认，他们各自与客户打交道的质量也会因不同的客户、不同的时间、不同的桌子而变化。

（四）易消失性

易消失性既是服务区别于商品的特性，也说明了服务不能储存的特性。原来可以使用的服务，如果不卖掉也就不再存在了。在货物管理中，充分利用储存空间和期货的能力将为人们提供很多选择的余地。例如，当你打电话给仓库管理员求助，得到的回应通常是："对不起，我正忙，我将在半个月后与您联系。"消费者或许可以为货物的运输等上很长的一段时间，但是如果服务不能在很短的时间内提供给消费者，这笔生意很可能因此而跑掉。

三、服务的分类

服务包括的内容十分复杂，因而有必要进一步研究服务的分类，以使得对服务业的研究更具针对性。虽然不同的分类方法或多或少有一定的局限性，但服务的分类有助于更有条理地讨论服务管理，打破行业障碍，互相取长补短。如医院可以向旅馆学习管理经验，干洗店也可以向银行学习为客户开设晚间存取业务。服务的分类方法很多，本书结合众多参考资料，详细阐述服务的四大分类。

（一）服务的主要分类

1. 按服务与产品的关系分类

按照服务与有形产品的关系可分为：

（1）单纯服务。与有形商品交易无关的，独立进行交易的服务。如电影院放映电影的有偿服务，旅客与航空公司之间买卖客运服务等。

（2）附属服务。它是指依附于商品买卖的劳务转让。比如消费者购买电子类产品之后，卖方或厂商会提供一系列售后服务。一家企业在产品的开发和架设销售渠道之后，增加产品的附属服务是企业利益增加的一个重要因素。

2. 按服务的贸易方式分类

服务贸易方式即服务的提供方式。服务贸易是指一国居民与他国居民所做的服务交易，也就是通过提供服务来从事进出口贸易活动。这些跨越国界所进行的服务交易，如果按照 WTO 服务部门分类（W/120），服务被划分为 12 个部门，包括：商业服务、通讯服务、营造及相关工程服务、配销服务、教育服务、环境服务、金融服务、人体健康服务、观光及旅游服务、娱乐文化及运动服务、运输服务和其他服务。另外，服务贸易亦可能通过单纯以服务供给者提供服务的方式，或是与商品结合的方式以提供服务。由此可见，服务贸易的交易形态相对于商品交易更为复杂。

3. 按具有战略性的服务分类

拉弗朗克于 1983 年在 "Classifying Service to Gain Strategic Marketing Insights" 一文中将服务从五个方面进行分类：

（1）根据服务活动的性质，我们可以从两个层面对服务进行分析：一是谁或什么是服务的直接接受者；二是服务是可触知的还是不可触知的，即是有形活动还是无形活动。这样可以得到四种组合形式（如表 1-1 所示）。

①对人的可触知的活动，如医疗卫生服务、餐饮服务；

②对物的可触知的活动，如运输、设备维修；

③作用于客户心理的不可触知的活动，如教育、信息服务；

④作用于客户财产的不可触知的活动，如金融服务、法律服务。

表 1-1　　　　　　按服务的直接接受者与服务活动的性质分类

服务活动的性质	服务的直接接受者	
	人	物
有形活动	作用于客户的服务： （1）医疗卫生服务 （2）美容、理发 （3）客运 （4）餐饮 （5）健身	作用于物的服务： （1）商品运输 （2）维修 （3）家庭清洁 （4）洗染 （5）园艺

服务活动的性质	服务的直接接受者	
	人	物
无形活动	作用于客户意识的服务： (1) 教育 (2) 电视、广播 (3) 戏剧 (4) 博物馆 (5) 信息服务	作用于无形物的服务： (1) 银行 (2) 保险 (3) 法律服务 (4) 金融服务 (5) 会计

（2）按照服务组织与客户之间关系的类型（"会员"关系或非正式关系）及服务传递的形式（持续传递或间断传递）可分为："会员"关系的持续传递、非正式关系的持续传递、"会员"关系的间断传递、非正式关系的间断传递（如表1-2所示）。

表1-2　　　　　　　　按相互关系及服务传递的形式分类

服务传递的形式	服务组织与客户间的关系	
	"会员"关系	非正式关系
持续传递	(1) 保险 (2) 大学注册学生 (3) 与银行的关系 (4) 电话用户	(1) 广播电台 (2) 住宅照明 (3) 公共高速公路 (4) 灯塔
间断传递	(1) 长途电话 (2) 月票 (3) 智能计算机软件 (4) 剧院订户	(1) 汽车租赁 (2) 邮政服务 (3) 打收费电话 (4) 公共交通服务 (5) 餐馆用餐

（3）按照需求和供给的性质可分为：需求波动大而供给受限制程度也大、需求波动大而供给受限制程度小、需求波动小而供给受限制程度也小、需求波动

小而供给受限制程度大，与上面服务类似但企业的基础能力不足（如表 1-3 所示）。

表 1-3   **按需求和供给的性质分类**

供给受限制程度	需求波动	
	大	小
大	(1) 酒店 (2) 客运 (3) 餐馆	与其他服务类似但企业的基础能力不足
小	(1) 电话服务 (2) 电力 (3) 燃气、煤气	(1) 保险 (2) 银行 (3) 法律服务

（4）按照客户与服务业之间交互的性质（客户到服务场所、企业上门服务或远程交易）及服务的可获性（单一场所或多个场所）可分为：客户到服务场所的单一场所服务、企业上门服务的单一场所服务、远程交易的单一场所服务、客户去服务场所的多个场所服务、企业上门服务的多个场所服务、远程交易的多个场所服务（如表 1-4 所示）。

表 1-4   **按交互与服务的可获性分类**

服务的可获性	客户与服务业间交互的性质		
	客户到服务场所	企业上门服务	远程交易
单一	(1) 电影院 (2) 理发店	(1) 家政服务 (2) 出租车	(1) 地方电视台 (2) 信用卡管理企业
多个	(1) 连锁便利店 (2) 公共汽车	(1) 上门专递 (2) AAA 紧急维修	(1) 电话公司 (2) 无线电通信网

（5）还有按照服务定制的程度（高或低）与服务人员为满足客户需求行使判断的程度（高或低）可分为：定制程度高、判断程度高；定制程度低、判断程度高；定制程度高、判断程度低；定制程度低、判断程度低（如表1-5所示）。

表1-5 　　　　　　　　　　按定制程度与行使判断的程度分类

判断程度	定制程度	
	高	低
高	（1）出租车服务 （2）法律服务 （3）医疗卫生服务 （4）人才中心	（1）预防性健康计划 （2）教育 （3）大学餐饮服务
低	（1）旅店服务 （2）电话服务 （3）金融服务	（1）快餐 （2）家电维修 （3）公共交通

（二）服务过程分类

罗杰·施米诺（Roger W. Schmenner）于1986年在"How Can Service Businesses Survive and Prosper?"一文中，根据影响服务传递过程性质的两个主要维度：劳动力密集程度和交互及定制程度，设计了一个服务过程矩阵（如下页图所示）。垂直维度衡量劳动力密集程度，劳动力密集程度＝劳动力成本/资本成本；水平维度衡量与客户之间的交互及定制程度。"定制"是指客户个人影响要传递的服务的性质的能力。如果服务是标准化而非定制化，客户与服务人员之间就无需多少交互。

服务过程矩阵将服务分成四个部分，每个部分各有其特点。

1. 服务工厂：低劳动密集/低交互和定制。"服务工厂"提供标准化服务，具有较高的资本投资。

2. 服务作坊：低劳动密集/高交互和定制。"服务作坊"允许有较多的服务定制，但在高资本环境下经营。

3. 大众化服务：高劳动密集/低交互和定制。"大众化服务"的客户在劳动力密集的环境中得到无差别的服务。

4. 专业服务：高劳动密集/高交互和定制。"专业服务"的客户会得到经过特殊训练的专家为其提供个性化服务。

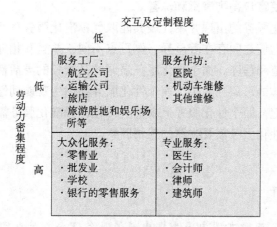

交互及定制程度

	低	高
劳动力密集程度 低	服务工厂： ·航空公司 ·运输公司 ·旅店 ·旅游胜地和娱乐场所等	服务作坊： ·医院 ·机动车维修 ·其他维修
高	大众化服务： ·零售业 ·批发业 ·学校 ·银行的零售服务	专业服务： ·医生 ·会计师 ·律师 ·建筑师

服务过程矩阵

（三）标准化服务、个性化服务、超值服务

1. 标准化服务

国家标准 GB 3935.1 – 1983 标准化基本术语第一部分对标准做了如下定义：标准是对重复性事物和概念所做的统一规定。它以科学、技术和实践经验的综合成果为基础，经有关方面协商一致，由主管机构批准，以特定形式发布，作为共同遵守的准则和依据。而服务标准化是指通过对服务标准的制定和实施以及对标准化原则和方法的运用，以达到服务质量目标化、服务方法规范化、服务过程程序化，从而获得优质服务的过程。例如，目前我国饭店业所采用的标准体系主要包括国际饭店业惯例、旅游涉外饭店星级划分与评定标准、国际标准化管理体系如 ISO 9000 和 ISO 14000 以及饭店行业标准等。标准化的推行有效地促进了服务企业从传统的经验管理向科学管理的过渡与转变，为服务企业带来了可观的经济效益和良好的社会效益。

2. 个性化服务

标准化的服务不能使客户得到差异需求的满足，如标准化的住宿达不到游客求新、求奇、求变的要求；标准化的服务同各类客户的需求也不能完全保持一致，不同年龄、不同职业的客户对服务产品有各自的需求。而与标准化不同的个性化能凸显服务企业经营的特色，展现出服务企业的核心竞争力。因此，服务企业为客户提供优质服务远远不能只停留在标准规范上，应该体现在更深层次的内涵上，即个性化服务。个性化服务不照抄照搬基本服务要求的条条框框，因人而异，因时而变，使客户得到满意和惊喜。

当然，个性化服务的出现并不代表其能取代标准化服务，两者都没有取代对方的可能，因为它们之间存在着差异，侧重点不同，并且互相补充。标准化服务注重的是服务规范和程序，而个性化服务强调的是服务的灵活性和有的放矢；标准化服务强调整体的形象和效率，而个性化服务提倡主观能动性和效益；标准化服务注重掌声四起，而个性化服务追求锦上添花；标准化服务需要鲜明的组织与群体观念，而个性化服务需要浓厚的感情因素。

3. 超值服务

案例分析

2003 年 8 月，海尔在国内率先提出超值服务理念，带来了中国客户服务领域的新革命。自提出为客户提供超值服务以来，各客户服务部门在客服岗位的第一线实践着这一全新理念。2003 年 8 月 26 日，海尔太原电话咨询中心 12 号咨询员李华接到一个不寻常的电话，这是由一个老大爷打来的电话，他想询问一下空调外机的罩子怎么购买。李华问他是否是海尔空调的用户，老大爷支支吾吾的，正打算要挂电话。李华越听越不对劲，老人似乎很疲倦，她问大爷是否不舒服。大爷说他自己得了脑血栓刚出院，天凉了，不知道空调该怎么保养。现在他是用左手打的电话，因为右手还不能动。李华放慢了语速，一字一顿地对大爷说："大爷，我们把防尘罩给您送过去好吗？"第二天，李华敲开了姜大爷家的门，姜大爷的老伴又激动又不好意思。李华起身走到空调跟前，开始讲解空调的使用和说明事项。临走，她还嘱咐两位老人："大爷、大妈，千万别客气，以后有什么事你们还打那电话，找我 12 号接线员！"

管理学家奥雷罗·彼德·杰尔林说："超值服务就是指超越常规的服务，也就是做到这个国家和这个企业规定的服务之外，自觉地使这种服务无限延伸，超越客户的要求。这种超值服务，会使客户深切感受到企业无微不至的关怀，从而使客户和企业之间建立起友好、融洽的关系。这是对传统服务观念和服务行为的挑战。"

超值服务就是贯穿于科研、生产、销售全过程的，以客户为导向，向客户提供最满意的产品和最满意的服务。超值服务包括：售前超值服务，如售前培训、售前调研、售前准备和售前接触；售中超值服务，如服务人员与客户进行交流、沟通和洽谈；售后超值服务，如服务制度、用户沟通制度、员工服务规范、员工培训制度和奖惩制度。

第二节 国内外服务业发展概况

一、服务业的概念

服务业通常被称为第三产业。1935 年，新西兰教授费希尔（A. G. B. Fisher）提出了"第三产业"的概念，他在《安全与进步的冲突》一书中将人类生产活动的发展分成三个阶段。其中处于初级阶段的生产活动以农业和畜牧业为主；处于第二阶段的以工业生产为标志；而第三阶段的产业为第三产业。费希尔的理论很快被人们所接受。从 20 世纪 50 年代后期开始，世界各国的经济统计部门普遍采用三次产业的分类方法。表 1-6 是目前世界上比较通用的三大产业的划分。

表 1-6　　　　　　　　　国际上通用的三大产业划分

产业划分	解释	产业范围
第一产业	产品直接取自自然界的部门	农业、林业、牧业、渔业、狩猎业
第二产业	对初级产品进行再加工的部门	采矿业、制造业、电力、燃气及水的生产和供应业、建筑业
第三产业（服务业）	为生产和消费提供各种服务的部门	商业、餐饮业、仓储业、运输业、交通业、邮政业、电信业、金融业、保险业、房地产业、租赁业、技术服务业、职业介绍、咨询业、广告业、会计事务、律师事务、旅游业、装修业、娱乐业、美容业、修理业、洗染业、家庭服务业、文化艺术、教育、科学研究、新闻传媒、出版业、体育、医疗卫生、环境卫生、环境保护、宗教、慈善事业、政府机构、军队、警察等

二、服务业的分类

（一）从服务营销的角度分类

从服务营销的角度可将服务业分为三类：卖方相关分类法、买方相关分类法和服务相关分类法（如表 1 – 7 所示）。

表 1 – 7　　　　　　　　　　从服务营销的角度分类

卖方相关分类法	企业性质	（1）民间、营利 （2）民间、非营利 （3）公营、营利 （4）公营、非营利
	表现的功能	（1）通信业 （2）顾问咨询 （3）教育 （4）金融 （5）保健 （6）保险
	收入来源	（1）取自市场 （2）纯捐赠 （3）课税
买方相关分类法	市场类型	（1）消费品市场 （2）工业市场 （3）政府市场 （4）农业市场
	购买服务的途径	（1）便利性服务 （2）选购服务 （3）专卖服务 （4）非寻找服务
	动机	（1）工具型（达成目的的手段） （2）表现型（目的本身）

续表

服务相关分类法	服务形态	(1) 规格服务 (2) 定制服务
	以人/器械为基础	(1) 以人为主的服务 (2) 以器械为主的服务
	接触度的高低	(1) 高接触度 (2) 低接触度

（二）国际标准化组织的分类

国际标准化组织制定的 ISO 9000 中对服务业分为十二类（如表 1 - 8 所示）。

表 1 - 8　　　　　　　ISO 9000 对服务业的分类

分类依据	服务业类别	内容
ISO 9000	接待服务	餐馆、饭店、旅行社、娱乐场所、广播、电视、度假村
	交通与通信	机场、空运、公路、铁路和海上运输、电信、邮政、数据通信
	健康服务	医疗所、医院、救护队、医疗实验室、眼镜商
	维修服务	电器、机械、车辆、热力系统、空调、建筑、计算机
	公用事业	清洁、垃圾管理、供水、场地维护、供电、煤气和能源供应、消防、治安、公共服务
	贸易	批发、零售、仓储、配送、营销、包装
	金融	银行、保险、生活津贴、房地产服务、会计
	专业服务	建筑设计、勘探、法律、执法、安全、工程、项目管理、质量管理、咨询、培训与教育
	行政管理	人事、计算机处理、办公服务
	技术服务	咨询、摄影、实验室
	采购服务	签订合同、库存管理与分发
	科学服务	探索、开发、研究、决策支持

（三）依据服务业的经济性质分类

依据服务业的经济性质，可把服务业划分为五类（详见表 1-9 所示）。

1. 生产服务业，是指直接和生产过程有关的服务活动行业。

2. 生活性服务业，是指直接满足人们生活需要的服务活动行业，包括加工性质的服务，具有提供一定物质载体的特点；活动性服务，即不提供物质载体而只提供活动。

3. 流通服务业，是指商品交换和金融领域内的服务行业，包括生产过程的继续、交换性服务业和金融服务业。

4. 知识服务业，是指以知识为基础，为人类的生产和生活提供较高层次的精神文化需求的服务业，包括专业性服务业和发展性服务业。

5. 社会综合服务业，是指不限于某个领域的交叉性服务活动行业，包括公共交通业、社会公益事业和城市基础服务。

表 1-9　　　　　　　　依据服务业的经济性质分类

分类依据	服务业类别		内容
服务业经济性质	生产服务业		厂房、车间、机器等劳动设施的修缮和维护；作业线的装备、零部件的转换、机器的擦拭、喷漆、涂油和保养等；生产的组织、工时的运筹、劳动力的调整以及计划、进度、报表的编制
	生活性服务业	加工性质的服务	饮食、缝纫、家用器具的修理等
		活动性服务	旅店、理发、浴池等；文化性服务，如戏剧、电视、电影、音乐、舞蹈等文化娱乐活动及旅游活动
	流通服务业	生产过程的继续	仓储、保管、搬运、包装等
		交换性服务业	销售、结算等商业活动服务
		金融服务业	银行、保险、证券、期货等
	知识服务业	专业性服务业	技术咨询、信息处理等
		发展性服务业	新闻出版、报纸杂志、广播电视、科学研究、文化教育等

续表

分类依据	服务业类别		内容
服务业经济性质	社会综合服务业	公共交通业	运输业、航运业等
		社会公益事业	公共医疗、消防、环境保护、市政建设等
		城市基础服务	供电、供水、供气、供暖、园林绿化等

三、服务业的发展状况

美国社会学家丹尼尔·贝尔（Daniel Bell）曾经这样描述知识社会：现代服务不同于传统服务的主要区别在于现代服务包含更多知识和技术的因素，因此知识社会必然是服务经济社会。无论是生产力提高、传统企业转型改造，还是满足消费者日益丰富的需求，都离不开以知识和信息为基础的专业性或知识性服务。

20 世纪 60 年代以来，全球服务业有了较快的发展。体现在三个方面：

（一）服务业产值和就业人数显著增长

绝大多数国家服务业产值的年增长速度都超过本国 GDP 增长速度。目前，全球服务业增加值占 GDP 比重为 60% 以上，主要发达国家达到 70% 以上，即使是中低收入国家也达到了 43% 的平均水平；服务业就业人数占整个就业人数的平均比重，分别从 43%、27% 和 11% 增加到 75%、55% 和 15%。其中，这两个数据在发达国家增加的幅度最大。在服务业吸收劳动力就业方面，西方发达国家服务业就业比重普遍达到 70% 左右，少数发达国家达到 80% 以上。

（二）服务业在国际经济中的比重增加

目前，世界主要发达国家的经济重心开始转向服务业，产业结构呈现出"工业型经济"向"服务型经济"转型的总趋势。服务贸易已占世界贸易的 1/5 以上。以国际旅游服务为例，据世界旅游组织公布的数据，1998 年，仅国际旅游服务的收入就达 4440 亿美元，跨国旅游人次达 6.25 亿。该组织预测，到 2020 年，国际旅游服务收入有望突破 2 万亿美元，跨国旅游人次将达到 16 亿。发达国家对外直接投资中服务业投资已占 45% 以上，其中美国比重最高，已超过 60%。

（三）服务业向现代化方向发展

20 世纪 90 年代以来，现代服务业进入了迅速壮大时期。传统的基于工业化的经济格局转变为知识经济格局。现代服务业在工业经济时代处于经济发展边缘的位置，规模和影响力都比较小，但却为后来的知识经济时代发展奠定了基础。在知识经济时代，企业所关心的是核心能力和核心业务的发展，大量商务活动的外包促使现代服务业在世界范围内迅速壮大起来，并逐渐成为推动各国经济发展的重要力量。例如广告服务、租赁服务、咨询服务、会展服务等。从第二次世界大战结束到20世纪80年代是现代服务业的发展时期。美国广告业最先进入了全面发展阶段，20世纪60年代繁荣的美国广告业开始进入欧洲和日本；从20世纪50年代起，世界租赁业从近代租赁转向现代租赁业。据统计，1982年工业发达国家租赁投资约占全部设备投资的15%；世界上最发达的咨询市场也出现在美国，其中有著名的麦肯锡公司。西欧大规模咨询活动开展较晚，但发展很快，日本也跟上了发展的步伐。从1945年开始，贸易展览会和博览会成为会展业的主导形式，20世纪60年代，专业消费展览从专业展览会分离出来，直接展示并销售产品。除此之外，这个时期的律师业也以美国市场最发达。除了美国、日本、欧洲等发达国家和地区，在亚洲的新加坡、中国香港和韩国，企业理财服务和经纪服务、审计外包服务也都成为充满生机的新兴行业。信息服务和人事服务是在这个阶段出现的两个新兴服务行业，1985年美国信息产业的产值占GDP的60%，猎头公司最早出现在美国，七八十年代出现并盛行于中国香港、日本、欧洲。经过这一时期的发展，现代服务业实现了产业化，在经济中发挥的作用越来越大。同时，发达国家的服务业也迈出了国际化的步伐，引领现代服务业发展的潮流。

四、我国服务业的发展

（一）我国服务业的发展过程

自从我国加入WTO之后，面对着更为激烈的竞争和挑战，服务业也面临着生存和发展的迫切问题。

我国服务业的发展大致经历了三个阶段：

1. 服务业发展起步阶段

从新中国成立初期到改革开放前的30年间，我国的经济发展主要是以恢复、调整和粗放发展为主，通过发展农业、奠定工业基础和加大工业投入的方式来增加经济总量。在这期间，由于思想认识的不足以及传统计划经济体制及相应产业政策的局限，服务业一直没有得到重视，发展极为缓慢，因此，服务业在GDP和就业中所占的比重很小。到1978年，服务业占GDP的比重只有23.7%，就业比重只有12.1%，远低于同期发达国家的比重。

2. 传统服务业快速发展阶段

从改革开放到加入 WTO 的 20 年间，随着认识水平的提高、市场竞争机制的导入和改革开放的深化，服务业在这一阶段获得快速发展。1985 年，国务院批准在全国进行服务业统计，并要求各地重视发展服务业。服务业在国民经济中的地位逐渐提高，并已成为我国国民经济的重要组成部分。到 2000 年，服务业占 GDP 和就业的比重已分别达到 33.2% 和 27.5%。同时，服务业的内部结构也发生了很大的变化，许多新兴服务业迅速兴起并获得了较快发展。

3. 服务业快速整体推进阶段

我国加入 WTO 以后，给国内服务业的发展带来了巨大的机遇和挑战，并促使国内服务业的全面发展和升级。这一阶段的进程刚刚开始，它不仅会推动国内服务业"量"的发展，更会促使服务业"质"的提升。

（二）我国服务业的划分

我国国家统计局在 1985 年《关于建立第三产业统计的报告》中，将第三产业分为四个层次：流通部门、为生产和生活服务的部门、为提高科学文化水平和居民素质服务的部门、为社会公共需要服务的部门，具体如表 1-10 所示。

表 1-10 我国第三产业结构划分

第三产业	流通部门	第一层次	交通运输业、邮电通信业、商业饮食业、物资供销和仓储业等
	服务部门	第二层次 为生产和生活服务的部门	金融保险业、地质勘察业、房地产业、公用事业、居民服务业、旅游业、咨询信息服务业和各类技术服务业等
		第三层次 为提高科学文化水平和居民素质服务的部门	教育、文化、广播电视事业、科技研究事业、卫生、体育和社会福利事业等
		第四层次 为社会公共需要服务的部门	国家机关、党政机关、社会团体以及军队和警察等

需要说明的是，第三产业中第四层次提供的行政性服务不同于制造商的产品服务，而且与服务业的服务也有本质的不同，这种不同主要体现在赢利性上，显然，政府部门的服务没有赢利性。因此，我们研究的服务业不包括政府部门。

 **案例分析**

　　20 世纪 90 年代以来，中国拍卖业的发展势头迅猛。据统计，1988 年全国仅有 8 家拍卖企业，到 1995 年已发展到 800 余家。拍卖业恢复初期，全国年成交额仅几千万元，而到 1995 年，年成交额逾亿元的企业就有 10 多家。现在，中国的拍卖业正逐步向大规模、专业化、区域性方向发展，并出现了三类拍卖业齐头并进的格局。一类是国内外知名度高、经济实力雄厚、以拍卖书画、瓷器古玩和高档艺术品为主的国际公司和专营公司，如北京的瀚海、嘉德、荣宝斋、朵云轩等公司；一类是各省市的专业拍卖行，如海南的港澳拍卖公司、广东的旧汽车和果蔬拍卖行、辽宁的生产资料拍卖行以及部分省市的公物拍卖行等；一类是地方性的综合拍卖行，如北京拍卖市场、上海拍卖行、江苏典当拍卖总行、山东拍卖总行等。另外，国际知名的苏富比和佳士得两大拍卖公司也已进入上海，这就更刺激了中国拍卖业的竞争和发展。随着市场经济体制的完善，中国的拍卖业前程似锦。

　　思考：拍卖业属于服务业的哪一层次？

　　（三）我国服务业的发展现状

　　特殊的国情决定了我国服务业独有的特征。我们从服务业与 GDP 的联系、服务业就业在就业总量中的比重、服务业的行业结构和服务业的所有制结构 4 个方面对我国服务业现状和特征进行分析。

　　1. 我国服务业与 GDP 的联系

　　从相对比重来看，1978 年，服务业在我国 GDP 中占 23.7%；1990 年，服务业在 GDP 中的比重已上升到 31.3%；1990 年以来，我国服务业占 GDP 的比重一直保持在 31% ~34% 之间。"十五"期间，我国服务业实现了较快发展。2005年，服务业增加值达到 73395 亿元，比 2000 年增加 34000 亿元，占 GDP 比重达到 39.9%。国家统计局总统计师表示，我国服务业未来发展空间巨大，预计 2020 年服务业占 GDP 的比重可达 50%。从绝对数量来看，1978 年我国服务业的产值只有 860 亿元，远低于同期其他产业的产值。到 2004 年，服务业产值已达 43384 亿元，超过了第一产业的 20744 亿元，而且两者间的差距比较明显。从发展速度来看，我国服务业在改革开放初期的发展速度高于同期 GDP 的增长速度，如 20 世纪 80 年代国内生产总值年平均增长率为 8.9%，而同期服务业的增长率为 10.9%。但 1990 ~2004 年，服务业年均增长速度比 GDP 低近 1 个百分点，使得其占 GDP 的比重在 1992 年达到最高点 34.3% 后，长期徘徊在 30% ~ 34% 之间，低于世界中下等收入大国 48% 的平均水平。

2. 我国服务业就业在就业总量中的比重

自 20 世纪 90 年代以来，服务业成为我国新增就业的主渠道。2005 年与 1978 年相比，服务业就业人数从 4890 万人增加到了 23771 万人，新吸纳就业人数 18881 万人，占非农产业全部新增就业人数的 62.89%。国家统计局有关人员预计 2020 年服务业占全部从业人员的比重将在 44% 左右。

服务业行业多、门类广、劳动密集、资金和技能要求较低，能够吸收大量不同层次的各类人员。由于我国人口基数庞大，每年都会有大批新成长的劳动力出现。此外，随着科技的发展和生产率的提高，我国每年都有大量从第一、第二产业转移出来的劳动力需要重新安置，这为我国经济的顺利发展提出了严峻的劳动力就业问题。因此，加快发展服务业是缓解我国日益严峻的就业压力的主要途径。

3. 我国服务业的行业结构

我国服务业中行业就业集中趋势明显。批发零售业、交通运输仓储业、金融业仍然是我国服务业的主体行业，占服务业总增加值的 70%；而教育、批发零售业、交通运输仓储业、邮政业、卫生及社会保障和社会福利业是服务业吸纳就业人员的主体行业。新兴服务行业如证券业、信息业、咨询业、会计师和律师服务业等，自 20 世纪 90 年代以来也蓬勃兴起。

从劳动力就业增长方面来看，服务业内部劳动力增长最快的部门是批发和零售贸易业、餐饮业、社会服务等传统服务业，而科学教育、文化卫生等部门的劳动力就业增长缓慢。教育和科技两个部门就业增长的缓慢说明我国科教事业的落后，同时也意味着我国科教事业未来的发展潜力。

从服务业的技术和知识含量来看，我国劳动密集型的服务组织仍居主导地位，技术和知识密集型的服务组织所占比重很低。这种行业结构水平对我国发展高新技术服务业和提升产业结构不利，但却适宜吸收劳动力就业。

此外，服务业总体技术职称水平相对较高，教育、科学研究及技术服务和地质勘察、卫生及社会保障和社会福利业的技术职称水平在服务业中也较高。

4. 我国服务业的所有制结构

随着经济体制改革的不断深化，第三产业领域多数行业的所有制限制和壁垒已被打破，我国服务业所有制结构进一步优化，形成多元化发展格局。在包含金融业、通信服务业、商业、餐饮业、咨询业、技术服务业在内的多个行业部门中，非公及混合所有制经济的数量和规模占据服务业绝对比重。20 世纪 90 年代，保险、银行、电信等重要服务行业的改革先后启动，各种所有制资本开始参与到服务业中，特别是随着我国成功加入世界贸易组织后，外国资本开始逐步参与到国内服务业市场中，服务业投资主体增加，竞争程度有所提高。所有制结构的变化带来了激烈的竞争，迫使我国服务组织不断提升自身的竞争实力，服务业的整体水平随之提高。

改革开放以来，我国已建立了完整的服务业体系，尤其是一些新兴服务行业正在迅速发展。但在整个服务业内部结构方面，传统服务业仍占主导地位。从我国经济发展阶段的现实以及发达国家的历史经验看，我国服务业还存在着许多问题。不论是服务业的总量和比重还是劳动力的就业量和比重，不仅与发达国家比有较大的差距，而且与发展中国家相比也有差距。如何根据我国的国情，抓住历史机遇，加快发展我国的服务业，同时提升服务业的"质"和"量"，是一个迫切的问题。

（四）我国服务业存在的问题及其对策

 **案例分析**

随着产业结构的调整和城市功能的转变，上海近年来逐步形成了淮海路、南京西路、静安寺等一批服务业相对集聚的区域，孕育出十几幢年利税过亿元的商务楼，单淮海路上的瑞安广场，就聚集了6家总部性质的运作中心、15家专业事务所、6家跨国公司代表处等智力密集型服务机构。

在不断集聚人气与财气的同时，这些区域也日益暴露出定位雷同、功能欠缺、过度密集在中心城区等问题。针对这一现状，上海立足"合理布局，完善功能，提升等级"，计划以区为单位，在5～10年的时间里建成一批集商务、住宿、旅游、购物、餐饮、休闲为一体的现代服务业集聚区。具体步骤为：对南京西路、淮海路、虹桥等相对成熟、发展空间较小的服务业集聚区调整结构，完善配套；对环人民广场、静安寺、北外滩、新大地等已初具规模，但调整扩展余地较大的区域，扩容挖潜，拓展功能；对新老锦江、世博园、大宇基地等新建区域，以前瞻性的规划创建世界一流服务业集聚高地；对苏州河沿岸等历史文化遗留丰厚的区域，注重与老建筑功能相适应的服务业态开发。

依托周边高校云集的优势，杨浦的五角场现代服务业集聚区以知识创新为核心。传统服务业基础深厚的卢湾，重点瞄准个性化的休闲服务业、辐射强的商贸物流业、社会化的商业服务业和高附加值的信息服务业。位处沪宁发展轴、沪杭发展轴、延安路现代服务业发展轴三轴 Y 形交叉点的长宁区，则充分发掘地利，将现有的虹桥开发区向北扩展出娄山关路、天山路商业娱乐区和遵义路办公会展区，打造兼具国际、商贸、文化特征的"大虹桥"现代服务业集聚区。

思考：上海是如何打造现代服务业集聚区的？

1. 我国服务业存在的问题

（1）服务业开放程度不均

在世界范围内，服务业的发展，经历了从无到有、从小到大的历程。在服务业发展的过程中，一直存在着两个主体：一是地方政府主体，二是企业主体，这两个主体互相作用。但中国市场化程度的不足，使企业主体很难发挥应有的作用，难以成为服务业的主导力量。这使中国服务业的发展在更大程度上受制于政府职能转变的程度。

垄断性质的服务业，需要国家区别自然垄断和非自然垄断行业，然后分别给予不同的政策；而属公共服务领域的服务业的发展，则有待中国的事业单位改革。

政府垄断经营严重，市场准入限制就多。金融、电信、民航、铁路等属垄断或保护性质的领域，至今仍保持着十分严格的市场准入限制；而属公共服务领域的服务业发展，更远不是服务业本身的问题。

据有关统计，我国全部企业法人单位中，私营企业在数量上已占近半壁江山。但是，金融保险业中公有制依然居于绝对的主导地位。就整体来说，中国的服务业投资基本上还是以国有投资为主。服务业固定资产投资中，国有经济投资仍占 60% 左右，大大高于工业的同一比重。

（2）服务业增速趋缓，整体已陷入徘徊态势

20 世纪 80 年代我国服务业快速发展，到 90 年代，传统服务业市场逐渐饱和，行业过度竞争。1990～1999 年 10 年间服务项目价格指数年均上涨 16.8 个百分点，而同期服务业年均增长率只有 8.5%。近年来，效益下降的情形日益突出，快速增长的条件发生了改变，服务业增加值年均增长率长期低于同期 GDP 和工业增加值增长率。2002 年前三季度增长率一直在 6.2%～6.6% 的低位空间上运行，全年同比增长 7.3%，不仅低于全年 GDP 增长率 0.7 个百分点，更低于工业增加值增长率 2.6 个百分点。2003 年服务业的增长情况更是不容乐观。

中国社会科学院最近发布的 2007 年《财经蓝皮书》透露，近年来，中国服务业增加值占 GDP 的比重不升反降。2005 年中国服务业占 GDP 的比重和 2002 年相比不升反降，由 2002 年的 41.7% 降为 2005 年的 40.2%。而 2005 年服务业劳动就业占全部就业的比重仅为 31.4%，远低于国际平均水平。数据显示，中

国服务业规模不断扩大，2001 年服务业增加值为 44627 亿元，到 2005 年达到 73395 亿元。但从增长速度看，"十五"期间的大多数年份服务业增加值的增长速度都低于 GDP 增长速度，甚至占 GDP 的比重不升反降。

总之，从 20 世纪 90 年代以来，我国服务业整体增长已陷入徘徊的态势。从根本上制约服务业与国民经济和其他主导产业同步增长的因素，一是城乡严重分割，导致服务消费普遍低下；二是工业整体效率低，不足以支撑服务业兴起壮大。

（3）服务业地区发展不平衡

①城乡发展不平衡。全国服务业经济总量中 85% 分布在城镇，而在广大的农村极其薄弱。

②区域不平衡。从总量看，东部地区（不包括广西）服务业经济总量占全国的 60% 以上，西部地区只占全国服务业经济总量的 17%，中部地区为 22.5%，东中西部存在显著差异；从产业结构看，最发达的上海、北京、广州，工业化任务基本完成，现代服务业的发展主要集中在最发达和发达两个梯度内。信息咨询服务业、公共设施服务业、房地产管理业、计算机应用服务业、房地产代理与经纪业等五大新兴行业增长迅速，产业结构已经演变为"三、二、一"格局。而广大的欠发达和不发达地区除教育和旅游发展条件较好外，整体看服务业发展层次较低，发展后劲不足。

③发展速度上呈现不平衡。东部快于中西部，中部与西部相比，西部发展较快（见表 1 - 11）。

表 1 - 11　　　　　　　　　　　服务业地区对照表

各地区服务业增加值占总服务业增加值的比例情况		
地区	2001 年	2004 年
东部	63%	65%
西部	12%	11%

各地区服务业就业占全国服务业就业的比例情况		
地区	2001 年	2004 年
东部	46%	48%
中部	33%	31%
西部	21%	22%

（4）劳动密集型服务业吸纳就业难度加大

2002年1~11月全国劳动力市场的用人需求信息显示，服务业仍然是吸纳就业的主力军。现代化国家的服务业就业比重在70%左右，而我国2002年这一比重不足30%，就业潜力巨大。然而，2001年批发零售贸易、餐饮业的人员比上年大约减少了135.3万人，说明我国服务业吸纳就业的现实能力与人们对该产业吸纳就业的预期存在不小的差距。主要体现在以下四方面：

①我国服务业不仅面临着由工业部门创造的大量体制性和结构性失业人群，而且需要吸纳为数众多的农村剩余劳动力。

②工业部门过早过快地出现资本排斥劳动的现象，出现高产值比重与低就业比重极不相称的局面，因此现阶段的服务业需要完成发达国家后工业化时期吸纳就业的任务，这无疑增加了服务业吸纳就业的难度。

③当前服务业中的传统行业已经不同程度地出现了饱和，内部竞争激烈、职业工资越来越低、职位不断向下发展。而且随着外资加快进入零售业和各种现代流通方式的发展，外资倾向于用现代技术取代劳动力雇佣，对我国就业形成压力。

④我国大部分新兴服务业仍处于初级发展阶段，吸纳就业水平仍处于较低层次。教育培训、物业管理、保险营销、旅游、社区服务、汽车服务和信息服务等新兴服务行业就业带动能力强，但由于体制束缚和发展水平低下，我国这些行业的就业潜能尚未充分发挥。

（5）外资企业过度深入，产业发展不利

分销服务业（国内称商业流通）面临的矛盾和难题越来越突出。外资以商业存在提供的分销服务短期内过度深入，已是一个不容回避的事实。随着开放进程的加快，在代表现代流通发展方向的大型超市领域，外资零售企业已占有相当的市场份额。在北京、上海和东部沿海城市，几乎每四家大型超市中就有一家是外资企业。外资企业已成为中国实际年销售额最大的连锁零售企业。我国入世议定书规定，从2002年起的三年保护期内，拥有三家以上分店的大型超市连锁企业必须由中方控股，但事实上这一限制早已被大大突破。截至2003年1月，家乐福已在中国的20多个城市开设了35家大型超市。如表1-12所示为2005年我国主要外资连锁零售企业基本情况。

表 1－12　　　　　　　2005 年主要外资连锁零售企业基本情况

序号	企业名称	来自国家及地区	销售规模（万元）	门店数量（个）
1	家乐福（Carrefour）	法国	1743580	70
2	大润发（RT－MART）	中国台湾	1570000*	60
3	百胜集团（YUM!）	美国	1330000	1700
4	好又多（Trust－Mart）	中国台湾	1320000	105
5	华润万佳（Vanguard）	中国香港	1201946	509
6	百盛（Parkson）	马来西亚	1100000*	36
7	易初莲花（Lotus）	泰国	10060000*	61
8	沃尔玛（Wal－Mart）	美国	993370*	56
9	乐购（Hymall TESCO）	英国	792000	39
10	锦江麦德龙（METRO）	德国	754633	27
11	百安居（B&Q）	英国	516000*	48
12	欧尚超市（AUCHAN）	法国	500000*	13
13	麦当劳（Mcdonald's）	美国	445000*	750
14	百佳（PARKnSHOP）	中国香港	379456	37
15	伊藤洋华堂（seven&1）	日本	310000*	7
16	佳士客（Jusco）	日本	190900	10
17	德克士（Dicos）	中国台湾	136192	545
18	万客隆（Makro）	荷兰	100000	5
	合计		14389077	4078

注：带 * 为估计数值

　　外商提供的分销服务之所以在短期内过度深入，主要原因是地方政府与中央存在很大的利益分歧。地方政府出于扩大税收、促进就业等方面的考虑，积极鼓励外资进入，频频越权审批，为外资企业开绿灯，使外商通过种种"变通模式"绕过中央政府的审批直接进入中国市场。据原国家经贸委公布的数据，截至2003 年 2 月，国家有关部门批准的外资商业企业只有 40 多家，但实际进入我国的外资商业企业已经超过了 300 家。

从产业高度看，未来我国流通产业发展处于不利地位，面临较大的潜在风险。一是在流通业高端市场，外资零售企业已占有相当的市场份额；二是区域市场分割阻碍了国内大型商业企业集团的扩张，不利于本土流通企业的发展。

（6）现代服务业发展落后

目前我国传统行业比重大，新兴行业相对不足；劳动密集型行业多，知识、技术密集型行业少；金融保险、房地产、科学研究及综合服务业等新兴服务业所占比重小。

我国目前的服务业基本是以传统商品零售业、餐饮、食品、理发等系列为主，其比重约占第三产业 GDP 的 60% ~ 70%。而房地产、咨询、设计、信息、广告等现代服务业才刚刚起步，体育、文化产业严重滞后，仲裁、管理、投资、证券、会展尚在开发中，新型的生产性服务业、物流业几乎还是空白，法律、建筑师、医师、税务、审计等事务所亟待发展。

即使在中国属高端服务业发展较好的上海，与世界城市服务业占GDP 70% ~ 80% 相比，落差依然高达 20 个百分点以上。对于现代服务业，本章第四节将做详细介绍。

2. 加快发展我国服务业的对策

（1）扩大服务业对外开放

改革开放的经验告诉我们，早开放，才能早发展、早得益。要履行我国加入 WTO 的开放承诺，进一步扩大对外开放，增强服务业的国际竞争力。扩大开放的领域不仅包括金融、保险、贸易、零售商业、房地产等外资已经进入较多的行业，而且包括通讯、会展、旅游、专业商务服务等众多以往开放程度较低的行业；放宽外商持股比例和中外方资格条件，逐步开放电信、证券、船舶代理等领域；进一步开放非寿险外资企业、外方控股的中外合作教育机构以及外方控股的中外合资、中外合作图书、报纸、期刊分销企业；允许外商独资经营银行、保险业。

在吸引国外投资的同时，实行"走出去"战略，鼓励具有比较优势的服务行业和有条件的服务企业走出国门，让更多的专业技术人员进入海外市场，积极参与服务贸易领域的国际合作与竞争。

（2）完善服务业市场监管

为适应加入 WTO 后我国服务业面临的挑战，顺利实现过渡期的平衡过渡，必须改变服务业进入难、管理松的状况，放宽准入领域，降低准入条件。要取消限制社会投资的不合理规定，取消妨碍非公有制经济发展的不合理限制（涉及国家安全和必须由国家垄断经营的领域除外）。对国有经济比重较高的旅游、文化、电信、金融保险等行业，要逐步放宽对非国有经济的准入限制；放宽教育、文化、中介服务等行业市场准入的资质条件。其中一些新兴的服务行业和业务，如电子商务、互联网通信等，不仅我们缺乏有效监管的经验，国际上也没有很成熟的经验，需要在探索中加快制定进行有效监管的法规。

加快制定和实施行业技术标准与技术规范，制定市场准入标准，加强职业道德教育、行业自律和外部监管，加快信用评价体系的建设和服务标准的制定。要充分发挥消费者的监督和导向功能，例如向消费者发放各行业的服务标准手册等，能够有效监督和规范服务行为。

（3）优化服务业地区结构

优化地区结构，主要是要求中心城市逐步实现"三、二、一、"的产业结构，着重发展现代服务业和新兴服务业。具有交通、商贸、旅游等特定优势的中小城市，要进一步突出特点、强化优势，提高市场占有率。健全农业技术支持体系，发展农资连锁经营，完善农副产品流通体制，推进农村经济信息服务。结合农村综合改革，引导富余人员向农村服务行业转移，提高农村服务业发展水平。

发达地区特别是珠江三角洲、长江三角洲、环渤海地区应依托工业化进程较快、居民收入和消费水平较高的优势，大力发展现代服务业，提高服务业质量，促进服务业升级换代，推动经济增长主要由服务业增长带动；中西部地区应改变只有工业发展后才能发展服务业的观念，积极发展具有比较优势的服务业和传统服务业，承接东部地区转移产业，使服务业发展尽快上一个新台阶，不断提高服务业对经济增长的贡献率。

（4）推进产业化

加快适宜产业化经营的社会事业的改革步伐，推进应该由企业经营的服务领域从政府办向企业办的转变。把发展服务业与政府职能转变及事业单位改制结合起来，以政企分开、政事分开、企事分开、营利性机构与非营利性机构分开为原则，培育符合市场经济体制和国际竞争需要的微观主体。

合理划分服务业中的竞争性和公益性行业，实行不同的运行模式和经营管理方式。政府的主要职责是提供社会公共服务，扶持公益性行业发展，把竞争性行业逐步推向市场。以公益性为主兼有经营性的行为，应合理区分营利性业务和非营利性业务，推动营利性业务走产业化道路。合理确定教育、文化、卫生、邮政等行业的经营范围，适当引进市场机制，积极探索产业化发展道路。鼓励社会办教育、办医院、办研究机构，培育以民间投资为主的经营主体。国家要制定配套政策，为其发展排除制度性障碍。加快企事业和有关后勤服务改革步伐，打破封闭式自我服务体系，实现市场化和社会化服务。

（5）扩大投资，多渠道筹集资金

加快现代服务业的发展，政府要加大对有关行业的投资，制定灵活弹性的产业扶持政策；同时要提高招商引资的效率，多渠道增加对现代服务业的投入。对一些吸纳就业能力强、从业人员投资能力弱的小型服务企业的发展，需要在资金、税收、用地等多方面予以支持。对一些原先由财政负担的事业型、福利性服务单位转向企业化、产业化和社会化经营，要加大支持的力度。集中精力为专业化市场中介机构营造良好的发展环境，搭建为市场主体服务、促进公平竞争的平台。

（6）大力培养现代服务业所需要的人才

国家人事部一位专家指出，"入世"后，国际交往更加频繁，如果说以往的人才争夺多属于"个案处理"，那么，"入世"后很可能会变为"批量处理"。人才竞争将是未来服务业领域竞争的焦点。应在现有高等学校和中等职业学校增设服务业紧缺的专业；加强与国内外高校的合作，拓宽培养途径；重视高等职业教育的建设，鼓励在职培训；放宽户籍以及就业市场等方面的限制，重点培养一批理论知识渊博、实践经验丰富的国际型人才，在服务业大战中抢得先机。

第三节　发展服务业的意义

 案　例

如营销大师菲利普·科特勒所言：优秀的公司发现需求，而伟大的公司创造市场。IBM 转型的故事堪称最为经典的企业转型案例。2004 年年底，IBM 将其辉煌的 PC 业务出售给联想集团，被视为告别传统蓝色巨人的转型之举。"卖掉 IBM PC 的人"是 IBM 掌门人彭明盛。作为一名拥有数十年经验的管理专家，经过近三年的摸索，他已经为蓝色巨人找到了一个价值 5000 亿美元的市场：为企业提供与 IT 相关的服务。

IBM 必须集中资源，对一些传统业务进行取舍与更新，同时对大名鼎鼎的前任郭士纳已经校正过的商业原则作进一步的修正。郭士纳在 1993 年接手 IBM 时

发现，随着行业整体研发制造水平的提升，商业规则已经从对科技含量的崇拜转变为适合企业需要才是最好的。IBM 拥有最优秀的硬件、软件研发以及服务资源，但与客户的需求远远脱节。把握住市场结构性变化的郭士纳迅速制定了积极的降价策略。七年内，大型机的价格下降了 96%，销量高速增长，到 2001 年他离任时，投资回报由当年的 10 亿美元变为 190 亿美元。

郭士纳对 IBM 最大的贡献是重新确立以客户为中心的导向，使一家具有更多自我崇拜色彩的高技术公司逐渐能够向客户需求靠拢。而彭明盛发现市场争夺的焦点正在从传统的产品转向 IT 服务领域。他的转型理念就是"随需应变"：从客户利益最大化角度出发，科技服务不应再以产品打包的形式销售，而应像水、电一样根据使用量收费。

IBM 习以为常的做法是有了技术，有了产品，然后再来找客户，而彭明盛反其道而行之：他希望一切都从客户处反推。作为公司的 CEO，彭明盛以身作则，用大量时间拜访重要客户。当他去沃尔玛，他给对方的承诺是："把你最难的问题给我们。"最难的问题只有一个：怎么让每辆购货手推车实现更多销售？为此，IBM 组建了一支由管理层、咨询顾问和技术专家组成的小组，深入到细节之中。他们很快发现，对于消费者而言，在超市中最大的问题是很容易迷失方向，很多时间用来寻找自己的目标，而不是购物。针对此，IBM 开发出一种内附扫描仪和液晶显示器的购物车，它能够显示超市内地图，并提供与购买相关产品的信息。这一便利了客户之举的直接效果是能让人们购买更多商品。

自从 1993 年，郭士纳找到新的市场——服务开始，IBM 的经营重点从硬件制造转向了服务提供。在郭士纳看来，服务市场是 IBM 获取核心竞争力的唯一机会。如今，全球服务已成为 IBM 效益增长最快的一个部门。

目前，服务在社会经济中的地位不断提高，主要体现在服务促进社会经济总体不断增加，服务业产值在 GDP 中的比重不断提高；增强了国际竞争力；服务业规模的不断扩大，促进了就业人口比例的不断上升以及产业结构的升级。

一、服务业促进经济的增长和生活质量的提高

全球范围内经济的增长促进了服务部门的发展，人民生活水平不断得到提高，人们拥有了更多可支配的收入和更多的闲暇时间来享受需要和发展需要。例如，人们对服务的需求正成为消费者地位的一种象征。人们从对耐用消费品的追求转变为对旅游、美丽、健康、安全的追求。在发达国家，服务业占 GDP 的比重为 50%~60%，吸收的劳动力占 50%~80%。服务业不仅成为经济增长的重要

推动力量，而且对于扩大就业、提高人民生活水平发挥了重要作用。

改革开放以来，我国服务业规模不断扩大、结构不断改善，为增加就业、满足人民生产生活需要发挥了积极作用。据不完全统计，我国服务业增加值年均增长 10%，占 GDP 的比重由 1978 年的 23.7% 提高到 2003 年的 33.1%。国家统计局公布的国内生产总值数据表明，服务业在国民经济中所占的比例已经提高到 41%，略低于制造业的 46%，远远超过了第一产业。随着服务业的发展，中国将经历与发达国家相似的经济结构过程。管理学家彼得·德鲁克曾预言：中国大陆可能是第一个通过服务贸易而非货物贸易实现世界经济一体化的地区。

二、服务业是国际竞争力重要的组成部分

加快服务业发展有利于提高国家的整体竞争力。第二次世界大战以后，随着西方发达国家技术进步和产业结构的演进，服务产业迅速增长，在国民经济中的地位不断增强，成为国民经济的支柱产业，从全球来看，当今国内生产总值 60% 以上是由服务业创造的。同时，20 世纪 80 年代以来，经济的全球化发展趋势引人注目。经济全球化使当代国际经济竞争的性质、形式和内容都发生了重大变化。在经济全球化的发展中，服务业成为异军突起的国际竞争新领域，服务产业发展水平成为一个国家经济竞争优势的关键所在。

现代市场经济下，在产业链当中附加值比较高的一般都处于产业链的两端，也就是说在产品的设计、产品的研发、物流和营销等生产性服务方面。而恰恰在这些方面，我们国家做得还很不够，比如明显存在着重制造、轻服务的问题。所以虽然中国的制造业有很大的发展，但在制造业的设计、管理、品牌方面与先进国家相比还有很大的差距，也正因为这些原因导致我国产业的整体竞争能力不强。因此，加快服务业的发展对提高我国产业竞争能力将起到至关重要的作用。

2001 年 12 月 11 日加入世贸组织以来，我国积极履行有关入世承诺，服务业对外开放程度进一步提高，外商投资大幅度增加，市场法律法规体系进一步完善，服务业发展步伐加快，整体竞争力有所增强。

三、服务业是提供就业和创业机会的重要途径

20 世纪初期，全球的主要劳动力集中在农业与制造业，服务业劳动力所占的比重很小，其产出也占总产出很少的一部分。但是，随着经济的发展，服务业的经济地位也不断提高。以美国为例，1900 年，美国服务业的就业人数仅占总

劳动力的30%；到1984年，服务业雇用的劳动力人数占到74%；到20世纪90年代，这个数字上升到80%。如今，平均每4个美国人中，就有3个在服务业工作。在欧共体和日本，情况也是如此。1990年日本的服务业占到了GDP的58%，欧共体则占到GDP的60%。在日本，工业雇员的人数增长缓慢，服务业雇员人数逐年增长；而在欧共体，服务业的雇员人数达到1.33亿人，占整个就业人数的60%，工业雇员人数下降到32%。

充分就业是所有国家宏观经济的重要指标。中国是劳动力供给大国，在经济改革中，中国社会遇到的一大问题就是失业问题。在大量农村剩余劳动力涌入城市、城市人口就业压力不断加大的形势下，商业对劳动力的吸纳作用变得尤为重要。据不完全统计，自改革开放以来，我国服务业增加值年均增长10%，占GDP的比重由1978年的23.7%提高到2003年的33.1%，服务业占全社会就业人员的比重由12.2%上升为29.3%，新增就业1.7亿人。服务业对于扩大就业、提高人民生活水平发挥了重要的作用，已成为我国经济增长的重要推动力。

四、服务业促进产业结构的升级

早在300年前，英国学者配第就用产业结构的变化来说明世界经济的发展，他指出：各国人均收入不同的主要原因在于产业结构的差别。工业收入较农业收入多，而商业收入又较工业收入多。此后的300多年间，各国学者又对产业结构理论作了进一步的研究。研究显示，经济的发展和人均收入的增加来源于高附加值产业的发展，具体表现在第二、第三产业的比重相对提高以及各产业内部高附加值部分所占比重的提高。随着科技的进步，劳动生产率的提高，人们的需求有了更大的变化，随之而来的是产业结构的变革。

丹尼尔·贝尔（Daniel Bell）在《后工业社会来临》一书中把社会经济的发展划分为三个主要的阶段——前工业化社会、工业化社会、后工业化社会，指出人类正进入后工业化社会，后工业化社会的一个"最简单"的特点，即大多数劳动力转为从事第三产业以及服务业经济。后工业化社会已成为产生服务经济的重要阶段。

据世界银行统计数据，1980~2000年，全球服务业增加值占GDP的比重由56%升至63%，主要发达国家达到71%，中等收入国家达到60%，低收入国家达到44%。进入21世纪，发达国家的服务业比重基本都达到2/3的程度。2001年，在世界GDP中，服务业所占比重为68%，其中最高的是美国，2002年达到75%。

我国服务产业曾经十分落后，20 世纪 80 年代，农业劳动力占总劳动力 66％，另外 30％ 为第二产业劳动力，服务产业就业人数甚微。经过 20 多年的发展，我国的产业结构有了很大的变化。已实现了从"一、二、三"到"二、三、一"的转变，即从以农业为主，工业、建筑业次之，流通业、服务业为辅的产业结构优化为以工业、建筑业为主，流通业、服务业次之，农业比重最少的产业结构，但与发达国家的"三、二、一"结构相比，仍有较大的差距。因此，我们要进一步推进产业结构优化升级，就必须大力发展服务业。

第四节 现代服务业的发展趋势

一、现代服务业概况

现代服务业是相对于"传统服务业"而言的，它伴随着信息技术的应用和信息产业的发展而出现，是信息技术与服务产业结合的产物。它不仅包括直接因信息产业和信息化的发展而产生的新兴服务业形态，如计算机和软件服务、信息咨询服务等；同时也包括通过应用信息技术，从传统服务业改造和衍生而来的服务业形态，如金融、物流服务等。

现代服务业是在工业化比较发达的阶段产生的，工业的发展是现代服务业的基础和条件。现代服务业主要是依托信息技术和现代经营理念而发展起来的，它是知识和技术相对密集的服务业。现代服务业是主要依靠信息科技、人才等与知识相关的要素投入的产业，发展现代服务业有利于促进经济增长方式由粗放型增长向集约型增长转变，由主要依靠消耗资源向更多地依靠智力支持和科技进步转变。

（一）现代服务业的含义

现代服务业是相对于传统服务业而言的，主要是指那些依托电子信息等高技术和现代管理理念、经营方式和组织形式发展起来的，主要为生产者提供服务的部门。主要有信息、物流、金融、会计、咨询、法律服务等行业。

丹尼尔·贝尔在《后工业社会来临》一书中详细分析了后工业社会的特征，并突出强调了后工业社会中的现代服务业与传统服务业的区别。他认为，在后工业社会中，服务业以技术性、知识性的服务和公共服务为主。美国学者马克卢普则在《美国的知识生产与分配》一书中，明确给出了现代服务业的一般范畴和简单分类模型。他认为，现代服务业主要包括教育、科学研究、通信媒介和信息服务四个行业，突出强调了现代服务业的知识性和信息服务性。

在我国，现代服务业的提法最早出现在 1997 年 9 月党的"十五大"报告中。在之后召开的中央经济工作会议上又提出，"既要改造和提高传统服务业，又要发展旅游、信息、会计、咨询、法律服务等新兴服务业"；2002 年，党的"十六大"把"加快发展现代服务业，提高第三产业在国民经济中的比重"，作为国民经济发展的战略任务之一。

（二）现代服务业行业分类

现代服务业一般具有五大基本特征，即知识性、新兴性、高附加值性、高素质性和高科技性。但具体到某一实际的服务行业，它可能同时具有五大特性，也可能只具有其中一两个特性。比如旅游业的整体行业只有知识性和高附加值性；只有诸如航天中心游和未来太空游之类的科技旅游，才能同时具备现代服务业的五大基本特征。

一般而言，界定现代服务业的基本标准有两个：一是同时具备五大特征；二是只需要具备某一特征的宽泛标准。比如旅游业，总量定性判定具有知识性和高附加值性，按宽泛标准属于现代服务业的范畴，但按严格标准则不属于现代服务业的范畴；又如，房地产业在我国是改革开放之后才兴起的，相对于传统的建筑业而言，具有新兴性和高附加值性，但缺乏知识性和高素质性，按宽泛标准，可以将其归类于现代服务业之中，但按严格标准又不属于现代服务业的范畴。

按照目前普遍的划分方法，现代服务业总体上包括三部分：①由传统服务业通过技术改造升级和经营模式的再造而形成的现代服务业，如现代物流、咨询、现代金融等；②随着信息网络技术的高速发展而产生的新兴服务业，如移动通信、数字媒体、网络传播、电子商务、信息服务等；③伴随国际产业转移和分工细化的过程，从第一、第二产业分化裂变产生的新的服务业态，如现代工业设计、网络营销等。

我国以三次产业分类标准为蓝本，在适当地参考和借鉴了发达国家和地区现代服务业发展的实际情况的基础上，将现代服务业行业分为三个层次：核心层、辅助层和配套层（如表 1 - 13 所示）。

表 1 – 13　　　　　　　　　　　现代服务业行业分类目录

	门类	类别名称	内容
现代服务业	J	金融服务业	银行业
			证券业
			保险业
			其他金融活动
核心服务业	M	科学研究和技术服务业	研究与试验发展
			专业技术服务业
			科技交流和推广服务业
	L	租赁和商务服务业	租赁业
			商务服务业
辅助服务业	F	物流业	交通运输业
			仓储业
			邮政业
	G	信息服务业	电信和其他信息传输服务业
			计算机服务软件业
	K	房地产业	房地产业
配套服务业	P	教育培训业	教育
	Q	医疗保健业	卫生
			社会保障业
			社会福利业
			新闻出版业
	B	文化、体育和娱乐业	广播、电视、电影和音像业
			文化艺术业
			体育
			娱乐业

二、现代服务业的发展趋势

（一）全球化

现代服务业的全球化发展主要体现在：贸易规模的不断扩大、全球消费增长以及跨国投资增长。

长期以来，发达国家在国际服务贸易中始终占有绝对重要的地位。现代服务业在发达国家经济发展中的地位，充分显示出现代服务在未来时期内在世界市场上持续扩张的态势，高科技的发展与应用为现代服务业国际分工提供了物质条件。这客观上要求打破国家壁垒，实行自由化发展。

第二次世界大战以后，随着各国经济发展和人民生活水平提高，促进了全球范围的消费。当消费者在他国居住、旅游、留学或从事商务活动时，一般会在所在国产生大量的服务消费行为，其在服务消费后进行外汇支出，实质上就构成了间接的服务出口。以国际旅游为例，国际旅游者到别国旅游，在领略异国风情的同时，必然在旅行、观光、住宿、饮食、娱乐、购物等方面存在一定的支出，形成对旅游目的国服务的购买。

服务企业在本国或派遣人员到异地为其他国家的客户提供服务就构成服务的直接出口。这种服务直接出口多集中在生产性服务业上，发达国家因为经济发达、科技领先、管理水平高，在管理咨询、法律诉讼、工程设计、R&D 等服务领域具有明显的比较优势，其服务业直接出口在全球占据主导地位。

以美国管理咨询业为例。美国式的经济体制和企业管理模式成为全球"楷模"，其他发达国家、新兴工业化国家，甚至像中国这样的发展中国家的企业都以之为榜样，纷纷聘请美国的咨询公司为其提供管理咨询服务，使得美国管理咨询业的国际生意异常火暴。20 世纪 90 年代美国管理咨询业出口以超过 10% 的年均速度增长，个别年份如 1994 年、1995 年的增长速度超过 30%，出口值从 1992年的 7.28 亿美元猛增到 1998 年的 16.57 亿美元，6 年间翻了一倍还多。

（二）虚拟化和网络化

以计算机技术为核心的信息技术推动了以信息为基础的各类服务贸易的发展，并且在信息流动的基础上促进了其他服务贸易和货物贸易的发展。现代信息技术在一定程度上改变了服务的固有属性，如面对面服务、个别性服务、即时性服务等，使数字化的服务产品可存储、也可远距离传送，从而具有可交易性，所以现代信息技术的广泛运用及网络化，使现代服务业也具有"制造化"的新趋向。现代服务业已成为由一种不同经济活动组成的多样化群组，并越来越呈现出"虚拟化服务"的新特征。

现代服务业更强调功能的虚拟化和网络化，各种活动过程都可以不必在某一特定区域进行，而是通过数字化网络完成。例如"银联"，是在合并全国银行卡信息、交换总中心和 18 个城市银行卡中心的基础上，由五大银行等银行卡发卡金融机构共同发起设立的，通过计算机网络互联技术，将若干金融资源集结而成。银联的成立为金融业构建了一个信息、资源共享的经济实体。

（三）动态化

在时间上，现代服务业是从过去演变或从现代兴起而来的。如第三方物流和电子商务是新兴的和从传统商业和运输业中衍生而来的。现代服务业的本质是利用现代信息技术进行更为精细的专业化分工，把传统的由企业内部组织进行的服务活动外置出来，提高服务效率、降低交易成本。如果没有现代信息技术的支撑就没有其独特的资源整合与交易成本上的优势，也不可能分化成新兴的蓬勃发展的产业。第二，现代服务业的形成和发展很大程度上依赖于企业或社会组织部分运营及管理职能的"外包"。而企业或社会组织之所以能将这些职能"外包"的前提是，利用现代服务业来完成这些职能，在效益和成本上能优于企业或组织自身来完成。由于社会专业化分工的深化以及市场需求扩大等多方面因素，它逐渐与制造业实现垂直分离，进而实现外部化、社会化、专业化发展。第三，现代服务业依赖人力资源的知识水平和创新能力在服务过程中实现增值，是一种以运用智力资源为主的服务业，并对其他行业具有高度可渗透性。

（四）创新化

现代服务业的发展将推动城市的社会变革和体制创新。产学研的互动融合是推动生产力发展最为活跃、创新能力最为强劲的动力源泉。现代服务业的发展往往成为衡量城市经济市场化程度的重要指标。现代服务业的很多部门都是从政府和企业垄断部门分离出来的，它的发展从技术上来说有利于专业化和实现低成本的弹性生产。从制度来看，它和区域市场体制完善之间能够相互促进，从政府和企业的控制下分离的产业活动越多，对政府和企业的垄断行为的制约就越大，市场化程度就越高，体制变革的力量就越强大和稳定。

（五）标准化

标准化是服务业发展的必然趋势。现代电信和传递技术使得银行、保险、医疗、咨询和教育可以采用远距离信息传递的方式实现，时间和空间的概念陷入一个混沌状态之中。传统生产方式和贸易制度必须以新的标准方式体现在世界的组织框架中。《关税和贸易总协定》不仅是发达国家争夺世界服务市场的产物，也是现代服务业进入新的历史时期的标志。

 **案例启示**

北京作为全国的政治、文化和经济中心，发展现代服务业有许多得天独厚的

优势，主要体现在以下几个方面：

1. 首都优势。北京最大的优势就是首都优势。作为首都，北京是全国重要的信息发源地，企业能非常便捷地了解全国和全球行业发展的动态；此外，政府的公共资源非常丰富，很多企业看好这种政府的公共资源。

2. 资本优势。北京是全国的资本中心，是宏观调控部门和金融监管部门的密集地，"一行三会"（中国人民银行、中国银监会、中国证监会、中国保监会）的总部都在北京，北京自然是中央金融决策中心。

3. 技术、研发优势。北京市已经成为大型跨国公司聚集之地，成为外埠企业研发和销售的首选基地。全球 500 强企业在中国设立的各种有总部功能的机构的总数，北京占 58%；跨国公司在中国设立的研发机构的总数比例，北京占了 55%。

4. 人力资源优势。在北京的户籍人口当中，大专以上的人数占就业人数的比例为 1/5，在全国名列第一。北京地区的教育也非常发达，重点高校占全国的 1/4，进入"211"工程的有 20 多所，占全国高校 1/3 博士点，硕士的规模占全国 1/5。此外，中国工程院院士一半以上分布在北京科研院所、高等院校。

5. 旅游资源优势。北京作为六朝古都，也是世界上最古老的城市之一，迄今已有三千多年的历史。现保存着长城、故宫、颐和园、天坛等多处世界文化遗产以及景色优美的皇家、私家园林，庄严辉煌的宗教寺庙、收藏丰富的博物馆和名人故居，这些都对世界各国的游客有着强大的吸引力。

6. 市场优势。2002 年上半年对北京、天津、上海、沈阳、广州等十大城市住户的调查资料显示：北京居民人均可支配收入 6253.5 元，同比增长 10.1%，居第五位。人均消费性支出 4953.96 元，居第二位，同比增长 18%，增幅居十城市之首。其中，消费性支出中，食品、衣着及家庭设备等支出的比重继续下降，居住、医疗保健、交通通信、娱乐教育文化服务等发展和享受支出所占比重不断上升。医疗保健、交通通讯和娱乐教育文化服务三种支出所占比例为 35.9%，居十城市之首。服务性消费支出占 28.8%，居第二位。

7. 奥运带来的机遇。北京奥运经济发展正在形成一个巨大的市场，预计未来几年里北京奥运投资和消费市场的总需求将超过 30000 亿元人民币。未来市政府重点扶持的四大产业中有三项便是现代服务业，包括知识型服务业、现代流通业以及旅游产业。

8. CEPA 带来的机遇。概括地讲，主要体现在：一是能够加快北京重点项目的建设步伐，进一步完善市政基础配套设施改造；二是能够进一步吸引香港服务业在北京投资，有利于优化外商直接投资的结构；三是能够使香港较高水平的服务业迅速地为北京的建设服务，全面带动现代服务业的发展，特别是在金融、旅游、物流、文化、会展、会计等领域；四是能使北京更方便地低成本引进香港服务业人才，加快北京国际化进程。

复习思考题

1. 分析服务的基本特征。
2. 分析拉弗朗克对服务的分类。
3. 服务业主要有哪些分类？
4. 试分析我国服务业的发展现状。
5. 我国服务业存在哪些问题？对这些问题应采取哪些措施？
6. 论述发展服务业的意义。
7. 论述现代服务业具有哪些发展趋势。

第二章　服务战略

本章学习要求：

掌握：成本领先战略的实现方式；差别化战略的实现方式；集中化战略的实现方式。

熟悉：服务战略的概念；服务战略概念基本要素；服务战略的整合要素。

了解：服务竞争产生的原因；服务的竞争性特点；三种战略之间的关系。

导引案例

某医院地处华中地区，始建于 1953 年，是一家在职职工超过 800 人的省属医疗事业单位，年收入几千万元。该医院由于管理不善，近十年业务量持续下滑，出现了连续亏损的局面。医院上级和自身领导认识到不足，希望通过改善管理水平，提升业务量，扭转亏损局面，把医院办成立足当地、辐射中南地区乃至全国、省内一流的脑科医院。

医院的问题所在：

医院感觉在医院的日常管理上有着不可言喻的问题，医院上上下下一团乱麻，不知道从何处入手来改变现状，尤其是职工的工作主观能动性不足，无法有效地发挥相应的作用。通过调查和分析得出医院真正问题在于管理系统不科学，相关职责和流程不清晰，员工的思维和行为习惯都还处于计划经济的时代，整个医院没有按照现代企业的运作模式来经营。

解决方案主要思路：

从战略发展规划入手，通过相关的资源和能力的分析以及整体发展目标和定位的确定，使得医院整体有步骤地实现相应的资源和能力的阶段匹配；在此基础上，通过全面输入科学的管理方式和方法，设计组织结构、管理和业务流程，人力资源管理体系以及品牌营销等方案来实现医院管理的全面提升。

实施与推进：

新的一整套管理方案得到了医院管理层的认可和理解，通过培训、讨论等方式不断对职工进行培训，使其接受现代管理的理念和知识，并加深对方案的理解。在对方案深入理解和认可的基础上，配合医院高层推动进行了全面实施。由于医院管理者的坚决推行和严格按照实施步骤谨慎操作，项目实施较为顺利。

实施效果：

方案实施后效果良好，在项目结束的短时期内，医院的收入就大幅度超过了去年的同期水平，医院上下信心明显增强。经过一年左右的调整和实施，医院一举扭转了过去连年亏损的局面，并向着实现医院战略目标的方向迈进。

第一节　服务战略的概念及要素

一、服务战略的概念

蒸汽机的出现导致了工业革命，使得农业经济转变为工业经济，而信息技术的发展使工业经济转变成服务经济。服务战略从宏观的角度将企业与环境联系在一起。

服务战略是为达成服务企业与服务环境二者间动态平衡关系的一种长远规划。竞争环境的不断变化，使得服务战略的时间跨度也逐渐缩短；同时，随着服务竞争环境的变化，服务战略也将随之变化。例如，随着国内航空业管制的放松，一些航空公司采取常客计划，增进客户忠诚消费；一些航空公司则开发短途的支线航运服务，实施航线网络空白点业务计划；还有不少航空公司降价促销来争夺乘客。一些服务企业在竞争过程中赢得了客户，也赢得了利润；但是，也有一些服务企业遭受失败。不同的竞争结果，根源于服务企业是否在特定的竞争环境中实施了特定、有效的竞争战略和策略，而后者又取决于服务企业是否具有正确的服务战略理念和框架。

二、服务战略概念的基本要素

服务战略的基本要素是服务战略的核心组成部分，由目标市场细分、服务概念、运营战略和服务传递系统四部分组成。每两个要素之间都会提出一个问题来评价后一个要素以支持前一要素。如"服务传递系统支持运营战略"，如图 2－1 所示。

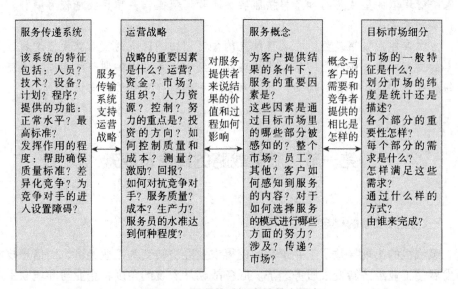

图 2－1　服务战略概念的基本要素

（一）目标市场细分

市场细分对于服务企业具有更为重要的意义，这是因为服务本身的不可分性和异质性，服务的提供往往是与具体的客户紧密联系在一起的。市场细分的主要变量有人文统计变量和心理变量。人文统计变量中常用的有年龄、收入、受教育程度、家庭规模、地理位置等；心理变量是指消费者的思维方式和行为方式。在心理变量中，服务企业尤其要重视客户的感知风险分析。对客户来说，购买服务比购买有形产品具有更高的不确定性，客户的感知风险更高。一般来说，客户的感知风险有 6 种特定类型，包括财务、绩效、物质、社会、心理风险以及时间风险。

在市场细分的基础上，企业选择企业服务的目标市场，可以根据市场规模大小、市场需求被满足的程度以及企业的服务能力。目标市场选择的总体原则，可以从外部市场与企业内部两方面考虑。一方面，目标市场应具有良好的现实赢利性和未来赢利性，这种赢利性必须建立在客户终身价值分析的基础上；另一方面，企业应具有相对的竞争优势，能为该目标市场客户提供所需的服务。因此，随着市场需求和企业能力的变化，企业有可能在目标市场的选择上发生变化，这就是所说的目标市场的移动性。

（二）服务概念

服务概念是指企业为客户提供的核心服务及其服务方式。一旦客户需求确定下来，企业就必须清晰界定自己的服务概念，并将服务概念中的关键元素传递给客户，便于客户评估企业所提供的服务，从而降低客户的感知风险。由于客户感知是一种主观的判断，不同客户之间的感知可能差异很大。因此，为了不至于使客户期望与实际感知之间出现过大的差距，从而影响到客户对服务质量和服务结果的最终评价，企业要努力做到对外传播的服务概念与客户感知一致。

（三）运营战略

所谓的运营战略是指实现服务概念的途径，具体体现在运营、财务、人力资源、控制等具体决策方面。由于企业的资源与能力是有限的，不可能在每个方面都优于竞争对手，因此，服务企业应当将有限的资源和能力集中到某一方面，如运营、财务、营销、组织、人力资源、控制，重点突出自己的局部优势，形成企业的差异化特色。

（四）服务传递系统

服务传递直接影响服务质量，尤其是服务的过程质量。设计良好的服务传递系统，应该具有明晰的目标和流程，并将服务人员配置到合适的工作岗位上，而企业的设备、设施、布局等也能适合服务工作流程，从而有效满足客户的需求。设计良好的服务传递系统，能够降低客户的感知风险，保证提供服务的质量，进而在客户心目中形成企业的差异化优势，构筑竞争对手的进入障碍。

为了说明这一框架的有效性，我们将介绍美国西南航空公司战略性服务的例子来进行说明。美国西南航空公司成立之初仅为得克萨斯州的三个城市提供服务（达拉斯、休斯敦、圣安东尼奥）。像西南航空公司这样刚刚起步的企业，最好从目标市场开始进行从左至右的战略性服务规划。

1. 目标市场细分

那些带着行李的洲际商业旅客现在多数开汽车和/或对服务于得克萨斯的主要航空公司的劣质服务不满，这一市场可以进行细分。

2. 服务内容

准时上岗和经常性出入必须严格要求，而在一些短途飞行中餐点是不必要的（例如，少于一个小时）。

3. 运营战略

机场门口转向必须快速，以使飞行器充分利用并提供经常性出入。购买飞行器是最显著的投资。尽管西南航空公司试图成为低成本产出者，但旅客们会享受轻松的飞行经历，雇员们也会把西南航空公司看成一个愉快的工作场所。

4. 服务递送系统

机舱乘务员掌握了在飞机上创造"愉快"气氛的人际关系技巧，有助于把西南航空公司与其他主要航运商区别开来。未指定座位方便了快速通道转向同时也简化了售票程序。航空公司服务质量的评估如按时上岗和行李丢失等很容易获得，因为短途点对点飞行中旅客只携带随身行李。

三、服务战略的整合要素

连接服务战略基本要素的三个环节就是服务战略的整合要素。三个要素分别是定位、价值/成本的杠杆作用、战略与系统的整合（如图2-2所示）。

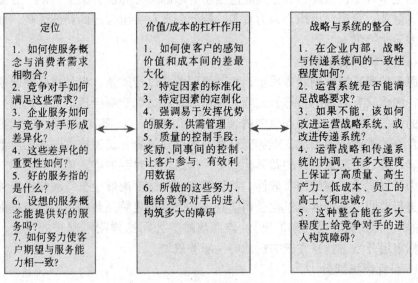

图2-2　服务战略的整合要素

（一）定位

定位是指服务企业期望在客户心目中形成的形象和地位，如高品牌价值、多功能的服务，或者低品牌价值、少功能的服务等。它是连接目标市场细分与服务概念的整合环节。通常情况下，企业定位的根据是客户、公司和竞争者（3C）构成的战略三角。服务企业首先要切实了解客户的需求，而客户经常是根据对不同服务的感知差异来进行选择的；服务企业应该分析和了解企业与竞争者的不同优势和劣势，这样才能在定位图上找到自己的特殊位置。

或许企业形成竞争优势的基点并不在于核心的服务，因为核心服务可能是行业中所有企业都能提供的；相反，非核心因素却可能成为客户选择的决定性因素。例如，在航空业中，安全到达目的地是最为核心的服务元素，如果竞争企业没有发生过安全事故的话，那么安全问题就可能不再是影响客户选择的决定性因素；相反，订票的便利性、航班服务人员的态度、航班食物和饮料等的差异，却可能成为影响客户偏好的决定性因素。因此，对客户而言，服务企业必须明确哪些是决定性因素，哪些是非决定性因素。企业在服务产品定位上，要在保证决定性服务基础上，突出自己的非决定性服务来赢得客户。这样，在目标市场细分的基础上，才可能对服务企业进行合理定位，进而根据服务定位形成自己清晰的服务概念。

（二）价值和成本的杠杆作用

价值和成本的杠杆作用是指以最少的服务成本获得最大的服务效果，实现客户感知价值与成本间的差额最大化，使企业在满足客户需求与期望的基础上，达到利润的最大化。它是连接服务概念与运营战略的整合环节。

下面介绍一些服务企业实施价值和成本杠杆作用的方法：

1. 综合运用标准化和客户定制。也就是在标准化的服务类型中，为不同的客户推荐不同的服务品种。这样既可以通过标准化服务降低成本，又可以通过差异化服务满足不同客户的差异需求。

2. 突出主要赢利的服务。在企业的服务中，有些辅助的服务可能具有为企业带来更多的利润。如在汽车修理服务中，洗车服务有可能成为企业的主要利润来源。

3. 有效地调节企业供给和市场需求。通过服务供需关系的管理，使企业产能水平达到最佳，以发挥最好的服务效果，这要求企业在服务需求的高峰期和低峰期，对企业供给和市场需求进行有效的调节。

4. 加强质量控制。若企业能够通过严格的质量控制，保持服务质量的一致性，就可以创造出高价值的服务形象。

5. 鼓励客户参与服务过程。如自助服务等形式，使客户成为企业的临时生产资源，这将相对减少企业的员工投入，同时还能方便客户，从而达到降低成本的目的。

通过以上方式，服务企业就可能根据价值和成本杠杆效应，将服务概念转化为具体的服务产品，并设计相应的服务运营战略，予以实施。

（三）运营战略与服务传递系统的整合

运营战略与服务传递系统的整合是连接运营战略与服务传递系统的整合环节。服务企业在制定运营战略之后，其关键任务就是将服务产品传递给客户，满足终端客户的需求与期望。然而，服务企业的服务传递系统是否能够保障运营战略的有效实现，则取决于二者之间的协调一致性。这一整合环节的目的，就在于检查运营战略与服务传递系统之间的一致性问题。即使企业制定了优秀的运营战略，但若企业缺乏行之有效的服务传递系统，那么企业的运营战略也将无法实现。为此，企业在必要时应对运营战略或服务传递系统作出相应的调整，以保证企业的运营战略得到有效实施，进而确保良好的服务质量和服务生产率。

第二节　服务竞争战略特点

一、服务竞争产生的原因

（一）进入门槛相对较低

在通常情况下，服务领域不是一个资本密集的领域。同时，服务创新较容易被模仿。

（二）谈判和议价的能力较低

许多服务企业因为规模小，因而在与强大的购买者或供应商的议价过程中处于不利的地位。

（三）产品的替代性

许多产品经过创新能够成为服务的替代品，例如家庭中的血压计就可以替代部分医院的血压检查。

（四）客户忠诚度

企业提供个性化的服务就可以形成自己的忠诚的客户群体，这对新进入的服务企业而言是一个障碍。例如，一家医疗用品供应公司将自己的电脑订购设备安装在有关医院里，医院可以通过该电脑直接向公司发出订单，如此一来就把许多竞争者有效地排挤在市场之外了。

（五）不易形成经济规模

服务的分布范围很广，分散在不同的地方，为某一特定的地理区域提供服务，除通过共同采购和广告外很难形成规模经济。

（六）较高的交通费用

由于服务具有生产和消费同时性的特点，客户必须到服务地点，或者服务人员到客户处。无论哪种形式，交通费用都较高，限制了市场范围的扩大。

（七）不规则的销售波动

服务需求在不同的时间段、不同的季节各有不同，而且一般情况下是随机的，较无规律性。

（八）存在的障碍

许多利润很低的服务企业，仍在继续运作。例如一家私人企业的成员都是其家族成员，尽管利润低，但仍存在，对一些追求高利润的投资者而言，会发现将这些企业排挤出市场是很困难的。

（九）政府管制

政府管制普遍存在形成了一个重要的进入障碍，而且这样的管制也会抑制创新。例如，在 UPS 运作前，只有得到美国国内航空委员会的批准才能够在美国的城市提供运输服务。联邦快递只好选用了一种载重量较低的直升机作为运输工具，从而被归为"空中出租"企业，才避开了这样的管制。

二、服务竞争的特点

客户选择某一家企业提供的服务，主要依赖于该服务的竞争性条件和客户需求。服务竞争的特点主要是：

（一）可得性

即得到这种服务的可行性。例如银行采用自动提款机以及运用网络交易服务后，使客户可以在传统的银行营业时间之外得到银行服务。

（二）便捷性

服务的地点决定了需要客户到场接受服务的方便程度，像快餐店、加油站、便利店等都需要在繁华地段和公路附近选择服务地点。

（三）个性化

个性化的服务往往是服务竞争性的重要条件，也是吸引客户的主要因素。服务提供者应该致力于服务个性化，提高个性化的程度。

（四）价格

服务的成本难以客观地进行比较和计算。某些服务领域的成本可能可以确定，但在类似法律这样的服务行业内，价格和成本往往与品质有着密切的关系。

（五）品质

服务品质是客户预期与其感受到的服务之间差异的函数，不像产品的品质，服务品质受到服务过程和服务结果的双重影响。

（六）声誉

声誉可以通过人与人的交流快速传递，也可以消除选择服务提供商的不确定性。由于服务生产与消费的同时性，如果得到的服务很差，那么这次服务既不能调换，也不能退回，就会为企业造成声誉的损失。因此，企业的声誉成为决定消费者是否购买某项服务的重要考虑因素之一。

（七）安全性

在许多服务中，安全经常是考虑的重要内容。例如旅行和医疗，在这样的服务中，客户将自己的生命交给其他人，因此安全格外重要。

（八）速度

服务等待时间也决定着服务的竞争性。在急救这样的紧急服务中，反应时间是绩效的主要标准。在某些服务中，等待有时成为接受个性化服务的条件。例如，许多服务中，VIP客户可以享受不用排队的优惠条件，大大缩短了等候时间。

上面所列的8个特点可以分为三大类：

第一，赢得客户的条件。如价格、便捷性和声誉是赢得客户的条件。

第二，进入服务市场的资格条件。一项服务能够被接受的前提是其必须达到一些必备的条件，这些条件称为资格条件。例如对航空公司而言，安全显然是资格条件，一家航空公司必须有完好的飞机和合格的飞行员，这也是最基本的条件。在一些成熟的市场上，现有的竞争者可能已经制订了一些基本的资格条件，例如餐饮业，清洁卫生就是一个资格条件。

第三，失去客户的条件。如果提供的服务达不到或不能超过规定的条件，可能让客户不满意，因而失去客户，这样的条件称为失去客户的条件。可靠性、个性化和速度不理想都是失去客户的条件。汽车修理厂不能修复汽车的机械故障以及包裹不能及时送达，都会失去客户。

客户选择的时间、需要不同，这三个条件的重要性是不一样的。例如，中午吃速食，方便性最重要；但晚间宴客，餐厅的声誉可能更重要。

第三节　服务的一般性竞争战略

哈佛大学迈克尔·波特提出的竞争战略的基本类型有三种：成本领先战略、差别化战略和集中化战略。这 3 种战略，可以利用取得战略优势的方式（低成本、独特性）和目标市场的范围两个变量来界定。①成本领先战略。成本领先战略要求企业具有有效规模的设备、严格的成本和费用控制以及不断的技术创新；②差异化战略。差异化战略的实质是创造一种能被感觉到的独特服务；③集中战略。集中战略的基本思想是通过深入了解客户的具体需求，来服务于特定的目标市场。

服务领域的服务的多样性，造成概括一般性战略实现的困难。在具体实施这些战略时，应根据实际情况进行调整。

一、成本领先战略的实现方式

成本领先战略是指服务企业努力使自身的成本结构在整个行业中占据领先地位，通过降低服务总成本，使其以低于竞争对手的服务总成本吸引更多的客户，实现企业赢利。成本领先的战略主要体现在两方面，一方面是低成本的服务，可以有效降低客户的服务支出，这是创造较高服务传递价值（客户价值）的基础；另一方面是大规模可以带来规模经济，这将有效降低服务总成本。因此，要实施成本领先战略，服务企业就要成为行业内真正的成本领先者，与其他竞争对手相比应具备明显的成本优势。

成本领先也许是三种通用战略中最清楚明了的。企业经营范围广泛，为多个产业部门服务，甚至可能经营属于其他有关产业的生意。企业的经营面往往对其成本优势举足轻重。成本优势的来源因产业结构不同而异。可以包括追求规模经济、专利技术、原材料的优惠待遇和其他因素。例如，在电视机方面，取得成本上的领先地位需要有足够规模的显像管生产设施、低成本的设计、自动化组装和有利于分摊研制费用的全球性销售规模。在安全保卫服务业，成本优势要求极低的管理费用、源源不断的廉价劳动力和因人员流动性大而需要的高效率培训。

成本领先战略的实现方式主要有以下几种：

1. 寻求低成本客户

某些客户的服务成本相对较少，那么，他们就可以成为服务企业的主要目标客户。这群客户对于服务的要求低于平均水平，为他们提供服务的费用也较低。例如仓储式零售商店、Sam 会员店等，其目标客户是那些愿意批量购买、追求实惠和不需要服务的人。一般来说，服务企业可以从四个方面来识别和寻找低成本的客户。

（1）客户的风险程度。如医疗保险企业在选择目标客户时，经常会把那些年轻人作为他们的首要考虑对象。这主要是因为与老年人相比，年轻人身体健康，相对来说，发病、死亡的概率更低；在年轻人当中，那些不常出差旅行，他们出现意外事故的概率也较低等。因此，这些客户的低风险降低了服务企业的服务成本。

（2）客户在服务中的参与程度。如果客户参与服务程度较高，就可以减少服务人员的投入，客户作为企业的一种暂时性资源，弥补了服务企业的成本开支。如可以鼓励自助型的客户，让他们自己动手，不但可以降低服务成本，同时客户也可从中获得价格优惠。这种类似的自助型服务现已在许多服务行业中盛行。

（3）客户服务的预订程度。如果客户经常使用企业的服务预订系统，那么就等于客户将自己的服务需求交由服务企业管理，这将有利于服务企业对总体服务的供需平衡进行有效管理，通过疏导客户服务需求的时间安排，尽量避免某一时段服务过分拥挤的现象。这样既可以避免在服务高峰期发生部分客户因为拥挤和排队而流失的后果，也可以避免服务企业为了应付某一需求高峰期可能增加服务人员和设施投入而增加的企业成本。

（4）客户服务需求的特性。若客户的服务需求都是大众化的，企业就可以为他们提供标准化的定制服务，这样就可以有效降低企业的服务成本。如一些大型超市，沃尔玛、家乐福、麦德龙等国际零售企业，其服务定位就是那些愿意批量购买、追求实惠、不需特别服务的客户，这类客户的服务成本较低，这也是沃尔玛、家乐福、麦德龙等国际零售企业得以实现低成本服务战略的重要依据。

2. 客户服务的标准化

为特定客户提供的定制服务，是通过差别化来实现的，通常需要较高的成本。反之，向大众提供无差别的标准化服务可以大大降低成本。在发达国家，有不少提供标准化服务的公司。许多专业性法律服务、家庭健康保健等常规服务可以通过实现标准化来达到低成本。重要的是，只有常规服务的标准化，才能达到降低成本的目的。

随着技术的进步，不少服务企业都尝试应用服务的工业化和标准化技术。如以麦当劳、肯德基为代表的快餐业，通过标准化生产制作过程，为所有客户提供几乎相同的食品与服务；同时，由于服务的标准化，服务企业可以在多场所提供几乎相同的食品和服务，实现了服务企业的低成本扩张。例如，以麦当劳、肯德基为代表的快餐业在全球市场中通过特许、加盟等多场所服务战略使其业务得到了迅速扩张。

3. 减少服务中人员互动的因素

由于在提供服务的过程中人员的参与也会增加成本，因此，在为客户带来便利的基础上，尽量减少服务传递系统中人的因素。例如，使用 ATM 带来的便利性，使客户与服务人员减少接触，这样既便利了客户，又降低了银行业务的交易成本。这种策略与服务标准化策略一样，服务企业需要注意目标客户的具体需求。一般地说，这类服务形式适用于低接触性的服务需求，而对高接触需求的客户是不合适的。同时，企业还需要考虑由于新技术的应用，客户是否对这些新技术存在使用上的障碍，企业需要尽量降低客户使用的技术门槛，便于客户的使用，否则只能事与愿违，加大客户与企业之间的距离，造成疏远客户的后果，进而可能降低客户继续使用企业服务的意愿。

4. 降低网络费用

如果服务企业需要用网络将服务提供者与客户连接起来，企业将面临着高额的开业成本。服务企业在运营之初，需要建立一个连接服务提供者和客户的网络，建立和维护这一网络需要高额成本。UPS 采用一种独特的方法来降低网络成本，它的网络不是在任何两个城市之间建立联系，而是设立一个中心城市，在多个城市与中心城市之间采用先进的分拣技术。这样，如果新引入一个城市，只需要增加一条从该城市到中心城市的线路，而不是在每两个城市之间增加一条线路。

5. 非现场服务作业

在许多情况下，只有客户到达现场后才能提供服务，例如理发和客运。对于非现场服务作业，服务交易和服务作业可以部分分离。如彩色胶卷冲洗店，可以在许多不同的地点设置收取点，然后集中到某个地方冲洗，再分到各点交到客户手中。由于可以享有规模经济和低成本的设施场地，同时又避免客户的直接参与，可以有效地降低成本。

许多企业从战略的角度充分理解它们的成本行为而不能利用改善其相对成本

地位的机会。企业的估价和按照成本地位采取行动时会犯的一些最常见的错误包括：

(1) 集中于生产活动的成本，别无他顾。提起"成本"大多数管理人员都会自然而然地想到生产。然而，总成本中即使不是绝大部分，也是相当大一部分产生于市场营销、推销、服务、技术开发和基础设施等活动，而它们在成本分析中却往往很少受到重视。审查一下整个价值链，常常会找到能大幅度降低成本的相对简单的步骤。例如，近年来电脑和电脑辅助设计的进步对科研工作的成本有着令人注目的影响。

(2) 忽视采购。许多企业在降低劳动力成本上斤斤计较，而对外购投入却几乎全然不顾。它们往往把采购看成是一种次要的辅助职能，在管理方面几乎不予重视；采购部门的分析也往往过于集中在关键原材料的买价上。企业常常让那些对降低成本既无专门知识又无积极性的人去采购许多东西；外购投入和其他价值活动的成本之间的联系又不为人们所认识。对于许多企业来说，采购方法稍加改变便会产生成本上的重大效益。

(3) 忽视间接的或规模小的活动。降低成本的规划通常集中在规模大的成本活动和（或）直接的活动上，如元器件制作和装配等，占总成本较小部分的活动难以得到足够的审查。间接活动如维修和常规性费用常常不被人们重视。

(4) 对成本驱动因素的错误认识。企业常常错误地判断它们的成本驱动因素。例如，全国市场占有率最大的又是成本最低的企业，可能会错误地以为是全国市场占有率推动了成本。然而，成本领先地位实际上可能来自企业所经营地区的较大的地区市场占有率。企业不能理解其成本优势来源，则可能使它试图以提高全国市场占有率来降低成本。其结果是，它可能因削弱了地区上的集中一点而破坏自己的成本地位。它也可能将其防御战略集中在全国性的竞争厂商上，而忽视了由强大的地区竞争厂商所造成的更大的威胁。

(5) 无法利用联系。企业很少能认识到影响成本的所有联系，尤其是和供应厂商的联系以及各种活动之间的联系，如质量保证、检查和服务等。利用联系的能力是许多日本企业成功的基础。松下电器公司（Matsushita）和佳能公司认识和利用了联系，即使它们的政策与传统的生产和采购方法相矛盾。无法认识联系也会导致犯以下一类的错误：如要求每个部门都以同样的比例降低成本，而不顾有些部门提高成本可能会降低总的成本的客观事实。

(6) 成本降低中的相互矛盾。企业常常企图以相互矛盾的种种方式来降低成本。它们试图增加市场占有率，从规模经济中获益，而又通过型号多样化来抵消规模经济；它们将工厂设在靠近客户的地方以节省运输费用，但在新产品开发中又强调减轻重量。成本驱动因素有时是背道而驰的，企业必须认真对待它们之间的权衡取舍问题。

（7）无意之中的交叉补贴。当企业在不能认识到成本表现各有不同的部分市场的存在时，就常常不知不觉地卷入交叉补贴之中。传统的会计制度很少计量上述产品、客户、销售渠道或地理区域之间所有的成本差异。因此，企业可能对一大类产品中的某些产品或对某些客户定价过高，而对其他的产品或客户却给予了价格补贴。例如，白葡萄酒由于变陈的要求低，因此所需要的桶比红葡萄酒需要的桶便宜。如果酿酒厂商根据平均成本对红、白葡萄酒制定同等的价格，那么成本低的白葡萄酒的价格就补贴了红葡萄酒的价格了。无意之中的交叉补贴常常使那些懂得利用成本来削价抢生意以改善自身市场地位的竞争厂商有机可乘；交叉补贴也把企业暴露在那些仅仅在定价过高的部分市场上集中一点的竞争厂商面前。

（8）增值的考虑。为降低成本所做的努力常常是在现有的价值链上争取增值改善，而不是寻求重新配置价值链的途径。增值改善可能会达到收益递减点，而重新配置价值链却能通往一个全新的成本阶段。

（9）损害别具一格的形象。企业在降低成本中万一抹杀了它对客户的别具一格的特征，就可能损害其与众不同的形象。虽然这样做可能在战略上是合乎需要的，但这应该是一个有意识选择的结果。降低成本的努力主要侧重在对企业别具一格没有什么好处的活动方面。此外，成本领先的企业只要在任何不花大钱就能创造别具一格的形象的活动方面下工夫去做，也会提高效益。

 **案　例**

彩虹集团是全国最大的彩管生产基地，过去彩管供不应求，经营环境比较宽松。1997 年前后，十多家彩管企业先后建成投产，市场迅速饱和，以彩电价格战为导火线，彩管大幅度降价，加之东南亚金融危机导致彩管出口受阻，使彩虹集团出现了大面积亏损，部分生产线停产、30%的员工面临下岗压力。面对这一局面，彩虹集团果断地选择了成本领先战略，迅速扭转了被动局面。

实施成本领先战略，就是通过发挥规模效应和挖掘内部潜力，使企业在同行业竞争中处于优势地位。为此，彩虹集团主要采取了以下几方面的措施：

（1）实行经济工作规范化管理。彩虹集团于 1998 年 4 月组建了经济法律处，负责对物资采购、基建过程的规范化管理。经济法律处由专门从事工程技术工作的技术专家、从事经济运行和财务分析的经济专家、通晓法律知识的法律专家组成，负责公司专项投资项目的经济合同、下属单位备品配件采购等经济活动合同签订的审查；负责对外招标的委托及公司内部招标的组织实施；负责公司专项投资项目的可行性研究、论证的监督审查；参加企业内部重大经济活动，履行法律咨询和监督管理职责。

（2）统一财务管理和目标成本管理。针对财权下放后出现的如何提高资金的运营效益和有的单位私设小金库，造成企业资金流失问题，彩虹集团成立了高效、统一的财务成本管理体系，以统筹资金使用、堵塞资金漏洞。

（3）以技术创新推动成本降低。彩虹集团以技术创新推动成本降低，主要体现在：

①通过对已有设备的技术改造，彩虹集团的设备生产能力较以前提高了 10 个百分点，产品综合优良品率提高了 4.2 个百分点，全员劳动生产率提高了 8 个百分点，使可比成本降低了近 20%。

②通过工艺改进提高产品合格率。20 世纪 90 年代以来，彩虹残次品率一直控制在 3% 左右，接近国际领先水平。实施成本领先战略后，通过工艺改进和强化现场管理将残次品率降至 1.5%，仅此一项，就降低成本 4%。

二、差别化战略的实现方式

（一）差别化战略

所谓差别化战略是指根据客户的独特需求，企业设计个性化的服务，以赢得客户的消费偏好，提高服务传递价值和客户感知价值，从而实现企业赢利。随着社会的进步和经济的发展，一方面，由于技术的成熟和管理的完善以及这些技术与管理在不同企业之间的迅速扩散，致使企业降低成本的空间日渐缩小；另一方面，消费者收入水平的提高，对服务质量的要求也日益提高，非价格竞争的因素在争夺客户中所起的作用越来越重要。因此，差别化战略应用日益广泛。

差别化战略的实质是创造一种能被感觉到的独特服务，使客户感到接受的服务是独一无二的。对于服务业来说，实现差别化有许多形式，包括品牌形象——肯德基上校的头像、技术；Sprint 公司的光纤网络、服务特性；美国运通的全程旅行服务等形式。差别化战略并没有忽视成本，但其最主要的目的是培养客户忠诚。通过差别化改进服务的目的，常常是在目标客户愿意支付的费用水平下实现的。

（二）实施差别化战略要考虑的因素

差别化战略的目标是发现客户的独特需求，并最大限度给予满足。差别化战略的实施需要考虑的因素如下：

1. 认识独特性的来源

迈克尔·波特认为，独特性的来源极其广泛。企业在某种价值活动中的经营差别取决于一系列基本驱动因素的影响。企业只有辨认这些具体的驱动因素，才能从中找到创造经营差别化的新形式。

2. 识别客户的购买标准

服务的差异化即个性化，最终取决于客户的感知和认可程度。差别化不是简单的标新立异，而是建立在客户需要的基础之上的，它只能是符合客户购买标准的标新立异。因此，实施差别化战略，非常重要的一点就是识别客户的购买标准。客户的购买标准可分为使用标准和信号标准，前者是指企业在满足客户需求过程中创造价值的具体尺度，后者是指客户借以判断产品是否符合其使用标准的一组信号。服务企业应该充分理解和深入分析这两方面的标准，并以此作为企业生产、提供和传播的准则。

3. 获取满足客户需要的独特性

企业所提供的服务只有符合客户需要的独特性，才具有买方价值与市场价值，才能转化为企业的生产力，最终为企业赢得利润。因此，服务企业必须在符合客户购买标准的前提下，才能获取满足客户需求的独特性，这正是服务企业进行有效服务生产和提供价值的基础。

4. 使客户感知并认同企业所提供服务的独特性价值

本质上讲，服务通常是无形的，客户评价服务的难度比评价有形产品更大，相比而言，客户将面临更大的购买风险。为此，客户希望服务企业能提供一些简单明了的信息帮助其作出购买决策。服务企业在保证服务独特性满足客户使用标准的同时，要注重信号标准的建立与宣传，使客户更容易感知服务的独特性价值，提高企业服务的独特性价值。

（三）实现差别化的方式

实现差别化通常有以下几种途径。

1. 使无形服务有形化

由于服务的无形性特点，客户购买后没有留下能够产生记忆的实体。可以通过一些有形物品来使客户回忆过去的服务体验。如超市提供的印有超市名字的塑料袋；保险公司将公司的标志写在被保险的设备上，既提醒服务组织按期检修，又让管理者随时了解公司。这些都是使无形服务有形化的例子。

2. 标准产品定制化

提供定制化可以使企业以很少的费用赢得客户的满意。能记住客人名字的饭店经营者，可以给客户留下很好的印象并带来回头客。例如美国汉堡王快餐店提供现场制作的汉堡，客户可以按照自己的喜好决定汉堡包中的馅料，从而将自己的服务与麦当劳的快餐区别开来。

3. 降低风险的感知

缺乏服务购买信息，也就是信息的不对称，使得许多客户产生风险感。由于对服务缺乏了解或自信，比如医疗服务，客户会寻求那些愿意花时间解释其所做工作具体细节和提供服务担保的医院。当信赖关系建立起来后，客户常常会觉得多花点钱也值。

4. 重视员工培训和激励

人力资源开发和培训所带来的服务质量的提高，是竞争对手难以模仿的竞争优势。处于行业领先地位的服务组织，都有其高质量的培训项目，在同行中常常也很有名。企业还需要在员工薪酬制度、升迁制度和奖励制度上充分注意。卓越的服务组织知道，没有满意的员工就没有满意的客户，而满意的员工带来的竞争优势很难复制和模仿。

5. 质量控制

在劳动力密集型行业，多场所经营的企业要做到质量稳定确非易事。许多企业采取多种措施来达到这一目标：人员培训、明确的程序、技术、限制服务范围、直接指导、同事间的约束等。

 **案例分析**

中国保险业已经进入了战国争雄的时代，竞争日益激烈。客户是保险企业的重要资产，保险企业的竞争主要是对客户资源的竞争，只有为客户提供优质的服务，保险公司才能生存、发展、壮大。

保险业实施客户服务差异化战略，就是细分客户，根据不同的客户群，提供有针对性的服务，创造一种能被感觉到的独特服务，满足不同客户的需求，特别是针对有价值的客户，满足或超越他们对服务的期望，吸引并保留这些有价值的客户，培育他们的忠诚度，从而实现保险公司与客户双赢的局面。

保险企业要实施差异化战略，一般要遵循以下三个步骤，细分市场，细分客户，挖掘有价值的目标客户，明确客户需求，并为其提供个性化的消费体验：

第一步：实施以客户为中心的商业策略。保险企业的差异化服务战略实施要获得成功，必须实施以客户为中心的战略。只有以客户为中心的战略才能找到可以和客户双赢的机会。如果为客户的利益做得越多，客户也就会做更多为我们带来收益的事。

第二步：建立客户数据库，实施客户关系管理系统（CRM）。差异化服务必须建立在翔实的客户数据库的基础上。客户数据库为差异化服务提供了集成统一的客户信息视图，CRM 是数据仓库的一种重要的应用方式。保险业 CRM 的内容主要包括客户基本情况、客户主要负责人及联系人情况、逐年承保理赔情况、企业车辆及驾驶员情况、企业风险状况（主要针对企财险）、防灾情况、防灾服务情况、联系记录等内容。

第三步：依托准确而丰富的客户资料，提供个性化服务。对于一个拥有庞大客户群的企业，建立客户数据库是为了支持业务发展和客户服务。依托客户数据库，不仅能回答谁是客户，而且还能回答谁是带来最大利益的客户；正在赢得或失去的是什么客户；这种客户的变动对企业的赢利有什么影响；客户的构成如何；怎样才能更加优化；核心客户在哪里等问题。从而针对不同的客户群制定相应的服务策略，提供差异化、个性化服务。

三、集中化战略的实现方式

集中化战略是指服务企业把产业中的一个或一组细分市场作为企业的服务目标，依托企业资源与局部竞争领域的良好适应性创造企业的局部竞争优势。实施集中战略的企业，既可以在目标竞争领域中寻求成本优势，也可以在目标竞争领域中寻求差别化优势。因此，集中战略又可以分为成本集中战略和差别集中战略两大类。

市场集中建立在这样一种假设之上：服务于一个较窄的目标市场的服务组织，比致力于服务较宽市场的服务组织能更有效果和效率。在较窄的目标市场上，服务组织通过更好地满足客户需求和更低的价格，可以达到独特化的目的。因为类似于大多数产品，一项服务只对某些人有价值，而不可能对所有的人都有价值。所以，服务组织有必要仔细地选择和确认那些自己愿意提供服务且有能力提供服务的客户。

集中化战略的基本思想是，通过深入了解客户的具体需求，更好地为某特定目标市场服务。细分市场，可以针对一个特定的购买群体、特定的地理区域或是提供特定的服务。实施集中化战略的前提是，与那些目标市场广泛的公司相比，服务组织可以更有效地服务于范围狭窄的目标市场。结果是，服务组织通过更好地满足客户需求或降低成本，在狭小的目标市场内实现了差别化。

（一）实施集中化战略的步骤

一般实施集中化战略的步骤是：

1. 将市场按区域进行细分，以便设计核心服务。

2. 按照客户对服务的重视程度，将客户分类。

3. 通过施加影响，使客户的期望略低于服务感知。

（二）适宜采用集中化战略的情况

集中化战略往往在下列情况下能够取得最好的效果：

1. 定位于多细分市场的竞争厂商很难满足目标小市场的专业或特殊需求，或者如果满足这个市场的专业化需求的话代价往往极其昂贵。

2. 没有其他竞争厂商在相同的目标细分市场上进行专业化经营。

3. 一家公司没有足够的资源和能力进入整个市场中更多的细分市场，整个行业中有很多的小市场和细分市场，从而一个集中型的厂商能够选择与自己的强势和能力相符的有吸引力的目标小市场。

（三）采用集中化战略的风险

采用集中化战略也有一定的风险：

1. 竞争对手可能会寻找可与竞争对手匹敌的有效的途径来服务于目标小市场。

2. 小市场购买者的偏好和需求可能会转向大众购买者所喜好的。购买者细分市场之间的差异的减弱会降低目标小市场进入壁垒，会为竞争对手争取客户打开一扇方便之门。

3. 集中化厂商所聚焦的细分市场非常具有吸引力，以至于各个竞争厂商蜂拥而人，瓜分细分市场的利润。

 **案例启示**

集中化战略在医疗服务市场中的运用

在医院外部环境逐步完善的市场经济条件下，院长和医院管理者与企业经营者一样面对市场竞争。由于医疗服务市场具有特殊性，医院虽然不能完全套用一般市场经济条件下企业竞争的规律，但可以借鉴并运用企业的基本竞争战略来参与医疗市场的竞争。就医院的特点而言，医疗活动就是服务，因此，可以尝试将集中化战略引申到医院的服务领域，探讨集中化战略在医疗服务市场中的运用。

集中化战略又称重点集中战略、聚焦战略、焦点战略，与成本领先战略、差异化战略同为波特提出的三大基本竞争战略，在企业管理中得到了广泛的应用。医院服务集中化战略是指在医疗行业范围内，医院决策者在提供医院特殊产品——医院服务过程中的一种决策定位，将竞争服务的目标主要集中于特定的医疗消费层面、特定的区域人群或特定的专科病种、诊治项目等。在医院服务中采用集中化的手段，进行战略性研究，从而在最有效服务的医疗目标市场或医疗市场细分中获得更大的社会效益和经济效益，在更好地为病人提供适宜、优质的服务的同时，促进医院自身发展，取得市场竞争优势。

四、三种战略之间的关系

前面介绍了三种一般性竞争策略，并且假定一家企业只采用一种策略。但在实际运用中，许多企业不仅仅采用一种战略，而是将多种战略相结合。运用到具体的情况中，如图2-3所示。

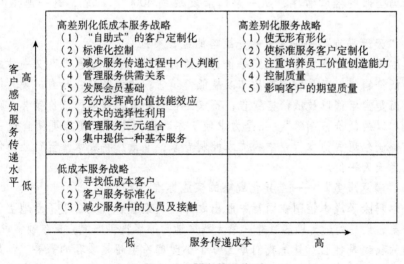

图2-3　服务战略类型

第一，低成本服务战略。在低成本服务战略方面，服务企业可以采取多种战略形式来实施这一战略，具体包括寻求低成本客户、客户服务标准化、减少服务传递过程中的人员因素、降低网络的垄断性等。

第二，高差别化服务战略。在高差别化服务战略方面，服务企业也可以采取多种形式来实施这一战略，具体包括在无形服务中引入有形特征、在标准服务中实施客户定制化、注重培养员工价值创造能力、影响客户期望质量、控制质量等。

第三，高差别化低成本服务战略。在综合应用不同战略组合方面，服务企业可以将服务差别化战略和服务低成本战略结合起来，并采取多种战略形式予以实现，具体包括"自助式"的客户定制化、标准化控制、减少服务传递过程中的个人判断、管理服务供需关系、发展会员基础、充分发挥高价值技能的效应、技术的选择应用、集中于某一种服务水平或客户类型等。

 **案例1**

沃尔玛经营战略——低成本与优服务

1962 年，山姆·沃尔顿在他的第一家商店挂上沃尔玛招牌后，在招牌的左边写上了"天天平价"，在右边写上了"满意服务"。38 年来，这两句话几乎就是沃尔玛全部的经营哲学，从一家门店发展到 4000 家门店，这一原则从未更改过。

1. "天天平价"——成本领先战略的经营典范

沃尔玛的经营宗旨是"天天平价，始终如一"，它指的是"不仅一种或若干种商品低价销售，而是所有商品都以最低价销售；不仅是在一时或一段时间低价销售，而是常年都以最低价格销售；不仅是在一地或一些地区低价销售，而是所有地区都以最低价格销售"。正是力求使沃尔玛商品比其他商店更便宜这一指导思想使得沃尔玛成为本行业中的成本控制专家，它最终将成本降至行业最低，真正做到了天天平价。

2. "满意服务"——差异化战略的实施标准

沃尔玛除了成本控制在同行中胜出之外，其经营秘诀还在于不断地去了解顾客的需要，设身处地为顾客着想，最大程度地为顾客提供方便。沃尔顿常说："我们成功的秘诀是什么？就是我们每天每个小时都希望超越顾客的需要。如果你想象自己是顾客，你会希望所有的事情都能够符合自己的要求——品种齐全、质量优异、商品价格低廉、服务热情友善、营业时间方便灵活、停车条件便利等。"因此，沃尔玛尽管以货仓式经营方式崛起于零售业，其经营方式决定了不可能提供过多的服务，但他们始终把超一流的服务看成是自己至高无上的职责。在所有沃尔玛店内都悬挂着这样一条标语：①顾客永远是对的；②顾客如果有错误，请参看第一条。沃尔玛不仅为顾客提供质优价廉的商品，同时还提供细致盛情的服务。如果顾客是在下雨天来店购物，店员会打着雨伞将他们接进店内和送上车。有一次，一位顾客到沃尔玛寻找一种特殊的油漆，而店内正好缺货，于是店员便亲自带这位顾客到对面的油漆店购买。沃尔玛经常对员工说："让我们以友善、热情对待顾客，就像在家中招待客人一样，让他们感觉我们无时无刻不在关心他们的需要。"

正是这种时刻把顾客需要放在第一位、善待顾客的优良服务品质以及在价格上为顾客创造价值的经营战略，使沃尔玛赢得了顾客的信任，从而带来了巨大回报。"顾客永远是对的。"这句沃尔顿先生对同人的告诫一直流传至今，并一直在为沃尔玛的繁荣发挥着不可估量的作用。

 案例 2

向联合利华学习集中化战略

集中化战略在联合利华得到了充分体现：一是企业集中化，1999 年，把 14 个独立的合资企业合并为 4 个由联合利华控股的公司，使经营成本下降了 20%，外籍管理人员减少了 3/4；二是产品集中化，果断退出非主营业务，专攻家庭及个人护理用品、食品及饮料和冰淇淋等三大优势系列，取得了重大成功；三是品牌集中化，虽然拥有 2000 多个品牌，但在中国推广不到 20 个，都是一线品牌；四是厂址集中化，通过调整、合并，减少了 3 个生产地址，节约了 30% 的运行费用。

这次将食品零售营销网络转包，可以说是营销环节集中化的创新。实现营销环节集中化，把自己不特别擅长的零售营销转包出去，从而专心制订战略计划、管理主要客户及分销商，有利于迅速提高市场占有率和知名度，实现在华投资的战略目标。向第三方转包零售营销网络是集中化战略的又一重大创新。

我国的企业不但要与著名的跨国公司竞争，更要自觉地向它们学习。联合利华的集中化战略就很值得我国的企业学习。集中化是经营智慧的突出体现。企业无论大小强弱，能力、财力和精力都是有限的，在经济全球化和竞争激烈化的形势下，为了向客户提供值价比（即价值与价格之比）较高的产品或服务，必须在各个方面善于集中，善于争取和发展相对优势，在任何时候都不要拉长战线、分散资源，不要搞无原则的多元化，更不要盲目进入非擅长的领域。

复习思考题

1. 服务战略概念的基本要素由哪几部分组成？
2. 服务竞争战略的特点有哪些？并举例说明。
3. 论述成本领先战略的实现方式。
4. 论述集中化战略的基本思想及实现步骤。
5. 通过例子，谈一谈你对成本领先战略的理解。
6. 实施差别化战略要考虑的因素有哪些？

第三章　服务市场选择

本章学习要求：

掌握：市场细分的步骤；目标市场策略；服务市场定位的方法。

熟悉：服务市场的特征；服务市场的发展趋势；市场细分的内涵；目标市场的选择；服务市场定位的步骤。

了解：服务市场的概念；市场细分的方法；影响目标市场策略选择的因素；服务市场定位的概念。

爱迪生兄弟公司将其900家鞋店分为4类不同的连锁商店，以此来迎合不同的目标市场。查达勒连锁店出售高价的鞋子；贝克连锁店出售中等价格的鞋子；伯特连锁店出售廉价的鞋子；威尔达·佩尔连锁店着重面向需要时髦鞋子的客户。查达勒、贝克、伯特三家连锁商店分别设置在芝加哥民族大街的三个街段上。尽管商店位置设置得这样接近，但却并不影响它们的业务。这一战略，使得爱迪生公司成为美国最大的妇女鞋子零售商店。

第一节　服务市场概况

一、服务市场的概念

服务市场就是服务商品市场，是指提供劳务、服务场所及设施，不涉及或较少涉及物质产品交换的市场形式。服务市场的概念有狭义和广义之分。传统的服务市场是狭义的概念，即指生活服务的经营场所和领域。比如旅店、照相、洗染、饮食和服务性手工业所形成的市场；而现代服务市场是一个广义的概念，所涉及的行业不仅包括现代服务业的各行各业，而且包括物质产品交换过程中伴生的服务交换活动。现代服务市场所涉及的服务业的范围如表3－1所示。

表3－1　　　　　　　　　　　　　现代服务市场范围

现代服务市场范围	内容
金融服务业	银行、金融、信托等
公用事业	供水、供电、供气、电话、电信、水陆空运输
个人服务业	理发、美容、照相、洗染、修补、旅游、医疗保健、音乐、电影、电视、文艺、殡葬等
企业服务	情报资料、技术咨询、广告业务、设备租赁等
教育慈善事业	宗教及其他非营利企业所提供的服务，体育、卫生、社会福利等
各种修理服务	修理各种日用品
社会公共需要服务部门	国际组织、社会团体等
其他各种专业性或特殊性的服务行业	略

在第一章，我们已讲过服务产业与第三产业是基本吻合的，但服务市场的范围与第三产业的范畴并不完全吻合。有些范畴如国家机关、军队、警察被划归第三产业，但这些内容并不构成服务市场的范畴，也就是说，这些特殊的第三产业不构成服务市场交换的对象。

二、服务市场的特征

服务本身具有的特征使得服务市场也具有以下特征：

（一）供需直销

服务的不可分离性决定了服务产品的生产和消费的同时进行，这就决定了服务市场中产品的销售不能通过中间商，而必须由生产者和消费者直接会面，即采用直销的方式。正是由于消费者参与了服务产品的销售，使得服务效果不仅与服务生产者有关，而且在一定程度上也与接受服务的消费者有关。

（二）供需弹性大

在供应方面，第一，体现在服务设施、设备的设计能力与实际能力是两个不同量，通常是实际能力大于设计能力，如营业时间的延长等；第二，体现在服务者的接待能力具有一定的弹性。在需求方面，第一，体现在自我服务与社会服务经常处于相互转换状态；第二，体现在一般商品和服务商品在某种程度上可相互替代；第三，体现在客户的需求在不同的时间内有较大的差别，如公共交通在上下班的高峰期比较拥挤等。所以，服务的需求通常是一条波动的曲线。

（三）供需分散

先从供应方面来看，由于服务的生产和消费必须同时进行，服务企业面对的是具有不同需求的分散的消费者，必须提供各种各样分散的服务，也就是说服务产品的生产和供给方式也具有分散性；另一方面，从需求来看，供需直销的特征使得服务的需求方不仅包括广大个人消费者，而且还包括各类组织消费者，这些消费者的需求各不相同，从而决定了服务需求的分散性。

（四）需求的多样与多变

首先，服务市场上的消费者多种多样，既有数以万计的个人消费者，又有规模、性质不同的社会组织。个人消费者的性别、年龄、文化程度及消费水平、习惯等特征决定了其需求的多样性；社会组织的性质、规模等因素也决定了其需求各不相同。其次，随着社会经济的发展，人们收入水平的提高，越来越多的人购买服务，对服务的需求也会相应地发生变化，表现出多变的特征。

（五）销售渠道单一

服务产品的无形性使得服务企业在销售时不可能像工业品那样陈列、展销，以便消费者挑选。消费者在购买服务之前，一般不能进行检查、比较和评价，只能凭借经验、品牌和推销宣传信息来选购。而服务企业要想吸引消费者，只能靠富有想象力和创造力的方法和行之有效的广告宣传，只能靠良好的商品信誉和较好的企业形象来销售服务产品，招徕客户。

三、服务市场的发展趋势

尽管服务市场是伴随着商品市场出现的，但服务市场的发展却是在第二次世界大战之后的几十年里，尤其是 20 世纪 80 年代之后。纵观服务市场的发展变化过程，显示出以下的趋势：

（一）服务市场规模扩大、服务营销发展速度快

20 世纪末期，国际服务市场得到迅速发展。1990 年，全球服务业占 GDP 的

比重突破 60%，标志着全球服务型经济格局的形成。到 2004 年，这一比重上升至 68%。其中，发达国家高达 72%，发展中国家也达到 52%。伴随服务型经济的发展，全球经济竞争的重点正从货物贸易转向服务贸易。1980～2005 年，世界服务贸易出口额从 3650 亿美元增长到 24147 亿美元，25 年间增长了 5.7 倍，占世界贸易出口总额的比重从 1/7 上升到近 1/5。

（二）服务范围呈多元化、扩大化趋势

第二次世界大战以前，服务贸易主要在海洋运输、运输保险、国际银行结算、国际电信等领域，主要是作为国际商品贸易的附属物而出现的。战后，许多独立于商品贸易的服务行业得到迅速发展，如电信、金融、运输、旅游、各类信息业、知识产权等服务，卫星通信、航天技术、计算机国际网络等新兴服务业异军突起，占据相当的市场份额。

（三）国际服务市场中依然存在差异

国际服务市场受世界整体经济的影响，呈现出极端的不平衡性。发达国家服务贸易的发展遥遥领先，而发展中国家服务贸易实力弱小。服务贸易主要在欧美发达国家中进行，发展中国家只能在国际缝隙中求生存、求发展。由此可见，国际服务市场中依然存在着区域间的差异，发达国家的领先地位与发展中国家的滞后状态形成反差。

以中国为例，改革开放以来，中国服务贸易迅速发展，部分新兴服务贸易部门增长较快，在全球服务贸易中的地位不断提高。1982～2005 年我国服务贸易出口增速为全球平均水平的 2 倍，出口世界排名由第 28 位上升到第 8 位，进口则由第 40 位上升到第 7 位。2006 年上半年，中国国际收支项下的服务贸易进出口额为 857.7 亿美元（不含政府服务），其中进口 457.3 亿美元，出口 400.4 亿美元。

由于中国服务贸易起步晚、起点低，还存在一些不足。主要表现为：服务贸易滞后于货物贸易的发展，服务贸易出口在贸易出口总额中的比重偏低；以传统服务贸易为主体，现代服务贸易的比重低于世界平均水平；服务贸易长期逆差，并呈现扩大趋势。

第二节　服务市场细分

目前，服务业竞争日益激烈，企业要想在服务市场中赢得一席之地，就必须在服务市场中努力寻找自己的目标消费群，确定营销组合策略。目标市场营销已

成为国内外企业普遍采用的战略。目标市场营销，是指企业先从整体市场中确定主要的子市场，选择其中的一个或多个作为目标市场，开发对应的产品/服务并设计对应的营销计划。目标市场营销主要经过三个步骤：市场细分、目标市场选择和市场定位。市场细分又是后两者的前提和基础，它的有效与否，直接影响到目标市场的选择和市场定位的准确程度。

一、市场细分的内涵

（一）市场细分的概念

市场细分是指企业根据消费者需求差异，把某一整体市场分割为具有不同需求、性格或行为的消费者群，每个消费者群都是一个具有相同需求或期望的细分子市场。例如，把旅游市场细分为度假旅游市场、商务旅游市场及文化旅游市场。

市场表现为消费需求的总和，它包含着不同的、千差万别的需求形态。任何一个公司，无论其规模如何，它所能满足的也只是市场总体中十分有限的部分，而不可能予以全面满足，不可能为所有的消费者都提供有效的服务。因此，公司在进入市场之前，必须先细分市场，然后寻找自己的目标市场，并确定自己在市场中的竞争地位。

每一类消费者群体就是一个细分市场。换句话说，市场细分的过程，也就是辨别不同消费者之间的需求差异，按照求大同存小异的方法，将需求大致相同、购买行为和习惯类似的消费者群归为一类，然后把一个市场划分为若干子市场的过程。

随着服务市场上新的竞争对手的不断加入和服务产品项目的增多，企业之间竞争日益加剧，市场细分将帮助企业投资于能够给其带来经济效益的领域，从而避免因盲目投资而造成的资源浪费；同时，市场细分将有助于企业通过产品的差异化建立起竞争优势。企业通过市场调查和市场细分将会发现尚未被满足的客户群体，如果企业能够根据这一客户群体的需求特征设计出独具特色的服务产品肯定会获得巨大成功。

（二）市场细分的条件

一般来说，有效的市场细分必须满足以下条件：

1. 可衡量性

可衡量性是指各个细分市场的购买力和规模能被衡量的程度。一方面，客户对产品的需求具有不同的偏好，对所提供的产品、价格、广告宣传等具有不同的反应，才值得对市场进行细分；反之，如果客户对产品的需求差异不大，就不必费力去进行市场细分。例如，如果一架飞机上的所有旅客都有相同的服务需求，那就不必将座位划分成头等舱、商务舱和经济舱。另一方面，购买者的特征信息存在或易于获取和衡量，否则也难以细分。在实践中，有许多客户的特征是不易衡量的，因此，这些特征不适宜做细分市场的标准。一般来说，人口、地理、社会文化因素等是比较容易衡量的。

2. 可接近性

可接近性是指所选定的细分市场必须与企业自身状况相匹配，企业有优势占领这一市场，即企业容易进入细分市场。一方面，被选定细分市场的消费者能有效地了解企业的产品或服务，并对产品或服务产生消费行为；另一方面，企业通过营销努力，诸如广告和人员推销等可达到被选定的细分市场。否则，就不值得去细分这些市场。

3. 可赢利性

可赢利性是指细分市场的规模大到足够赢利的程度。对于产品或服务规划来说，一个细分市场应该是值得为其设计一个产品或服务规划方案的尽可能大的同质群体，过小规模的细分市场是不值得进入并为之付出努力的。

4. 行动的可能性

行动的可能性就是说为吸引和服务细分市场而系统地提出有效计划的可行程度。如果一家规模、资源都极其有限的企业，却将整个市场划分为多个细分市场，该企业就没有能力针对细分市场分别制定相应的营销计划。

5. 差异性

差异性是指细分市场在观念上能被区别并对不同的营销组合因素和方案有不同的反应，也称为易反应性。如果一个细分市场对营销战略的反应同其他细分市场没有区别，则没有必要把它当成一个独立的市场。例如，如果一架飞机上的所有旅客都有相同的服务需求，那就不必将座位划分成头等舱、商务舱和经济舱。

二、服务市场细分的步骤

进行服务市场细分是一项复杂的分析与决策过程，需要严密科学的方法和步骤，虽然具体的过程不尽相同，但基本上包括以下5个步骤（如图3-1所示）。

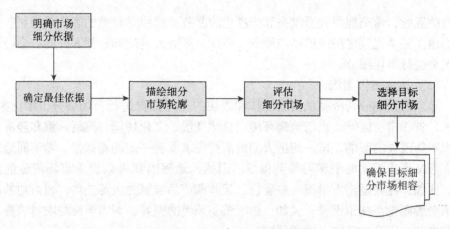

图 3 - 1　服务市场细分步骤

（一）确定服务市场细分依据

恰当地选择服务市场细分的因素，是有效细分服务市场的前提。服务市场细分依据的因素很复杂，主要有两类：一是依据消费者的自然属性因素所进行的市场细分，主要包括人口和社会经济因素细分、地理因素细分；二是依据消费者的行为属性因素所进行的市场细分，主要包括心理因素细分和消费者反应因素细分，也可以把其中的一个因素或几个因素作为细分市场的依据。比如，一所英语培训学校可以先以年龄变量作为依据细分市场并对不同的细分市场设计、提供不同服务：学前及 6 岁以下的少儿英语、小学生英语、初高中英语以及针对成人的英语培训。对成人市场可以再以英语基础为依据进一步细分，从而设计出成人初级英语、中级英语和高级英语。具体分类如图 3 - 2 所示。

1. 依据自然属性因素细分市场

（1）按人口因素细分

人口因素包括年龄、性别、家庭人数、生命周期等变量。例如，可以根据客户的生命周期划分市场，把客户生命周期分成单身、年轻新婚、年轻有子女家庭、丁克一族、老年阶段家庭等五个阶段。处于生命周期不同阶段的客户其需求有很大差异，因此，服务企业可以借此寻求目标市场，提供适合客户需求的服务。

（2）按社会经济因素细分

社会经济因素是指收入、教育、社会阶层和宗教种族等。一般来说，一个人教育水平越高，越可能获得较高的收入与地位。而收入较高的客户一般喜欢档次较高的服务，希望能得到质量高和个性化的服务；而收入较低的客户希望服务企业为他们提供比较经济的产品与服务。因此，服务人员应该根据客户的社会经济状况来进行市场细分。

（3）按地理因素细分

地理因素细分是根据消费者工作和居住的地理位置进行市场细分，如国家、地区、省、市、区等。由于地理环境、自然气候、文化传统、风俗习惯和经济发展水平等因素的影响，同一地区人们的消费需求具有一定的相似性，而不同地区的人们又形成不同的消费习惯与偏好。因此，地理因素得以成为市场细分的依据。比如，在我国南方沿海一些省份，某些海产品被视为上等佳肴，而内地的许多消费者则觉得味道平常；又如，由于居住环境的差异，城市居民与农村消费者在室内装饰用品的需求上大相径庭。

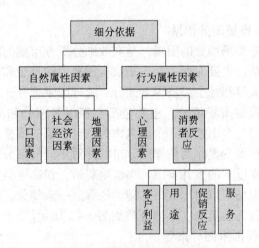

图 3 - 2　服务市场细分的依据

2. 依据行为属性因素细分市场

（1）按心理因素细分

市场细分的心理因素包括生活态度、生活方式、个性和消费习惯等一些变量。当运用人口因素和社会经济因素难以清楚地划分出细分市场时，结合考虑客户的心理因素等将会变得更为有效。例如，在金融服务市场上，信用卡提供给客户的是信誉、便利和声望。美国运通公司就瞄准了旅游和消闲市场，向商业人士和拥有较高社会地位的人士提供价格高昂的运通卡。这种信用卡实际上同VISA

卡与 MASTERCARD 卡没有什么区别，但是，由于它更强调信用卡使用者的声望而倍具吸引力。

（2）按消费者反应因素细分

消费者反应因素主要包括四个变量：客户利益、用途、促销反应和服务，下面对此分别作介绍。

①按客户利益细分。客户之所以购买某项服务是因为他们能够从中获得某种利益。因此，可以根据客户在购买过程中对不同利益的追求进行市场细分。这种方法侧重于消费者的反应，而非产品的购买者本身。例如，客户希望从不同的饭店得到不同的利益，有些人希望获得美味、有特色的菜肴，高雅的环境以及周到的服务；有些人希望获得可口、实惠的菜肴，舒适的就餐环境；还有些人只希望能填饱肚子即可。那么，饭店就可以根据自身的资源状况，选择其中的一个或两个进入，提供独具特色的服务。由于服务产品的特点，客户利益细分的方法几乎适用于所有的服务企业。

②按用途细分。用途细分就是根据客户对产品的使用方式及其程度进行细分，如经常使用者、一般使用者、偶尔使用者和不使用者。服务企业往往关注那些经常使用者，因为他们的使用次数多。因此，许多饭店愿意为那些经常光顾的客户提供快速服务，价格也较为低廉。有些服务企业，如银行则对各种使用者均表示关注，一方面，它们希望了解那些经常使用者的特点、行为和身份等，以不断吸引其购买服务；另一方面，它们又会采取一些措施刺激那些偶尔使用者，促使其向经常使用者转变。

③按促销反应细分。根据客户对促销活动的反应进行市场细分。因为不同的客户对于诸如广告、销售推广、室内演示和展览等促销活动的反应各不相同。比如，邮寄订单目录的使用者可能喜欢使用信用卡，并对其他邮寄品也有较高的反应率。因此，服务企业可以采用直接邮购的方式与这类客户沟通，并将建立起较好的客户关系。一旦客户对某个服务企业表示忠诚，则他们即使偶尔不满意企业的服务通常也不会轻易改变这种忠诚。研究表明，在银行业，尽管忠诚的客户对企业服务感到不满意，但仍有 75% 的客户会依然忠诚于该企业。所以，一些银行的营销部门甚至指出，客户可能会改变生活伴侣而不会改变银行。

④按服务细分。这是依据客户对企业提供的服务的反应进行细分。了解客户对企业服务产品中不同要素的看法及反应将有助于企业设计合理的服务产品组合。利用服务要素进行市场细分时通常要考虑三个问题：一是是否存在拥有同种服务要求的客户群体？二是企业能否使自己的产品差异化？三是是否所有的产品

都需要同一水平的服务？彼德·吉尔默（Peter Gilmour）对设备供应行业进行研究，了解不同细分市场对电话订货效率、订货的便利程度、技术人员的能力、送货时间、送货可靠性、售后服务以及资料的提供等九种客户服务的反应。结果表明，不仅客户与销售商对这些服务重要性的看法有所侧重，而且客户之间对这些服务重要性的看法也有很大区别。因此，销售商可以通过测定客户对不同服务重要性的看法，有针对性地为不同的细分市场提供最佳服务，满足购买者的愿望和要求。

（二）确定细分市场最佳依据

企业在选择细分市场的依据时有很多选择，这就需要建立最佳的细分依据，以建立起差异化竞争优势。首先需要把各种潜在的、有用的标准都列出来。比如，一家电信服务公司在选择客户时可以考虑以下标准：地理位置、行业类型、客户大小、购买经济以及对服务的需求等。列出这些标准之后，要对其重要性做出评估，选择出那些被认为是重要的标准；同时，再对那些重要的标准作进一步的详细划分。诸如年龄、性别和地理位置等标准的划分比较显而易见，而对于那些心理因素则要作较为深入的市场调查，以了解它们的特征和需求类型。

（三）描述细分市场的轮廓

一旦确认细分市场的依据，就应对其轮廓进行描述。这一阶段最重要的是清楚地区别每一轮廓是否不同、如何不同。如果它们之间互相没有区别，则对该市场的细分没有任何意义。表3-2为中国移动服务细分市场轮廓。我们可以清楚地看到3种不同的细分市场。中国移动据此就可以准确地描述各个细分市场的不同轮廓。针对不同的社会经济因素、心理因素、消费者反应因素，中国移动可以设计出不同服务框架。如果中国移动发现3个细分市场所追求的利益完全相同，则没有必要再进行细分。

表3-2　　　　　　　　　　　　中国移动细分市场轮廓

特征	细分市场		
	1	2	3
社会经济因素 职业 收入	大学生 低	白领、商务人士 高	普通客户 中

续表

特征	细分市场		
	1	2	3
心理因素 意识	讲究品牌、时尚	有时讲究品牌、时尚	很少讲究品牌、时尚
消费者反应因素 客户利益 促销反应	追求套餐服务 反应率高	注重商务功能 反应率中等	通话需求 反应率低

（四）评估细分市场

评估各细分市场，最终确定可进入的细分市场，并制定相应的营销策略。企业要想选择一个细分市场作为自己的进入目标必须考虑很多因素，但是，最为关键的因素有五个：细分市场的规模和发展潜力；细分市场的赢利能力；细分市场的结构吸引力；企业的目标和资源以及服务营销的社会责任。

1. 细分市场的规模和发展潜力

具有适度规模和合适预期增长率的潜在细分市场是服务企业进入的驱动力。当然，这里的适当规模和预期增长率是一个相对量，对于规模不同的企业，其对细分市场的要求也不同。对实力雄厚的大企业来说，它是指规模大、增长速度快的细分市场；对中小企业而言，由于其资源和实力的有限，则是指不被大企业看好的、规模较小、增长速度比较平缓的市场。但无论是实力雄厚的大企业还是实力相对较弱的中小企业，都必须考虑目前的规模和预期增长率，选择这两项指标与自身条件相适应的细分市场作为目标市场。

2. 细分市场的赢利能力

细分市场不但要具备理想的规模和预期增长率，还要具备一定的赢利能力。对于不同的服务企业其目标利润率也是不同的，即使是同一服务企业，在不同的时期其目标利润率也有差异。但从长期发展来看，任何服务企业都必须保证一定的赢利水平，否则该企业就无法维持生存与发展，也就失去了进入该细分市场的意义。

3. 细分市场的结构吸引力

理想的赢利能力会使细分市场变得更具吸引力，但即使具有相同市场赢利能力的细分市场，由于其市场结构的差异，对企业的吸引力也是不同的。研究一个细分市场的结构，通常从以下四个方面入手：

（1）细分市场内部竞争状况

如果某个细分市场已经具有为数众多、实力强大的竞争对手，那么这个细分市场就失去了进入的吸引力。如果企业面临着该细分市场正处于稳定或萎缩状态、生产能力不断大幅扩大、固定成本过高、市场退出壁垒过高或竞争者投资很大等状况时，若要坚守该市场，通常要付出高昂的代价。

此外，若某个细分市场的赢利能力过高，则可能吸引新的竞争者加入，它们会增加新的生产能力，投入大量的资源，并争夺市场份额，那么这个细分市场就可能失去吸引力；反之，如果新的竞争服务面临森严的进入壁垒，并且有可能遭受市场内原有服务企业的强烈报复，则它们就很难进入。

（2）替代服务

如果某个细分市场已经出现了替代服务或者具有潜在替代服务，该细分市场就失去了吸引力。替代服务会限制细分市场内价格和利润的增长，因此服务营销者必须密切关注替代服务的发展状况。

（3）客户的议价能力

如果某个细分市场中客户的议价能力很强或正在增强，那么该细分市场的吸引力就较小。拥有强大议价能力的客户会设法压低价格，对服务提出更高要求，这就会使服务提供者的利益受到损害。

（4）供应商的议价能力

不仅客户的议价能力会影响细分市场的吸引力，供应商的议价能力也会影响细分市场的吸引力。如果服务企业的原材料或设备供应商有较强的议价能力，则可能导致价格的上升或降低供应产品或服务的质量，使企业蒙受损失。这样的细分市场也是缺乏吸引力的。对于服务企业来说，最佳的防卫办法是与供应商建立良好的合作关系或开拓多种供应渠道。

4. 企业的目标和资源

即使某一细分市场具有适度规模和合适预期增长率，也具有较好的赢利能力和结构吸引力，但若不符合企业的长远发展目标，则企业也不能只顾眼前利益而损害长远的战略利益，这样的细分市场也只能放弃。另外，即使某一细分市场符合企业的目标，企业也必须考虑到其是否具备进入该市场并在竞争中取得优势的资源和技术条件。如果企业没有超过竞争者的技术和资源，甚至缺乏赢得市场竞争的必备力量，那么也不应该进入该细分市场。因此，服务营销者需将本企业的目标与资源同其所在细分市场的情况结合起来考虑。

5. 服务营销的社会责任

服务营销的社会责任这一因素越来越受关注。这表现在企业选择目标市场时应当尽量避免将脆弱的或处于不利地位的客户当成目标市场，或向消费者提供有争议的或具有潜在危险性的商品。如近年来备受家长谴责的网吧即为这方面的典型例子。

（五）选择目标细分市场

对细分市场进行评估之后，服务企业就可以选择一个或几个细分市场作为目标细分市场。选择目标细分市场的过程包括：分析市场并确定细分层次、分析竞争对手、分析内部条件、竞争对手的反应以及细分市场行动策略等步骤（如表3-3所示）。

表 3-3　　　　　　　　　　　选择目标细分市场的步骤

分析市场并确定细分层次	需求倾向 需求规模 需求的地理位置 潜在购买者的爱好 细分市场的规模
分析竞争对手	直接与间接竞争对手 我方的优劣势 是否存在被忽略的需求 如何使自己与众不同
分析内部条件	人力与财力资源 基础设施 企业的价值与文化 法律制度的约束
竞争对手的反应	同一细分市场上的竞争对手可能如何反应 其他企业是否正在做与此类似的分析
细分市场行动策略	跟随领头企业 进行价格战 提供更多的奖励和折扣 对目标市场开发出一个或几个营销组合

（六）确保目标细分市场相容性

服务常常是在客户在场的情况下进行的，因此，与制造业相比，服务营销者更要保证客户之间的相容性。例如，饭店在暑期的时候，选择了两类目标市场：可被其折扣吸引而来的家庭消费者以及放假的大学生，这两类消费者是不相容的。家庭消费者希望在一种悠闲清静的环境下就餐，而大学生更愿意创造一种热闹活跃的环境。饭店要对这两类消费者进行分析管理，尽可能避免他们之间的接触，以免发生冲突而带来不快，甚至影响饭店的生意。因此，确保细分市场客户的相容性是非常重要的。

三、服务市场细分的方法

企业在运用细分标准进行市场细分时要注意以下几个问题：

第一，市场细分的标准是动态的。市场细分的各项标准不是一成不变的，而是随着社会生产力及市场状况的变化而不断变化。如年龄、收入、购买动机、城镇规模等都是可变的。

第二，不同的企业在市场细分时应采用不同标准。各企业的生产技术条件、资源、财力和营销的产品不同，因此所采用的细分标准也应有区别。

第三，企业在进行市场细分时，既可采用一项标准，即单一变量因素细分，也可采用两个或两个以上变量因素组合或系列变量因素进行市场细分。下面介绍几种市场细分的方法。

（一）单一变量因素法

就是根据影响消费者需求的某一个重要因素进行市场细分。如按文化程度细分服务市场，可分为高中以下、高中、大学、研究生、研究生以上五个档次。运用这种方法，可以把一个整体市场细分为几个平行的子市场，细分后的子市场数就等于这个标准的档次数（如表 3－4 所示）。

表 3－4　　　　　　　　　　按文化程度细分服务市场

细分市场 1	细分市场 2	细分市场 3	细分市场 4	细分市场 5
高中以下	高中	大学	研究生	研究生以上

（二）双因素组合法

按照两个因素细分市场称为双因素细分法，使用这种方法细分后的子市场数目是两个细分标准档次数的乘积。如按文化程度和性别细分某个服务市场，如表3－5所示。

表3－5　　　　　　　　　**按文化程度和性别细分服务市场**

细分市场　学历　　性别	高中以下	高中	大学	研究生	研究生以上
男	A_1	A_2	A_3	A_4	A_5
女	B_1	B_2	B_3	B_4	B_5

按学历和性别两个因素交叉细分市场就可以得到10个细分市场。

（三）三维细分法

这种方法所用的细分因素是三个，每个因素又可以再分若干个档次。这种方法细分后的子市场数等于各个因素档次数的乘积。如按文化程度、性别和收入来细分某一服务市场，收入这一因素可分出1000元以下、1000～2000元、2000～3000元、3000元以上四个档次，则该细分市场数为$5 \times 2 \times 4 = 40$。

（四）最小距离细分法

这种细分市场方法的基本思路是：把客户之间的需求差异用定量化的距离表示，进而选其最短的距离进行细分。这种方法适用于多个细分标准。当采用两个细分标准时，各客户之间的需求差异程度（距离）计算公式为：

$$D_{ij} = (X_i - X_j)^2 + (Y_i - Y_j)^2$$

式中：

X_i，X_j——客户 i 与 j 在第 X 个细分标准上的评分；

Y_i，Y_j——客户 i 与 j 在第 Y 个细分标准上的评分；

D_{ij}——客户 i 与 j 之间的距离（客户 i 与 j 之间的需求差异）。

例如，某服务人员拟从文化程度与收入水平两个方面对六个潜在客户进行细分。

细分的步骤是：

第一步，将客户细分标准的实际值转化为评分值。对各档次的文化程度与收入水平规定标准分值，如小学定为1分，则初中定为2分，如此类推；收入水平的评分与此同理。换算结果如表3－6所示。

表 3-6   某服务企业客户文化程度、收入水平

客户	文化程度（X）		收入水平（Y）	
	实际值	评分	实际值	评分
C_1	初中	2	800	8
C_2	大学	4	1500	15
C_3	高中	3	1200	12
C_4	大学	4	2500	25
C_5	小学	1	600	6
C_6	高中	3	1500	15

第二步，计算客户之间的距离。如 C_3 与 C_4 之间的距离为：

$$D_{34} = (X_3 - X_4)^2 + (Y_3 - Y_4)^2 = (3-4)^2 + (12-25)^2 = 170$$

同理，按以上方法可求得其他客户之间的距离，组成如下矩阵：

$$
\begin{pmatrix}
 & C_1 & C_2 & C_3 & C_4 & C_5 & C_6 \\
C_1 & 0 & 53 & 17 & 293 & 5 & 50 \\
C_2 & 53 & 0 & 10 & 100 & 90 & 1 \\
C_3 & 17 & 10 & 0 & 170 & 40 & 9 \\
C_4 & 293 & 100 & 170 & 0 & 370 & 101 \\
C_5 & 5 & 90 & 40 & 370 & 0 & 85 \\
C_6 & 50 & 1 & 9 & 101 & 85 & 0
\end{pmatrix}
$$

第三步，将客户细分为不同的群组。由上述矩阵可知，C_2、C_6 两客户之间的距离最小，其需求差异也最小。所以，这两位客户可聚为一类，形成一个新的细分市场，用 C_7 来表示。

如果经过上述计算还未达到细分要求，则可再由第二步开始，求出新客户 C_7 与原客户 C_1、C_3、C_4、C_5 之间的距离，然后再按最小距离原则进行第二次聚类，如此重复，直到达到细分要求。

第三节　服务目标市场选择

一、目标市场的选择

（一）目标市场的含义

所谓目标市场，就是企业在市场细分的基础上，从满足现在的或潜在的目标客户的需求出发，并依据企业自身经营条件而为自己选定的一个或为数很少的特定市场。也就是说，目标市场就是指企业产品和劳务的消费对象。

在市场营销活动中，任何企业都应选择和确定自己的目标市场。就企业来说，并非所有的市场机会都具有同等的吸引力，也就是说并不是每一个细分市场都是企业所愿意进入和能够进入的。同时，一个企业总是无法提供市场内所有客户所需要的产品与服务。在营销决策之前，企业必须确定具体的服务对象，即选定目标市场。

企业选择目标市场是否适当，直接关系到企业的营销成败以及市场占有率。因此，选择目标市场时，必须认真评价细分市场的营销价值，分析研究是否值得去开拓，能否实现以最少的人财物消耗，取得最大的销售效果。一般来说，一个细分市场要能成为企业的目标市场，必须具备以下四个条件：

1. 市场上存在尚未满足的需求

也就是说市场上存在着"潜在需求"，即由于某些原因，客户在短期内不打算予以满足的消费需求。例如，对于目前市场上价格相对较高、人们认为多消费就有些奢侈的服务，客户即使存在需要，也可能不去消费，或者很少消费；有些客户因为某种后顾之忧，把一部分钱储蓄起来，不用于目前的生活消费，会形成"潜在需求"；另外一些客户虽然有一定的经济收入来源，可是由于目前手持货币数量的限制，不能消费某种他所需要的服务，也形成了"潜在需求"。潜在需求实质上就是尚未满足的客户需求，代表着在提高人们生活水平方面还有不足之处，也是企业可开拓的市场中的"新大陆"。

2. 市场上拥有一定的购买力

倘若一个市场缺乏与消费产品相适应的购买力，不可能构成现实市场。因此，选择目标市场必须对目标市场的人口、购买力、购买欲望进行分析和评价，市场上应具有足够的销售量及营业额。

3. 企业有能力经营市场

主要指企业的人力、物力、财力及经营管理水平状况。如企业有足够的实力进入某细分市场，则可以以此为目标市场。

4. 竞争者未完全控制市场

企业在选择目标市场时除了分析以上因素外，还必须要了解竞争对手是否已完全控制了市场，若市场竞争还不激烈，竞争对手未完全控制市场，企业就有可能乘势开拓市场营销并占有一定的市场份额，在市场竞争中取胜。

（二）目标市场的模式

目标市场的模式主要有以下五种（如图 3 - 3 所示）：

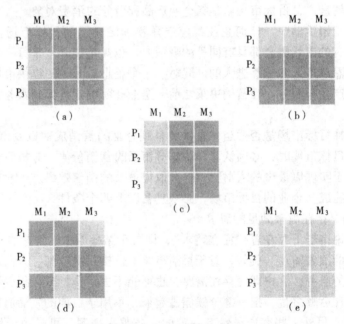

图 3 - 3　目标市场五种模式

1. 密集单一市场

最简单的方式是企业选择一个细分市场集中营销［如图 3 - 3 （a）所示］。企业通过密集营销，更加了解细分市场的需要，并树立了特别的声誉，因此便可在该细分市场建立巩固的市场地位。同时，密集市场营销比一般情况风险更大，个别细分市场可能出现不景气的情况。例如，一时红火的麻辣小龙虾突然不受欢迎了；或者某个竞争者决定进入同一个细分市场。由于这些原因，许多企业宁愿在若干个细分市场分散营销。

2. 产品专门化

即企业集中生产一种服务产品，满足于各个细分市场［如图 3 - 3（b）所示］。企业可以通过这一选择在某一服务产品方面获得很高的声誉，并且利于企业降低成本；但如果出现了替代服务，就对企业构成了威胁。

3. 市场专门化

这是指专门为满足某个客户群体的各种需要而提供各种服务［如图 3 - 3（c）所示］。这一选择可以使企业在特定的客户群中树立良好的信誉，并成为这个客户群体所需各种新产品或服务的销售代理商。但如果客户群体一方突然经费预算削减，他们就会减少从这个市场专门化企业购买产品或服务的次数，这就会产生危机。

4. 有选择的专门化

这是指企业同时进入几个不同的细分市场，为不同的客户群体提供相应的服务［如图 3 - 3（d）所示］。采用此法选择若干个细分市场，其中每个细分市场在客观上都有吸引力，并且符合公司的目标和资源，但在各细分市场之间很少有或者根本没有任何联系，然而每个细分市场都有可能赢利。这种多细分市场目标优于单细分市场目标，因为这样可以分散公司的风险，即使某个细分市场失去吸引力，公司仍可继续在其他细分市场获取利润。

5. 完全市场覆盖

这是指企业想用各种产品满足各种客户群体的需求。只有大企业才能采用完全市场覆盖战略［如图 3 - 3（e）所示］。

二、目标市场策略选择

大体上，服务企业可以通过三种途径选择目标市场，即无差异营销、差异性营销和集中性营销（如图 3 - 4 所示）。不过，在垄断市场中占主导地位的无差异营销在新的市场条件下渐渐失去优势，而差异性营销尤其是集中性营销则占了上风。营销实践已经证明，服务企业必须在市场细分的基础上，选择一个或几个适合自己产品的细分市场，然后制订具有针对性的营销组合战略，才能取得良好的经济效益。

（一）无差异营销

无差异营销是企业把整个市场看成是一个整体、一个大的目标市场，这个目标市场不再细分，只推出一种产品，运用一种市场营销组合，满足尽可能多的客户需要所采取的营销策略［如图 3 - 4（a）所示］。

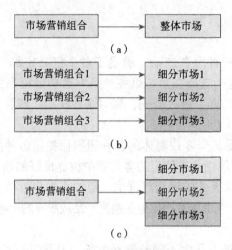

图 3-4 目标市场选择策略

无差异营销策略的核心是针对市场需求中的共同点开展市场营销，舍去其中的差异点。这种目标市场策略的最大优点是有利于降低营销成本，节省费用。主要体现在：①生产单一产品，可以减少生产与储运成本；②无差异的广告宣传和其他促销活动可以节省促销费用；③不搞市场细分，可以减少企业在市场调研、产品开发、制订各种营销组合方案等方面的营销投入。

对于大多数企业来讲，无差异市场营销策略并不一定适用。首先，消费者的需求总是千差万别并不断变化，消费者不可能长期接受同一种服务；其次，当众多企业均采用这一策略时，会造成市场竞争异常激烈，同时在一些小的细分市场上消费者需求得不到满足，这对企业和消费者都是不利的；最后，当其他企业针对不同细分市场提供更有特色的产品和服务时，采用无差异策略的企业可能会发现自己的市场正受到竞争企业的攻击。由于这些原因，世界上一些曾经长期实行无差异营销策略的大企业最后也被迫改弦更张，转而实行差异性营销策略。

（二）差异性营销

差异性营销是企业把整体市场划分为若干细分市场，并针对不同的细分市场，分别设计不同的产品和运用不同的市场营销组合，满足各类细分市场上消费者需求所采取的营销策略［如图 3-4（b）所示］。差异性营销是以细分后的各分市场为前提，以多种产品或服务，通过多种渠道，利用多种促销形式，去占领由众多分市场组成的整个市场。将整体市场划分为若干细分市场，针对每一细分市场制订一套独立的营销方案。比如，中国移动针对不同职业推出不同品牌、不同价格的业务，"全球通"主要为商务人士、成功人士服务；"神州行"主要针对普通工薪阶层；"动感地带"主要为 15～25 岁的学生使用，并采用不同的广告主题来宣传这些产品，中国移动就是采用的差异性营销策略。

差异性营销策略的优点是：小批量、多品种，生产机动灵活、针对性强，使消费者需求更好地得到满足，由此促进产品销售。另外，由于企业是在多个细分市场上经营，一定程度上可以减少经营风险；一旦企业在几个细分市场上获得成功，有助于提高企业的形象及提高市场占有率。

差异性营销策略的不足之处主要体现在两个方面：①增加营销成本。由于产品品种多，管理和存货成本将增加；此外由于公司必须针对不同的细分市场发展独立的营销计划，会增加企业在市场调研、促销和渠道管理等方面的营销成本。②可能使企业的资源配置不能有效集中，顾此失彼，甚至在企业内部出现彼此争夺资源的现象，使拳头产品难以形成优势。

（三）集中性营销

集中性营销是指企业在细分后的不同的细分市场中，选择一个（或更小的市场部分）细分市场为目标市场，集中满足该细分市场消费者需求所采取的营销策略［如图 3 - 4（c）所示］。实行差异性营销策略和无差异营销策略的企业均是以整体市场作为营销目标，试图满足所有消费者在某一方面的需要；而集中性市场营销策略是把力量集中在某一个或少数几个细分市场上，追求在较小的细分市场上占有较大的市场份额。

集中性营销策略特别适合于资源力量有限的中小企业，其能够在较小的市场上切实满足一部分消费者的特殊需求，有利于在市场上追求局部优势，可以集中资源优势在大企业尚未顾及或尚未建立绝对优势的某个或某几个细分市场进行竞争，占取一定的市场份额。

集中性营销策略的不足主要体现在两个方面：①市场区域相对较小，企业发展受到限制。②潜伏着较大的经营风险。一旦目标市场突然发生变化，如消费者兴趣发生转移，或强大竞争对手的进入，或新的更有吸引力的替代品的出现，都可能使企业因没有回旋余地而陷入困境。

三、影响目标市场策略选择的因素

影响目标市场策略选择的因素有很多，概括来讲主要有 5 个（如图 3 - 5 所示）：

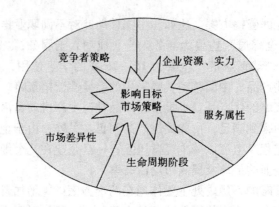

图 3 - 5　影响目标市场策略选择的因素

（一）企业资源或实力

当企业生产、技术、营销、财务等方面实力很强时，可以考虑采用差异性或无差异市场营销策略；资源有限，实力不强时，适宜采用集中性营销策略。

（二）服务自然属性

这是指在消费者眼里，不同企业服务的相似程度。相似程度高，则同质性高；反之，则同质性低。对于某些服务企业，尽管会有些品质差别，但消费者可能并不十分看重，此时，竞争将主要集中在价格上。这样的产品适合采用无差异营销策略。对于那些存在较大差别，服务选择性强，同质性较低的企业，更适合采用差异性或集中性营销策略。

（三）市场差异性

这是指各细分市场客户需求、消费行为等方面的相似程度。市场同质性高，意味着各细分市场相似程度高，不同客户对同一营销方案的反应大致相同，此时，企业可考虑采取无差异营销策略；反之，则适宜采用差异性或集中性营销策略。

（四）服务产品所处生命周期的不同阶段

服务产品处于投入期，同类竞争服务不多，竞争不激烈，企业可采用无差异营销策略。当服务产品进入成长期或成熟期，同类服务产品增多，竞争日益激烈，为确立竞争优势，企业可考虑采用差异性营销策略；当服务产品步入衰退期，为保持市场地位，应延长服务产品生命周期，全力对付竞争者，可考虑采用集中性营销策略。

（五）竞争者的市场营销策略

企业选择目标市场策略时，一定要充分考虑竞争者尤其是主要竞争对手的营销策略。如果竞争对手采用差异性营销策略，企业应采用差异性或集中性营销策略与之抗衡；若竞争者采用无差异策略，则企业可采用无差异或差异性策略与之对抗。此外，竞争者的数目也会在一定程度上影响目标市场策略的选择。当市场上同类服务产品的竞争者较少，竞争不激烈时，可采用无差异营销策略；当竞争者多，竞争激烈时，可采用差异性营销策略或集中性营销策略。

第四节　服务市场定位

一、服务市场定位的内涵

（一）服务市场定位的概念

市场细分战略常常会造成这样的情况：有两家或者更多家的企业做出了同样的市场细分，并选择了同样的细分市场作为目标市场。那么，一个成功的服务企业要使潜在客户感到其与众不同，就需要进行市场定位。

一个成功的企业总是那些能够站在与竞争对手不同的角度来看待市场。它们把企业服务发展成一种鲜明的形象，使之形成与对手鲜明的对照，并设法把这个形象传达给目标购买者，让他们了解自己的与众不同之处，进而选择本企业提供的服务。这就是服务市场定位，是指服务企业根据市场竞争状况和自身的资源条件，建立和发展差异化竞争战略，使消费者感到其所提供的产品或服务区别于并优越于竞争者的产品或服务。

市场定位要作出两种主要决定：选择目标市场；创造与众不同的竞争优势。由于市场定位是按照潜在客户的感受，而并非按照企业自身的想法，所以市场营销者就要用各种不同的战略以形成潜在客户的感受，并让消费者明白企业意图传递的信息。由于服务的生产系统越来越相似，各个企业都很普遍地使用新信息技术，所以服务企业想要做到与众不同，就越来越需要依靠企业的工作人员，依靠企业的形象。

（二）服务市场定位的意义

市场定位对于服务企业有着巨大的意义，主要体现在：

1. 服务市场定位能够降低需求对价格的弹性。服务定位越好，客户转换服务企业的可能性就越小。服务企业若能有效定位，改变业务量与收益之比，也就提高了其业务收入。

2. 市场定位之后，一般需要一段时期才能表现出成功，因此它不仅可以给客户更高的价值，还能够抵御竞争者的模仿抄袭。如果竞争对手能够成功地模仿，客户就无法区分摆在他面前的各种服务的差异性；而且对手模仿得越快，创造这一定位特色的企业获得的利益为期就越短。为了减慢对手的模仿速度，服务企业要求助于"剥离机制"的服务定位。"剥离机制"服务定位的根源在于不同的企业之间在对问题的了解程度、职业能力水平和采取的技术手段（方式）等方面存在着差异，而这些差异既能降低企业被模仿的速度，又能提高竞争者模仿的成本。

3. 市场定位是多层次水平上的定位，其可以涉及内部组织、一条服务线或者一项服务。企业提供多种服务或者多条服务线的时候，中间往往有一种"牵引效应"。如果在一条服务线上取得成功，也会便利其他服务上的销售。例如，美国运通就是首先在信用卡上成功，然后再运作提供各类其他服务的分支机构。

二、服务市场定位的步骤

服务市场定位可分为五个步骤：①确定定位的层次；②判别对所选市场区隔重要的关键因素；③在定位图上对关键因素定位；④评估定位选择；⑤定位实施（如图 3 - 6 所示）。

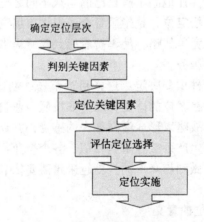

图 3 - 6 服务市场定位的程序

（一）确定定位层次

企业进行市场定位之前，首先要确定需要在哪几个层次上定位，是初次定位还是重新定位。通常服务企业市场定位可以分为四个层次：服务行业定位、服务组织定位、服务产品定位和个别定位。

1. 服务行业定位

服务行业定位是把整个行业当做一个整体进行定位。在考虑组织定位以及产品定位之前，服务企业首先要对自己所在的行业在整个服务产业中的位置有所了解。图3-7显示了部分服务行业在整个服务产业中的位置。

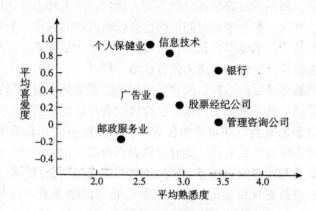

图3-7 部分服务行业在服务产业中的位置

2. 服务组织定位

服务组织定位是把组织作为一个整体进行定位。服务组织定位与服务产品定位是相辅相成的。服务企业必须先定位它们的产品，然后方能在公众中树立起良好的企业形象；组织定位处于定位层次最高层，对产品定位起到强化的作用。一旦组织定位成功，使企业获得良好的社会声誉，则企业的产品定位就会相应的得到巩固，并为企业带来长期效益。

3. 服务产品定位

服务产品定位是把组织提供的一系列相关产品和服务作为一个整体进行定位。服务产品包括五个层次：核心价值、基础产品、期望价值、附加值和潜在价值。服务产品定位是服务市场定位的第一步，为了取得有利的市场定位，企业必须围绕服务产品的五个层次做文章，使自己的服务产品与市场上其他同类产品有所差异。

4. 个别产品定位

个别产品定位即定位某一特定产品或服务。

需要说明的是，企业并不需要在上述所有层次进行定位。但对于一些规模大、开展多种业务的服务机构而言，组织定位、产品定位和个别产品定位则是必要的。

（二）判别关键因素

一旦确定了定位层次，接下来就要对所选细分市场进行分析，找出哪些因素对细分市场来说是至关重要的，尤其是要考虑购买决策的方式。首先，不同的人、不同的目的，采用的决策标准自然不同。例如，个人和企业选用保险时的标准就不尽相同；其次，服务消费时间不同也会影响服务的选择。例如，自己吃饭或请客人吃饭会选不同的地点；最后，决策单元也是关键因素。家庭度假选择时以及病人和医生选择医院时，考虑的角度也不一样。

客户对某种服务产品的选择，通常是由于他们感觉到该服务与其他服务之间存在差异。即使是一些不重要的因素，也会影响客户的购买选择。比如，消费者选择航空公司时会把安全放在首要的位置，可许多航空公司都有类似的安全标准，这一点上看不出有什么差异。这时消费者就会以其他的因素，如舒适、方便的起飞时间、食品与饮料的标准等，来决定购买哪家航空公司的服务。这就要求服务企业对客户进行更加细微的分析，以自己特定的服务显示出与对手之间的差异。

（三）在定位图上对关键因素定位

判别关键因素之后，营销人员便可以分析这些因素，进行市场定位。经常采用的方法是用两个最主要的特征因素作为两轴，绘制市场定位图，将企业目前的状况、竞争对手的状况以及市场需求位置等在市场定位图上绘制出来，进而确定企业的目标位置。

定位图是一种直观的、简洁的定位分析工具，一般利用平面二维坐标图的服务识别、服务认知等状况作直观比较。其中，坐标轴代表消费者评价服务的特征因子，图上各点则对应市场上的主要服务人员或服务企业，它们在图中的位置代表消费者对其在各关键特征因子上的表现的评估。

进行市场定位时，要注意市场需求的定位研究，尤其是核心需求。有些服务需求的定位比较明确和具体，例如个人职业需求，如图 3-8 所示职业定位图。根据调查，个人职业需求取决于职业的社会地位和收入，人们总希望有较高的社会地位和收入，公司招募人才应掌握这两个关键因素。

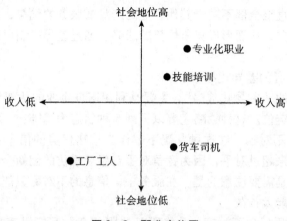

图 3 - 8　职业定位图

（四）评价定位选择

通过分析，一般有三种市场定位选择：

1. 加强当前定位。这种策略不易受到竞争者的攻击，可信度比较强。例如，阿维斯公司明确提出："我们是老二，但我们会迎头赶上"的市场定位。这种定位也成为企业的一项宝贵资产。

2. 寻找尚未被服务的市场占领进驻。这种定位是找到市场上存在的尚未被竞争者占领的空隙，企业迅速提供服务。例如，大银行整体上实力较强，但在快速服务上有劣势或被人认为不足，地方性银行要定位于这一市场。

3. 定位必须独特。企业必须找到自己能够长期拥有的市场定位。

（五）定位实施

定位实施是制定营销组合的过程。对于服务企业而言，营销组合因素比制造业的营销组合因素多。我们在下一章将详细讨论服务营销组合的"7Ps"模式。这"7Ps"是指服务产品、定价、渠道、促销、内部营销、有形展示和过程七个方面，这七个方面的具体内容设计要充分表现市场定位思想与影响客户选择的关键因素。相对而言，组合因素内容的变化为市场定位提供了许多机会。

三、服务市场定位的方法

服务市场定位的方法有很多，本书主要介绍三种方法。

（一）根据差异化战略定位

这种定位方法就是企业在生产经营过程中，将充分发挥和运用其产品或服务某一部分独特的直至全部不同于其他企业的产品或服务的优势，作为指导企业持续稳定发展的方向，从而形成竞争优势的战略。通过差异机制可以制订有效的定位战略。

1. 针对竞争者的差异化战略

针对竞争者的"差异化战略"，主要是利用服务企业的优势和竞争对手的弱点来实现自己的定位。这种战略主要以下列 5 种状态为基础：

（1）信息的不对称。在这种状况下，作为战略优势的信息系统中，企业可以采取一些技术来超过对手，因为竞争对手对想要模仿的创新企业的战略还缺乏必要的了解。但是需要注意的是，在服务中，信息的不对称只能维持在比较短暂的时间内，不可能太长久。

（2）竞争对手反应不敏捷。并非所有的服务企业都能迅速抓住市场的新现象，评价自己的能力，作出迅速的反应。要加强服务定位，服务企业可以遵循两种战略：①使自己具有对手难以模仿的战略。比如一家饭店可以有接待过美国总统的经历；一所工商管理学校可以在自己的机构中加进学术界公认的权威；一个足球队可以与一个当红球星签约；一家旅行社可以请一位非常有名的国家特级导游。②采用游击队战术。"打一枪换一个地方"，使对手不能组织固定的防御。对于经常变换促进活动的时间和投资水平的服务企业，竞争对手们很难作出迅速反应。

（3）规模经济的优势。如果竞争是以非常专业化的技术和人力资源为基础，需求已经得到各家服务企业的满足，这就使得新竞争对手进入市场存在障碍。小型服务企业很难进入大服务企业已经获得明显规模效益的市场。例如，一个城市的中高档客源被几家大型饭店所控制，而且它们的服务各有特色，市场基本饱和，其他饭店再想进入已经很难。同样，如果一家快递公司要在快递市场竞争，就要做出巨大投资，使自己在短时间内得到很大的业务量，形成规模经济效益。

（4）经验曲线的优势。消费者在多次购买中会获取经验，同样，服务生产者反复生产也在积累经验。如果这些经验是难以获取的，竞争对手就很难在短时间内模仿该项服务。对有关问题的了解越是深刻广泛，就越能让客户对服务产生与众不同的感受。具有这种能力的服务企业是无法被他人轻易模仿的。

服务企业可以建立以经验曲线为基础的两种差异化机制：①投资建立代销系统，以代销人对有关问题的了解（广告、数据库、组织机构）和对微妙变量的控制能力为基础，形成自己的特色优势；②通过与供应者、咨询公司和其他机构的接触获取信息与经验，得到建立在他人经验基础上的知识。

（5）分销渠道众多。对于服务企业来说，分销的种类和区域的决定是至关重要的。如果一家服务企业在分销渠道上得到不同于对手的地位，自然就降低了竞争者采用同样的渠道的可能性。

2. 针对客户感受的差异化战略

针对客户感受的差异化战略是在各种可供选择的服务产品面前，树立本企业（或服务）对其他企业（或服务）的消费者感受到的经济和心理障碍。服务企业的定位要努力降低客户离开自己寻找其他服务的倾向。

（1）消费者的成本转变。

消费者从原来的服务企业转向新服务企业要付出一定的成本。这些成本包括：

①专门化的重复性的服务，如饭店长期包房合同，旅游全部行程包价，铁路月票、年票的订购，大学教育，工厂设备的长期维修合同等，客户要转向新企业势必付出更大的成本；

②使用特殊专门工具的服务，如特许专营，专营者为此做一次大投资购置设施、招牌等，自然就会坚持较长期专营不变；

③消费者对不同于对手的专门技术的嗜好，如消费者投入人力、财力，建立发展与销售者的长期关系；

④心理类型的成本。如果要改变家庭医生、税收顾问和健身房等，大家都会有一定的心理抵触，感到不适应。

为了提高这些成本骤变的效果，服务企业可以采取两种战略：①发展与消费者之间的关系，建立一种对忠诚的客户的奖励机制，造成离弃销售者的代价很高。例如商场的购物积分制度，航空公司按照乘客飞行公里的奖励制度，书店的图书俱乐部，剧院的订购全套演出季节票的优惠等。②提供交叉服务，扩大与加强买卖双边的关系。

（2）评估成本。

很多服务的成本都是在消费之后才能评估的。服务消费成本越高，服务购买倾向越小。服务企业应试图降低自己客户感受到的成本水平，提高他们对竞争对手的服务成本感受到的水平。

对此，服务企业经常采用以下两种战略：①提供担保，告诉消费者没有服务质量低于承诺的风险，没有预先对服务进行评估的必要。例如汽车出租的价格中，既没有使用的公里限制，也没有日行公里少的减价承诺。②将服务与可触知的产品结合在一起，通过最可信任的杰出人物宣传服务的质量，建立良好的形象。

3. 广告宣传

在市场上率先提供一种新型服务的服务企业要做广告宣传，最大限度地吸引公众的注意力和兴趣。

服务企业要坚持这种差异化机制，所采用的战略有：①抓住营销组合中每个成分的革新机遇。率先的企业能更好地与众不同，处于比竞争对手更有利的地位，更能持久，更能赢利。②反复用说服力强的广告宣传来支持自己新服务的推出。

（二）根据服务的分类进行定位

1. 服务活动的性质

这种分类方法为企业找到了各种服务应该提供的性能。例如，假设客户一定要在服务的生产现场，那么就有两种选择：消费者到生产服务的地方去，或者服务生产者到消费者身边去。属于前者的情况就要求服务企业精心搞好销售点的环境、设计、设施、人员等深刻作用于消费者的服务感受的因素。此外，服务企业还要设法有利于消费者的接近，如服务设施地点的选择和营业时间的便利性。销售点的布局是否合理对服务企业有着至关重要的作用。

2. 与客户的关系

这种分类对于服务定位的作用是显而易见的。如果存在着正式的关系，对客户的了解就比对手多了一分竞争优势。银行可以对在本行开户的客户建立详细档案资料：金额、期限等；航空公司按照累计飞行里程提供的优惠待遇；百货商店按照购物累计金额提供的贵宾卡等。数据库的姓名、地址、购买态度等记录都便于抓住目标市场、制订更好的营销组合战略。

3. 服务供求的性质

服务生产与消费的同时性，决定了服务产品不可能库存待销，服务管理者无法为未来的销售进行生产与储存服务。而需求的浮动却是服务业面临的实际问题，需求和供给失衡的程度在服务行业间存在着巨大差异。服务在这方面的差异也可以形成有效定位战略的因素。

为确定每种情况下最恰当的战略，服务管理者需要考虑以下问题：

（1）需求波动的性质如何？它是否有可预测的周期性？一些变化取决于外部的人员因素但是可以预料到的，如使用快餐的时间。

（2）是什么原因导致需求的波动？如果这些原因属于客户的习惯和偏好，市场营销是否可以改变这些因素？对于取决于购买者态度的因素，是可以采取一定的营销措施来加以解决的。

（3）改变服务能力或供给水平存在哪些机会？在高峰时间能否雇用临时工？生产服务的企业有时是可以调整自己的产量来适应需求的，如计时工作等。

4. 客户与服务之间交互的性质

从这个分类角度上看，服务战略是多种多样的。多网点提供服务可以提高竞争能力，但在保证服务的质量和一致性方面则可能会产生问题。随着电信技术的发展，远距离交易变得越来越普遍，因为它给客户带来了高效率和方便的服务传递。例如，个人电脑的使用使得企业可以将它们的服务定制化，同时也降低了客户与服务人员面对面交流的次数。

5. 定制与判断

定制是为了现实客户使用服务时需求得到满足的可能性。例如，以往的公共交通工具只有公交车，而现如今，除了公交车，你还可以选择出租车、地铁、轻轨，有些城市甚至还开辟了磁悬浮列车。在餐饮业，汉堡王（Burger King）的广告语是"用你自己的方式享用"，具有某种程度的定制。在一个特定行业中，不同的企业可能占据不同的分区，如餐饮店中的快餐和风味餐馆是处于对立地位的。更多的定制及允许服务人员行使判断的战略选择对改进服务传递系统有重要意义。

（三）根据目标市场定位

企业在选定了意欲占领的目标市场之后，就需要采取针对竞争对手的定位战略。

1. 以客户和服务为焦点

企业可以以能够满足有限的目标客户需要的一种服务为焦点进行定位。所谓有限的是指目标市场所含的潜在购买者人数有限。企业可以因有限的客户而实现可观的营业额，肯德基就是典型的例子，它开设的网点很多，其焦点既是服务（快速的服务、有限的食谱），也是目标客户（时间匆忙的人、寻求低价位的人和带孩子的家庭），而且开设的网点都是在人群相对集中的地方。值得注意的是，肯德基的客户群也在不断地扩大。

2. 以服务为焦点

企业将资源集中到目标确定的服务范围内，目标是生产优于其他企业的服务，在服务的供应上专门化，同时实现可观的营业额。这种战略也使企业能够把资源集中到有限的服务上，并获得经验曲线的好处。如联合包裹服务公司，这家为全球提供小件包裹和文件的快递服务企业，针对的细分市场是很大的：所有要快递小包裹和文件资料的个人和企业机构。

3. 以一类目标市场为焦点

企业集中瞄准一类目标市场，为其扩大自己的业务范围，不是提供一种服务，而是提供一个服务体系。这种战略成功的前提条件是：企业能够支撑较高的成本，投放素质好的人员与客户直接接触；具有数据库，能不断更新有关客户的资料。

4. 以所有人为焦点

这种战略与目标细分市场战略正好相反。提供一切为所有人服务的企业很难在那些目标细分市场或单一服务战略的企业面前建立自己的竞争优势。它们容易在各地受到竞争对手的攻击。如果业务量大，经验曲线也是优势，是难以被他人模仿的。

如果企业选择了一种有限的目标市场，发展到一定阶段，也要在原有市场上提供一些新的服务，或者进入新的区域的市场。

除了以上三种定位方法，还可以针对竞争、服务质量的量度进行服务市场定位。

复习思考题

1. 服务市场具有哪些特征？
2. 什么是市场细分？结合图形分析服务市场细分的步骤。
3. 分析目标市场的模式。
4. 服务企业可以通过哪些途径选择目标市场？分析每个目标市场的优缺点。
5. 归纳服务市场定位的方法。

第四章　服务营销组合

本章学习要求：

掌握：服务设计；服务产品的定价策略；服务渠道的设计；服务促销策略；服务人员的条件；服务有形展示管理。

熟悉：服务产品品牌；服务产品的定价方法；影响服务渠道的因素；服务促销与产品促销的联系；服务人员与客户对企业的作用；服务有形展示的作用；服务作业管理系统；服务蓝图。

了解：服务产品概述；服务新产品开发；服务定价概述；服务渠道概述；服务促销概述；内部营销概述；服务有形展示概述；服务过程概述。

导引案例

在美国航空旅客的印象里，西南航空是一家可靠、便捷、充满愉悦、低价位和没有附加服务的航空公司，如果换个角度看这个牢固的定位则意味着很高的价值——一个由西南航空公司服务营销组合的所有因素强化了的定位。25 年来，它稳稳地保持着这个形象，而同时每年都赢利，美国的其他任何一家航空公司都没有接近这个记录。成功来自于各种原因，一是航空公司的低成本结构。它们只运营一种飞机——波音 737，从而由于飞机本身的燃油效益和维护运作程序的标准化而降低成本。另外，航空公司不提供食物，不预先指定座位，保持较低的员工流动率，也降低了成本。西南航空的总裁赫伯·凯乐相信：员工第一，而不是顾客第一，他因这一信念而闻名。在享有很高的顾客满意度和顾客忠诚度的同时，这家位于达拉斯的航空公司已经成为一个低成本服务供应商和一家受欢迎的雇主。西南航空公司在航空业中有最佳的顾客服务记录，并连续几年在行李处理准点操作和最佳的客户投诉统计方面的卓越成就而获得三项桂冠，这是其他任何一家航空公司都望尘莫及的荣誉。

4Ps 营销组合是传统的营销理论，自从 E. J. J. 麦卡锡教授归纳这个理论以来，4Ps 营销组合为企业赢取利润、提高市场占有率做出了极大的贡献。但是，20 世纪 80 年代初，营销学家布姆斯（Booms）和毕特纳（Bitner）发现 4Ps 并不完全适用于服务营销组合，经过长期的研究将服务营销组合修改并扩充成 7Ps，即产品（Product）、价格（Price）、渠道（Place）、促销（Promotion）、人员（Participants）、有形展示（Physical）和过程（Process）（如表 4 - 1 所示）。近年来，随着市场的急剧变化，使企业将重点放在如何挽留客户，如何使他们购买相关产品以及如何让客户向其亲友推荐企业的产品，这就产生了 3Rs，即客户保留（Retention）、相关销售（Related sales）、客户推荐（Referrals）。4Ps 已发展成如今的 7Ps + 3Rs。

本章只对 7Ps 做详细地阐述。

表 4 - 1　　　　　　　　　　　服务业的营销组合（7Ps）

要素	内容
产品	领域、质量、水准、品牌、服务项目、保证、售后服务
价格	水准、折扣（包括折让与佣金）、付款条件、客户认知价值、质量/定价、差异化
渠道	所在地、可及性、分销渠道、分销领域
促销	广告、人员推销、销售促进、宣传、公关
人员	人力配备：训练、选用、投入、激励、外观、人际行为 态度 其他客户：行为、参与程度、客户/客户之接触度
有形展示	环境：装潢、色彩、陈设、噪音水准 装备实物 实体性线索
过程	政策、手续、器械化、员工裁量权、客户参与度、客户取向、活动流程

第一节　服务产品

一、服务产品概述

(一) 服务产品的整体概念

服务产品是服务营销组合要素中的首要要素，此要素是具有以提供某种形式的服务为核心利益的整体产品。服务作为服务业的产品，既包括无形部分，也包括有形部分，一起构成了服务产品的整体概念。

本书编者参考了各类服务营销管理类书籍，发现对于服务产品概念的理解有不同的见地。由季辉主编的《服务营销》从两个层次来理解服务产品：核心服务、附加服务；由叶万春主编的《服务营销管理》、傅云新主编的《服务营销学》将服务产品分四个层次来理解：即客户利益概念、服务概念、基本服务组合和服务递送体系。更多的学者则是采用菲利普·科特勒所阐述的关于酒店客房的例子来理解服务产品的五个层次（如图 4-1 所示）。

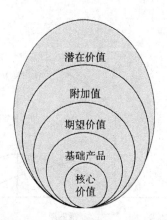

图 4-1　服务产品的五个层次

第一层次：核心价值。这是无差别的客户真正所购买的服务和利益，即企业对客户需求的满足。衡量一项服务产品的价值，不是由该产品本身或是由服务提供者决定的，而是由客户决定的。比如，客户在酒店客房真正购买的是"休息与睡眠"。

第二层次：基础产品。这是将抽象的利益转化为服务所需的基础产品。比如，酒店客房需要配备床、桌子、椅子、卫生间等基础性产品。

第三层次：期望价值。客户的期望是可得的，比如，在一个星级酒店里，客户期望有柔软的床、干净的床单和毛巾、齐全的洗漱洁具，这些一般都能得到满足。

第四层次：附加值，即增加的服务和利益。比如，酒店大堂配备的自动擦鞋机、火车站设立的手机充电设备等。

第五层次：潜在价值。由所有可能吸引和留住客户的因素组成的潜在价值，即服务产品的用途转变。比如，酒店不仅是休息睡眠的场所，还可以用来会见客户。

（二）服务产品的生命周期

1. 服务产品生命周期的概念

有形产品的生命周期理论同样适用于服务企业的市场营销。服务产品的生命周期是指某一项服务产品从进入市场、稳步增长到逐步被市场所淘汰的过程。服务产品同有形产品一样也具有生命周期，也会经历投入、成长、成熟、衰退的过程（如图 4 - 2 所示）。

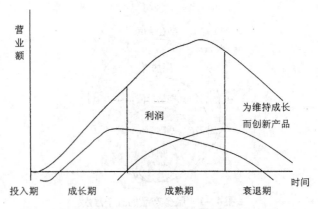

图 4 - 2　产品生命周期图

从图 4 - 2 得出的结论是：①管理者必须开发新产品来弥补"缺口"，并维持营业额和利润的增长；②生命周期的每一阶段，对营销策略和利润潜量而言，都可以说提供了显著的机会和值得研究的问题。

2. 服务产品生命周期的变形

当然，同有形产品一样，并不是每种服务产品的生命周期都符合正规的生命周期图，常出现一些变化。就某一具体的服务企业来讲，其生命周期是极其有限的，有的甚至未能经过四个发展阶段就消失了。图4-3所示为服务产品生命周期的变形。

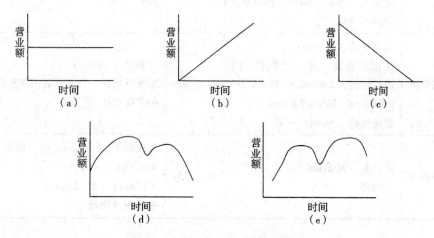

图4-3　服务产品生命周期的变形

图4-3中，（a）表示产品或服务在市场中一开始就建立了一定的位置，并能持续维持几乎相同的销售水平；（b）表示产品或服务由于有超越竞争对手的优势，能继续找到新的客户而使生意兴隆，历久不衰；（c）表示一产品或服务虽由竞争者之中占优势的佼佼者开始，但后来被更具优势的对手击败而消逝；（d）表示一产品或服务在衰退期出现新生机而进入所谓的"第二周期"，但第二周期的业绩表现显然不如第一周期；（e）表示一产品或服务在进入衰退期时由于某种促销活动或削价政策而展现了新的生机，甚至使销售增长曲线更胜于变动之前的状况。

二、服务新产品开发

服务产品在市场上总是经历着一个从投入到衰退的过程，随着服务业的不断发展、市场竞争的日趋激烈，服务企业要想取得成功，绝不能仅仅依靠现有服务产品，而必须不断地引入新产品，以适应不断变化的消费需求（如表4-2所示）。

表4-2 　　　　　　　　　　　　　服务产品品牌举例

客运	德国汉莎航空公司 新大西洋航空公司： 超级仓（Virgin Atlantic Airways：Upper Class）	快递服务	联邦快递（Federal Express） 敦豪（DHL）
酒店服务	马里奥特（Marriot） 拉德布鲁克：国际希尔顿、国内希尔顿（Ladbroke：Hilton International，Hilton National） 香格里拉（Shangri-la）	旅游服务	迪斯尼（Disney） 张家界景区，九寨沟旅游风景区，中国青年旅行社
餐饮服务	麦当劳（McDonald's） 全聚德	金融服务	花旗银行（National City Bank of New York） 渣打银行（JP Morgan） 中国工商银行

三、服务产品品牌

（一）服务品牌及其基本要素

1. 品牌的定义

传统上品牌化被视为有形产品的专利，但如今服务业中奉行品牌策略十分普遍，许多企业都致力于在自己的行业中创建自己的品牌。客户对服务产品的消费是一个感知的过程。企业建立服务产品品牌就意味着企业向客户提供更多的价值，借此企业亦可以获得较高的利润。

美国市场营销协会对品牌的定义为：品牌是一种名称、术语、标记、符号或设计，或是它们的组合运用，其目的是借以辨认某个消费者或某群消费者的产品或服务，并使之与竞争对手的产品和服务区别开来。

菲利普·科特勒将品牌定义为：一个名字、名词、符号或设计，或是上述的总和，其目的是要使自己的产品或服务有别于其他竞争者。

品牌的基本职能是把公司的产品和服务同其他公司的产品和服务区分开来。

而现代品牌已超越了区别的功能，其最持久的含义是价值、文化和个性，它们构成了现代品牌的实质。

2. 服务品牌的基本要素

服务产品的品牌包括多种因素，并受到多种因素的影响，如图 4-4 所示。服务公司通过多种潜在中介，如设备商标、印刷和电视广告、运货卡车、职员制服等，把它的品牌提供给客户、潜在客户和其他资金拥有者。服务产品品牌的核心是公司的名称，其他如陪衬性的语句、标记也起着重要作用。

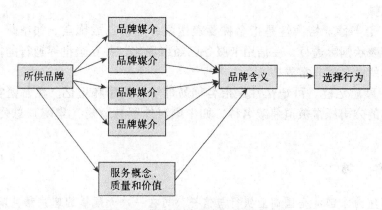

图 4-4　服务品牌要素及其影响因素

（二）服务品牌的作用

概括地讲，服务品牌在市场营销中具有以下作用：

1. 品牌是广告促销的武器

广告作为一种有效的促销方式，虽可以创造不同的产品形象，但其产品形象多属一种抽象的、缥缈的观念，很难形成具体的影响力量；而通过品牌可以使这种形象凝结为实实在在的标志，使广告更好地发挥促销作用。

2. 品牌可以树立企业的市场优势

打造自己的企业品牌，树立自己的品牌形象，从而提高企业的市场地位与竞争力，这是许多服务企业所期望的。

3. 品牌有助于建立客户偏好

品牌化可以使企业能更好地吸引更多的品牌忠实者。

4. 品牌可以推动新服务产品的销售

新产品上市促销是一项极为艰巨复杂的任务，企业在原有品牌的产品线中增加新产品就比较容易，比无品牌产品易为市场所接受。

（三）服务品牌运作管理

1. 品牌的命名

品牌的命名要做到独特、恰当、可记忆以及灵活。

（1）独特性。独特性是指名称能立即将本公司与竞争者区分开来。在金融服务市场，银行的名字常用"第一"、"贸易"、"商业"等这样的词，极其容易与竞争对手混淆。使公司名称具有独特性的一种方法是使用服务界不熟悉的词语，比如子午线和海军舰队是独特的银行名字；还可以使用家族名字，如肯德基、希尔顿。

（2）恰当性。恰当性是指名称要表达服务的特点或优点。如维萨（Visa）这个名字表示国际通行，在信用卡服务已经市场化，并在全世界通行的情况下，这一品牌的命名就非常成功。

（3）可记忆性。可记忆性是指名称易理解、使用和记忆。在营销实践中，有长名称的公司经常被迫缩减名称，如中国对外贸易运输（集团）总公司，简称中外运。

案　例

美国纽约东部的全国商业银行与信托公司在一次大规模的客户意见调查中发现，有70%客户嫌这家银行的名称太长，不易记住，于是他们干脆把它叫成"这银行"（THE BANK）。银行得知这一消息后，立即召开会议商讨这个问题，最后决定将自己重新命名为"这银行"，但由于银行更名兹事体大，因而没有得到顺利执行。这并没有影响银行的决心，为了对客户有所交代，这家银行通过广告做出了令人难以忘怀的深刻表达。其中一则广告说："大多数人都称我们为'这银行'，所以从现在起，这也是我们努力以赴的事。"这则广告的落款为"THE BANK"，而银行的全称则以较小的字排在"THE BANK"之下。

（4）灵活性。灵活性是指名称要能适应公司方面不可避免的策略调整。一家服务范围广泛的运输公司，其名称中不会带有"卡车运输"、"铁路运输"的字样。

2. 品牌的定位

品牌定位应与市场定位相符合，要在市场定位的基础上赋予品牌核心理念。如香格里拉代表世外桃源，希尔顿对客户说"这里就是你的家"；要注意倾注品牌形象，使品牌人格化，如麦当劳以亲切的麦当劳叔叔为形象代言人。

3. 品牌的传播

要提高品牌的知名度，就要最大程度地调用媒体，通常做法是进行媒体分析，知道哪些渠道可以最有效地通过目标客户，然后整合所有资讯，用同一声音说话。忘记自己是在做广告，而是在与客户沟通。要维持客户的忠诚，满足消费者需求的不断变化，加强已经存在的消费者与品牌的关系，提高他们的忠诚度。

4. 品牌补救

企业一旦与客户发生矛盾，应该冷静处理，如果当品牌真正无药可救，或进行补救的成本超过新建品牌的投资，那么应考虑品牌撤退，重建新品牌。

5. 品牌改造

一个品牌经历一定的岁月，就要面临一定的改造，通过市场营销创新、技术创新、服务创新、管理创新等方面来进行。如有些历史悠久的服务企业通常采用赠送客户附加价值来维持其忠诚度。

四、服务设计

 **案　例**

20 世纪 60 年代，花旗银行的组织结构是一种传统的、依职能划分的形式，其主要缺点是各部门及其管理者之间相互独立，无法实现有效的协调和整体控制，且管理费用昂贵，效率较低。这些问题在现代技术的引进之后变得更为突出。为此，70 年代初，花旗银行按工业化的思想，参照"工厂"的模式进行了组织结构的改造。改造后的组织结构类似制造业中的"生产线"，它首先根据业务进行划分（类似制造业中的按产品划分），为每一种业务组建一条"生产线"，各种业务的服务提供过程也类似制造业中产品在生产线上的制造过程，由该业务的管理者对其实施精确的控制。这种组织结构确实使新技术的效果得到了改进，并提高了控制程度和营运效率。但到了 70 年代中期，管理者发现，各条"生产线"提供的标准"产品"已不能适应公司各类客户的不同需求，而若要求"生产线"提供多样化的服务，便又会牺牲营运效率与服务效果。花旗银行由此认识到定制化服务的重要性，并于 70 年代中后期再次改进了组织结构。这次改进在以往的基础上更强调了前、后场的划分和分别处理。前场部分按照不同的行销区域（体现需求的不同特征）划分为国内业务、国际业务、公司业务等类型，对不同市场的设计、营运和管理进行了相关的改进，使其更适应不同的需求；后场部分的改进，一方面继续强调"技术核心"部分的营运效率，另一方面改善了与前场部分定制化服务的衔接，引进了能够与多样化前场服务好配合的、比较灵活的组织结构和应用技术，在营运流程与工作设计等方面也进行了相关的改进。

（一）服务设计的概念

服务设计具有不同的概念，最早提出服务设计的美国银行家协会的 G. L. Ynn Shostack 将其称作"服务系统设计"，提出服务设计是由确认服务过程、识别容易失误的环节、建立时间标准和分析成本收益四个基本步骤组成。James L. Heskett 将服务设计定义为："服务业企业根据客户的需要所进行的对员工的培训与发展、工作分派与组织，以及设施的规划和配置。"著名企业管理学家 James A. Fitzsimmons 则将其定义为"服务提供系统的设计"。除此之外，Christophei H. Lovelock、Luis M. Huete、Richard B. Chase，以及 DaVid A. Tansik 等人也提到过服务设计的概念。他们都强调了服务系统与制造系统在设计上的共同点与区别点、服务概念在系统设计中的应用以及由于服务业固有的特征而形成的客户在系统设计中的重要地位。

本书引入服务设计的定义为：服务企业根据自身特点和营运目标而进行的关于营运管理的策略性规划与设计，其核心内容为服务组合与服务提供系统的设计。

其中，服务组合包含四个组成要素：显性要素、隐性要素、实体产品要素和环境要素。比如，对于麦当劳来说，显性要素是指服务人员操作规范、食品口味、待客等；隐性要素是指整洁的环境、及时而优质的服务等；实体产品要素是指食品（如麦香堡、麦香鸡、薯条等）和包装；环境要素是指店面布置、烹调设备和操作规范等。

服务提供系统应广义地理解为用来提供服务组合的整体运营系统，它主要包括硬件设施和软件设施。硬件设施如建筑物、电子设备、用具、物料等；软件设施如流程安排、品质管理体系、监控体系、人员管理体系等。

（二）服务设计的过程

服务设计的过程主要有三个基本步骤（如图 4 – 5 所示）。

1. 企业分析与客户分析

不同服务类型的企业，其管理思想和设计方法可能会有很大区别。因此，服务设计应首先对企业自身进行分析，确认企业的目标和企业的特点。企业的目标包括总体目标和具体营运目标，企业的特点包括所属服务类型、目标市场和客户群的特点等。

由于服务具有同步性等特点，客户在服务营运管理中的地位极其重要，现代服务业竞争更进一步强调了客户的地位。因此，服务设计的出发点也包含对客户的分析，其中包括客户需求分析、心理研究、行为分析等。

2. 完整服务产品设计

在企业分析和客户分析的基础上，便可进行服务组合设计，即确定提供什么样的服务。完整服务产品包括四个要素：显性要素、隐性要素、环境要素和产品要素。应先研究显性要素和隐性要素，因为这两个要素是决定客户对服务评价的深层次关键因素，它们分别代表了满足客户需要和给予客户的感受这两个关键问题。

3. 服务提供系统设计

服务提供系统设计包括两个主要部分：

（1）"硬件"设计，包括设施选址与布置、产能规划等。

（2）"软件"设计，包括组织架构设计、流程设计、工作设计、品质管理系统规划、人员管理规划等。

这个步骤与上一个步骤既相对独立，又密切关联。一方面，只有确定所提供的服务之后，才可能进一步研究提供的方法，可见，服务提供系统的设计是在完整服务产品设计的基础之上进行的；另一方面，服务产品与服务提供系统本身就是融合在一起的，两者的设计不可分割，必须从整体的观点来考虑。

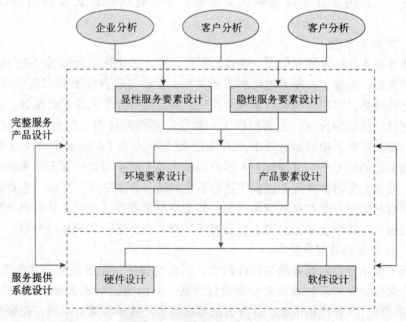

图4-5　服务设计的基本过程

（三）服务设计的基本方法

服务设计的方法可归纳为三种，即工业化方法、定制化方法和技术核心分离方法。

1. 工业化方法

20 世纪 70 年代初，哈佛商学院教授 Theodore Levitt 在总结了一些优秀企业的经验后提出将制造业企业的管理方法应用于服务业企业，即为工业化方法。工业化方法的产生导致由传统服务向现代服务的转变，也带来服务业管理的重大变革。工业化方法着眼于通过总体设计和设施规划来提高生产率，从系统化、标准化的观点出发，使用标准化的设备、物料和服务流程，精确的控制，使服务过程具有一致性。这种方法提高了服务品质的稳定性和服务效率。70 年代，服务设计的工业化方法广泛应用于餐饮、零售业、银行、酒店等多个行业，并且普遍采用各种自动化设备和制造业的管理思想以改造服务系统，提升了当时的服务业生产率。比如，快餐业的标准化使麦当劳、肯德基等品牌迅速全球化；银行业的标准化使自动柜员机（Automatic Teller Machine，ATM）和电脑清算系统被大量采用，业务处理的速度和准确率大大提升；零售业的标准化使超市得以迅速发展。

2. 定制化方法

随着服务业的发展和创新，企业已经意识到，工业化设计思想往往只适用于技术密集型、标准化、较大规模的服务类型；而许多服务类型要求较多标准化、个性化的服务，客户也越来越重视个性化、高级与符合个人喜好的服务。企业开始更重视定制化的设计，把客户作为一种生产资源来对待，尽量满足客户的偏好，并提高服务系统的营运效率。20 世纪 70 年代末由 Lovelock 和 Young 等人总结提出了定制化方法。其特点是：客户的被动或主动参与会给服务结果带来一定影响；服务人员需要在服务过程中进行自主判断、自主决策。比如，速食业中由消费者自己端回食品并自己清洁桌面；超市中消费者自己把商品从货架上取下并推到收银台；旅馆业中，消费者自己布置房间，自己进行烹调和清扫等。

3. 技术核心分离方法

为了满足客户对服务的多样化需求，同时又能够利用工业化方法的高效率，企业在实践中发展了技术核心分离设计方法，并由美国学者 Richard B. Chase 等人在 20 世纪 80 年代初汇整。这种方法根据与客户接触程度的不同，把服务系统分为与客户的高接触部分和低接触部分，即前场部分和后场部分。前场与客户高度接触，应当采用以客户为中心的设计观点，灵活处理服务中可能出现的各种问题，适应不同客户的个性化需求，以达到较高的客户满意度；在后场，服务营运可如同工厂一般，采用工业化方法，充分利用现代技术。这种方法适用于许多类型的服务营运，尤其适合如银行、邮电等前后场区分较为明显的行业。

第二节　服务定价

尽管各种有形产品定价的概念和方法均适用于服务产品定价，但是，由于服务产品受其特征的影响，企业与客户之间的关系通常比较复杂，服务定价策略也有其不同的特点。因此，我们必须研究服务产品定价的特殊性，同时，也要对传统定价方法在服务市场营销中的应用给予一定的重视。

一、服务定价概述

（一）影响服务产品定价的因素

影响服务产品定价的因素主要有三个，即成本、市场需求和市场竞争。

1. 成本因素

成本是服务产品定价的基础部分，它决定着产品价格的最低界限，如果价格低于成本，企业便无利可图。服务产品的成本是随时间和需求的变化而变化的。从定价的角度来看，服务产品的成本可以分为三种，即固定成本、变动成本和准变动成本。

固定成本是指不随产出而变化的成本，在一定时期内表现为固定的量。在许多服务行业中，固定成本在总成本中所占的比重较大，如航空运输和金融服务等，其固定成本的比重高达60％，因为它们需要昂贵的设备和大量的人力资源，由此可见固定成本的分摊对服务业意义重大。

变动成本是指随着服务产出的变化而变化的成本，变动成本在总成本中所占的比重往往很低，甚至接近于零，如航空公司的燃料消耗、酒店客房的备品消耗等。表4－3为服务企业的固定成本与可变成本举例。

表 4 - 3   服务企业固定成本与可变成本举例

企业	固定成本	可变成本
酒店	建筑与设施的折旧（自有） 建筑与设施的租金（租用） 固定人员的酬金	食品消耗 水电的消耗 易耗品的维修
特快专递	自有交通工具的折旧 设施的折旧 一般费用（后勤管理）	航空公司的费用 燃料、集装箱等成本
保险公司	管理成本	赔偿费

准变动成本是指介于固定成本和变动成本之间的那部分成本，其多少取决于服务的类型、客户的数量和服务活动对额外设施的需求程度，如清洁服务地点的费用、职员加班费等。对于不同的服务产品，差异性较大，因此其变动所牵涉的范围也比较大。

在产出水平一定的情况下，服务产品的总成本等于固定成本、变动成本和准变动成本之和。

2. 市场需求因素

服务业公司在制定价格策略目标，并考虑需求因素的影响时，通常使用价格需求弹性法来分析。价格需求弹性是指因价格变动而相应引起的需求变动比率，它反映了需求变动对价格变动的敏感程度。价格需求弹性通常用弹性系数（E_d）来表示，该系数是需求量（Q）变动的百分比同其价格（P）变动的百分比之比值，其公式为：

$$需求弹性系数 = 需求量变动的百分比 / 价格变动的百分比$$

$$即\ E_d = (\Delta Q/Q) / (\Delta P/P)$$

一般情况下，价格与需求成反比例关系（如图 4 - 6 所示），因此，价格的需求弹性一般为负值。为便于分析，通常取 E_d 的绝对值。当 $|E_d| < 1$ 时，表示缺乏弹性，即价格变化不会引起很明显的需求变化；当 $|E_d| > 1$ 时，表示富有弹性，即价格变动一点就会引起需求的明显波动。

价格需求弹性对企业收益有着重要影响。在现实生活中，不同服务产品的需求是不尽相同的，如果对服务的需求是有弹性的，那么其定价水平就特别重要。例如，在某些市场上，需求受到价格变动的影响很大，如市区公共交通服务、旅游娱乐等；而有些市场则影响较小，如医疗、中小学教育等。

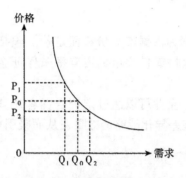

图 4 - 6　需求与价格的关系

3. 市场竞争因素

市场竞争状况直接影响着服务企业定价策略的制定。市场竞争所包含的内容很广，如在交通运输行业，企业之间的竞争在不同运输工具之间、对客户时间和金钱的利用方式之间都存在着竞争。此外，在某些市场背景下，传统和惯例也可能影响到定价，如广告代理的佣金制度。对于服务企业来说，在市场上除了从竞争对手那里获得价格信息外，还要了解它们的成本状况，向竞争对手全面学习，借鉴竞争者确定其成本、价格和利润率的方法，这将非常有助于企业自己制定适宜的价格策略。

（二）定价目标的确定

在考虑采用定价方法之前，企业应该确定一个和企业总目标、市场营销目标相一致的定价目标，作为定价的依据。总的来看，定价目标主要分为两类：利润导向目标和数量导向目标。

1. 利润导向目标

（1）利润最大化。即为保证一定时期内取得最大利润的定价。追求利润最大化是每个企业的最终目标。当然，利润最大化目标并不等于最高价格，产品价格过高，迟早会引起各方的反抗行为。

（2）投资回报。是指为了实现所期望的投资回报而定的价。定价是基于成本，加入了预期收益。这样，企业要预先估算服务产品的价格、每年的销售量、销售多长时间才能达到预期利润，预期收益率一般都高于银行利率。但是企业追求一定的投资回报率应考虑其他方面的因素，如竞争对手的价格、客户的需求等。

（3）适当利润。有的企业为保全自己、减少风险，或因其自身力量不足，而将适当利润作为其定价目标。

2. 数量导向目标

（1）销售最大化。即为占据市场份额而定价。包括增加服务产品的销量来争取最大的销售收入；保持或扩大市场占有率来保证企业的生存和决定企业的兴衰。

（2）争取客户数量。企业可以通过定价告诉客户其服务产品的信誉及企业形象的独特性，起到实施差异化战略的效果，从而吸引更多的客户。

二、服务产品的定价方法

可供服务业选择且实用的定价方法并不多，主要有三类基本方法：成本导向定价法、竞争导向定价法、需求导向定价法。

（一）成本导向定价法

成本导向定价法是指企业依据其提供服务的成本来决定服务的价格，基本公式为：

$$P = TC + NP（其中 TC = FC + VC）$$

式中：

P——价格；

TC——总成本；

NP——利润；

FC——固定成本；

VC——变动成本。

假设一家酒店拥有 300 个房间，该酒店每年的固定折旧费为 500 万元，所有固定员工的年工资为 200 万元，销售固定费用和其他固定成本费用为 150 万元；每间客房出租一天的变动费用为 40 元，出租率为 50%。那么，根据公式，FC = 500 + 200 + 150 = 850（万元），全年 VC = 40 × 300 × 365 × 50% = 219（万元），TC = 580 + 219 = 799（万元）。

此方法具有两个优点：一是在考虑生产者合理利润的前提下，当客户需求量大时，能使服务企业维持在一个适当的赢利水平，并降低客户的购买费用；二是比需求导向定价法更简单明了。一般来说，建筑、装潢、工程和广告等行业采用这种定价方法。

其具体的方法有：

1. 利润导向定价

即以最起码的利润水平为目标，比如由专业组织或行业协会制定的标准价格。如果市场进入受到严格的限制，则定价的取向就以客户的支付能力和支付意愿为主，成本考虑退居其次。

2. 政府控制定价

即以保护消费者利益为目标，按照成本加上合理利润为标准制定的固定价格。

当然，成本导向法也存在一定的问题，主要体现在：

第一，服务单位的不确定以及非标准化，使得定价不得不采用服务投入而非服务产出来定价。比如，律师服务，由于案件的不同，服务的差异化，使得只能用律师投入的时间来确定成本。

第二，提供多种服务时成本难以估算，比如，银行难以估算办理每笔业务的成本。

第三，劳动力成本估算困难。服务的主要成本因素是劳动力成本，而不是容易估算的原材料成本。

第四，成本的高低与客户得到的价值大小无对等关系。

（二）竞争导向定价法

竞争导向定价法是根据竞争者各方面之间的实力对比和竞争者的价格，以竞争环境中的生存和发展为目标的定价方法。这种方法一般适用于航空、汽车出租、干洗、银行等行业。

其具体的方法有：

1. 通行价格定价法

即以服务的市场通行价格作为本企业的价格。这种方法确定的价格易于被人们所接受，避免与竞争者激烈竞争，并能为企业带来合理、适度的赢利。

2. 主动竞争定价法

即为了维持或增加市场占有率而采取的进取性定价。

但是竞争导向定价法也会存在一些问题，主要体现在：

第一，小企业经营成本高，竞争导向定价法往往难以有足够维持生存的利润。

第二，服务的多样化和不一致加大了定价的困难。

第三，不能反映客户得到的价值。

（三）需求导向定价法

需求导向定价法是以市场需求强度及消费者感受为主要依据的定价方法。这种方法弥补了成本导向定价法、竞争导向定价法的不足。需求导向定价法具体包括：感受价值定价法、反向定价法和需求差异定价法。

1. 感受价值定价法

感受价值定价法是指企业根据消费者对产品的感受价值来制定价格的一种方法。这里的感受价值有四种定义：①价值就是低价；②价值就是在服务中得到的一切；③价值是物有所值；④价值是与付出相匹配的收获。

2. 反向定价法

反向定价法是指企业依据客户能够接受的最终销售价格，计算自己的经营成本和利润后，逆向推算出产品的批发价和零售价。

3. 需求差异定价法

需求差异定价法是指企业根据市场需求的时间差、数量差、地区差、消费水平及心理差异等来制定产品价格。如在市场需求大的时期定价高，反之则低。

三、服务产品的定价策略

一般有形产品营销中的定价策略也可用到服务产品上。下面介绍九类服务业中经常使用的定价策略：

（一）折让定价法

折让定价就是降低产品价格，给购买者一定的价格折扣或馈赠部分产品，以争取客户、扩大销售。在大多数服务市场上都可以采用折让定价。服务业营销通过折让可达到两个目的：

1. 折让是对服务承揽支付的报酬，以此来促进服务的生产和消费（金融市场付给中间者的酬金）的产生。例如，付给保险经纪人的佣金或对单位委托顾问服务支付的费用。

2. 折让是一种促销手段，可以鼓励提早付款、大量购买或高峰期以外的消费。例如，广告代理商对立即付款所提供的现金折扣、餐饮业为促进消费而提供的现金折扣或代金券、干洗服务店提供短期降价。大部分的服务企业都能提供"特别优待价"和上述各类型的支付方式。虽然这种做法在一定程度上都会侵蚀服务生产者的利润，但各种"折扣"仍一直被视为技术性的定价结构调整的方法，已越来越被认为有其策略上的重要性。

（二）差别定价法（弹性定价）

差别定价法是依据客户支付意愿而制定不同价格的定价方法。一项对于灾害防治工业的调查显示，约有58%的调查对象表示使用差别定价法，差别定价法是最为通用的定价策略。其主要适用于：①建立基本需求，尤其是对高峰期的服务最为适用；②降低服务易消失性的不利因素来缓和需求的波动。

差别定价的形式包括：

1. 价格/时间的差异，如电话服务在假期使用的价格。

2. 客户支付能力的差异，如管理顾问咨询、专业服务业、银行放贷利率。

3. 服务产品的品种差异，如使用不同机种电话的租费。

4. 地理位置的差异，如旅馆房间的定价以及演唱会座位的定价。

使用差别定价有可能产生以下问题：

第一，客户可能一直等到差别价格的实施而延缓购买。

第二，客户可能认为采用差别定价的服务有"折扣价格"之嫌，认为是一种例行现象。

鉴于以上的原因，有些服务业公司拒绝采用差别定价而采用单一价格制度，不论时间、地点或支付能力，对所有的客户都制定相同的价格。

 **案　例**

北京世界公园有五种门票价：平时门票为 40 元，星期六、星期日为 48 元；团体票优惠 20%，离退休干部、大中小学生门票 30 元，75 岁以上的老人、残疾人、1.1 米以下的儿童免费参观。这样就有 48、40、32、30、0 五种价格。其定价的依据是：中青年大多为收入固定的上班族，可以承受最高价；离退休人员收入稳定但多年不变，学生无收入，票价略为便宜；老人、残疾人和小孩属于社会弱势群体，免费有利于企业的社会形象。虽然门票整体价格较高，但因区别对待，各方均能承受。

（三）个别定价法

个别定价法是指所制定的价格标准是买方决策单位能力范围内所能遇到的价位，是基于买方决策单位对服务或公司感到满意为前提。采取个别定价法必须要清楚地了解卖方的决策者有权决定的价格底限是多少。通常，采用这种定价方式的服务市场，主要有承包伙食和厂房维修业等。

（四）偏向定价法

当一种服务原本的基本价偏低，或某种服务的局部形成低价格时，就会产生偏向价格现象。比如，餐厅为了增加消费者而提供价廉物美的实惠餐，如商业午餐、套餐或 3 元吃饱 10 元吃好等，但大多数用餐的消费者最后还是会点其他比较高价的菜；汽车修理厂对一般性服务可能收费偏低，借以招徕更多的高价的修理工作。

（五）保证定价法

保证定价法是保证必有某种结果产生后再付款的一种定价方式。比如，职业介绍所的服务，必须等到当事人获得了适当的工作职位后，才能收取费用。在服务业中保证定价法适用于以下三种情况：

1. 保证中的各种特定允诺可以肯定和确保。

2. 当高质量服务无法在削价的竞争环境中获取应有的竞争力时。

3. 客户所追求的是明确的保证结果，如婚姻介绍所、有保障的投资报酬率等服务。

（六）高价维持定价法

这是当消费者注重质量，把价格视为质量的体现时使用的一种定价策略。在某些情况下，某些服务企业往往有意抬高服务的价格，造成高质量高价位姿态。已经培养出一种特殊的细分市场，或已建立起特殊专属高知名度的服务业公司，可以尝试以价格作为质量指标的定价方法。

（七）牺牲定价法

这种定价方法是指第一次订货或第一个合同的要价很低，希望借此能获得更多的生意，而后来生意的价格却比较高。适用此种方法的有以下两类市场：

1. 客户不满意目前的服务供应商。

2. 买主不精通所提供的服务。

这种定价策略最大的弊端是：一开始的低价位可能成为上限价位。一旦此上限价位成立，客户便会拒绝再加价。这种定价方法通常用在营销顾问业、管理教育训练服务业。

（八）阶段定价法

这种定价方法与牺牲定价法类似，即一开始报价很低，但各种额外事项则要价较高。例如，某管理咨询顾问的报价只是其执行服务花费的时间费而已，未包括执行服务时有关的伙食费、交通费等。

（九）系列价格定价法

价格本身维持不变，但服务质量、数量、水平则充分反映成本的变动。这种定价方式往往被视为一种并不适于用来处理成本变动的定价方式。特别适应于固定收费的系列标准服务，即服务质量和水平的差异必须容易为客户所了解。如美容院可设置面部护理疗程卡，原价88元/次的暗疮护理，设置为疗程则为800元/10次，从服务数量上有所变化。

这种定价方法在应用时的主要问题是，服务产品的质量、数量和水平的差异必须能很容易被客户了解（如长途航空旅行）。这种定价技巧不适合于修理服务业。有一项调查显示：客户不喜欢高成本产品的低质量服务，但更不喜欢低成本产品的低质量服务，因为一项修理服务的"价值"不一定与被修理产品的价值有关。

上面只是介绍了服务业一些常见的定价策略，对于这个发展很快的领域，为了吸引客户，许多服务企业不断推出新的服务价格，因此，从某种意义上来说，服务定价没有一个固定模式，永远是常新的。

第三节 服务渠道

一、服务渠道概述

（一）服务渠道的概念

从市场营销的角度看，分销渠道是指产品从生产者向消费者转移过程中所经过的通道，它是生产者及其产品与目标市场的购买者相连接的营销机构链。在企业实际的经济活动中，分销渠道的概念不仅仅是有形产品的营销活动，也同样适用于服务领域存在的分销渠道问题，服务领域的分销渠道被称为服务渠道。服务渠道是指促使服务产品顺利到达客户手中，被使用或消费的一整套相互依存、相互协调的有机性系统组织。

（二）服务渠道的分类

在现实服务经济活动中，服务渠道按照其到客户手中是否经过中间商，可分为直销渠道和经由中介机构的分销渠道两种方式（如图 4 - 7 所示）。

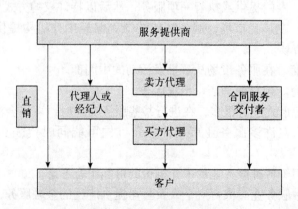

图 4 - 7 服务渠道的分类

1. 直销渠道

直销是服务企业最常见的一种销售方式，直销是指服务企业在销售自己的服务产品时不经过中间环节而直接与客户见面。如理发店提供的理发服务，汽车修配厂提供的修理服务。

有些直销项目经营的目的往往是为了获得某些特殊的营销优势，是由不得企业选择而决定的。具体表现在：

（1）直销对服务的供应与表现可以保持较好的控制，若经由中介机构处理往往会失去控制；

（2）实现真正个性化的服务方式，能在其他标准化、一致化以外的市场产生有特色服务产品的差异化；

（3）可以在和客户接触时直接了解到关于目前需要及竞争对手产品内容的意见等信息。

如果因为服务和服务提供商之间的不可分割性而选择了直销，那么服务提供商可能会面临以下问题：①在对某一特定专业个人需求（如某一著名的眼科医生）的情况下，企业业务的扩大便会遇到重重困难；②采取直销有时意味着局限于某个地区性的市场，尤其是在人的因素占很大比重的服务产品中更是如此。

2. 经由中介机构的分销渠道

有些服务产品的销售需通过中介机构，中介机构的结构各不相同，有的比较复杂。服务业市场的中介机构形态很多，常见的有下列五种：

（1）代理。一般在观光、旅游、旅馆、运输、保险、信用、雇用和工商业服务市场出现。

（2）代销。专门提供或执行一项服务，然后以特许权的方式销售该服务。

（3）经纪。在某些市场，服务按传统惯例需经中介机构提供才可以，如股票市场和广告市场。

（4）批发商。在服务市场从事批发活动的中间商。

（5）零售商。包括便利店、干洗店等。

中介机构的形式还有很多，在进行某些服务交易时，可能会涉及好几家服务业企业。此外，在许多服务业市场，中介机构可能同时代表买方和卖方，如拍卖。

以下是适用于各种服务业的中介机构的可能组合形态。

第一，金融服务业。银行对个人及公司提供广泛的金融服务，这些服务主要包括：存贷款服务、金融顾问咨询、提供银行信用、代收各种服务费用、不动产规划及提供其他一些"金融产品"。在大多数情况下，有时消费者直接与银行打交道，但有时需通过中介机构。例如，银行信用卡被广泛使用，银行在接受信用卡付款的销售商与处理信用单的信用卡公司之间扮演清算中心的角色。

第二，保险服务业。保险业务主要靠保险公司的业务人员直销保险，但在有些保险业务中，所涉及的企业或组织中普遍存在保险代理业务。如学校代理保险公司办理学生医疗保险、航空公司为保险公司代理旅客人身保险等。

第三，旅馆饭店业。传统上旅馆饭店主要采用直销方式，但随着旅馆饭店业竞争的加剧和电子信息产业的应用，使用中介机构销售服务的途径日益增多。图4-8表明旅馆饭店一系列的中介机构。

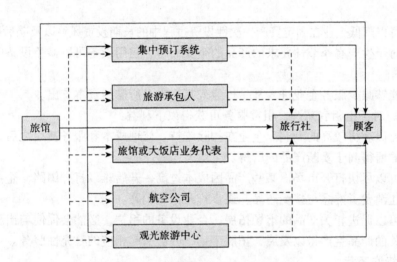

图4-8　旅馆业各种系列中介机构

注：虚线代表可选择的渠道。

说明：

（1）旅行社。旅行社可以替客户预订旅馆房间，不过客户通过其他中介机构的情况已越来越多，这些中介机构往往有整批房间或是充当旅馆代理人的角色。

（2）观光旅游中心。这类机构可为在某地区市场相互竞争的旅馆担任预订登记的代理。

（3）航空公司。许多旅馆目前都与航空公司联合，提供完整的综合服务，或者构成一种密切的工作关系。

（4）旅馆或大饭店业务代表。旅馆业务代表通常替非竞争性旅馆担任销售代理。

（5）旅游承包人。这些机构往往保证有一批房间可经由零售者（如旅行社）销售，或直接销售给客户。

（6）集中预订系统。许多特许经营的旅馆或连锁旅馆都使用这一系统。

（三）服务渠道的创新

1. 租赁服务

随着服务业的发展，租赁服务市场也在不断地扩大，许多企业和个人都已经或正在从拥有产品转向租赁产品。租赁服务的发展对租用者及出租者来讲都可以获得各自的利益。

（1）对于租用者来讲，租赁服务可以获得以下利益：

①服务企业在购置固定资产过程中如果资金不足或资金另有用途，可通过融资性租赁来解决资金不足的矛盾。

②可以避免固定资产的有形损耗和无形损耗，使企业设备在技术上保持先进性。

③可以降低企业在固定资产一次性投资过程中的长期投资风险以及购后风险。

④对于生产有季节性要求的产品的企业而言，租用设备可以避免设备的闲置浪费。

⑤能够减少服务企业进入某一行业或某一市场所需的资本支出。

（2）对于出租者来讲，租赁服务可获得以下利益：

①可以获得较高的利润。企业在扣除维持、修理成本和服务费用之后，其租赁服务的所得高于卖断产品的所得。

②可以尽快打开市场。某些产品因成本过高一开始难以打开销路，企业可通过租赁让消费者熟悉与接受产品，逐步打开市场销路。

③可以促进相关产品的市场拓展。企业设备的租赁，必然会促使与出租设备消费相关的产品生产得以发展，拓展市场，并会引起相应的补充性服务。

2. 特许经营

特许经营是指特许人将自己所拥有的商标、商号、专利和专有技术、经营模式等以合同形式授予被特许者使用，后者按合同规定，在特许者统一的业务模式下进行经营，并向特许者支付相应的费用。

（1）特许经营具有的特征：

①企业或个人对某一品牌、构思、生产工艺及其商誉等知识产权拥有所有权。拥有知识产权所有权的一方，有权作为特许人将自己所拥有的知识产权使用的许可权授予受许人，允许其在特定的时间、地点使用其知识产权。

②为了保证特许人的信誉和其他受许人的利益，特许人有权对受许人的经营进行监督和控制，可通过特许合同的规定或向受许人企业派出监督管理人员等方式。

③受许人必须为自己所获得的知识产权使用权付出一定的补偿。

（2）开展特许经营应具备的条件：

①受许人必须拥有自己的企业。

②双方必须签订特许经营的合同。

③特许人必须在企业营业之前，协助受许人开展业务，并给予其各方面的基础指导与训练。

④受许人开展业务之后，特许人必须在经营上不断提供有关事业运营的各方面支持。

⑤在特许人的监督和控制下，受许人被允许使用特许人所拥有的商业名称、定型业务或程序以及特许人所有的商誉的相关利益作为经营资源。

⑥受许人必须从自有资源中进行实质的资本性投资。

（3）特许经营所带来的利益。作为现代服务业发展的一大趋势，特许经营网络"大而全、全而细、细而密、密而通"。特许经营的发展对特许人、受许人和客户都能带来一定的利益。

①特许人可获得的利益有：

第一，可使企业摆脱因资金和人力资源缺乏对规模的制约，实现低成本的扩张。

第二，特许人利用手中的无形资产，既可使企业尽快在空间上多处布局，实现连锁规模经营，又可减少特许人投资的风险。

第三，特许经营是控制定价、分销渠道、促销和使服务产品内容一致化的重要手段。

第四，可带来一定的经济收入。

第五，有助于特许人企业的多元化经营。

②受许人可得到的利益有：

第一，有促销辅助支持力作为后盾。

第二，可以利用特许人无形资产的优势及其良好的社会影响，成功地切入某一服务领域，避免投资失败。

第三，可以通过连锁集中式采购降低经营成本，并通过集权式管理解决管理问题。

③对于客户而言，可通过特许连锁经营方式，使其在各地所获得的服务产品得到质量保证。

3. 网络营销渠道

网络营销渠道是一种使一个人能与电脑和调制解调器建立通信的渠道。调制解调器将电脑与电话线连通，从而使得电脑用户得到各种网上信息服务。

网络营销渠道可分为商业网络渠道和因特网，在商业网络渠道下，各种各样的公司建立了网上信息与营销服务，凡登记并付月租者均可进入；因特网的出现便于用户发电子邮件、交换观点、购买产品等。

网络营销渠道具有一系列的优势：

（1）提供服务的时间随意化，空间虚拟化。购物时间可以随意安排，大大方便了客户；空间范围没有地域的限制，是一个依靠因特网进行信息交流的虚拟空间。

（2）企业经营成本低廉化。一是所需设备购置费用低；二是可以做到零库存，减少库存商品的资金占压；三是网上服务可以节省大量时间，并减少通信、谈判、交通等方面的支出。

（3）信息处理快捷化。一方面，可与世界各地客户进行交流；另一方面，服务商与客户就选购产品的数量、价格、规格、颜色等可在短时间内商定，极大地缩短了交易的时间。

（4）网络渠道以客户为导向，强调个性化。客户可根据自己的个性特点和需求在全球范围内寻找服务商，不受地域限制。

（5）降低分销渠道成本。因特网为市场提供了最低的成本途径，通过因特网进行交易的边际成本几乎为零，而边际效益却并不为零。

在服务业不断发展过程中综合服务是另一种趋势，即综合公司体系与综合性合同体系的持续发展。有的服务企业将两种或两种以上的服务业结合起来经营，如航空公司、汽车运输公司等运输企业与旅游、酒店业逐步融合发展。在一些发达国家和我国一些大城市，出现了集购物、商务、餐饮、住宿、娱乐休闲等为一体的大型商业中心。

同时，要加强服务产品的分销，使服务更加接近于便利终端客户，服务企业要更好地利用终端营销的中介机构，鼓励一些小服务企业或个人成为"零售业者"。比如在购物中心、特定的购物街道、商务区建立服务产品的零售终端机构，利用或发展其他中介机构作为服务企业的"零售业者"，使服务产品分销渠道全面扩展，更加接近目标客户。

二、影响服务渠道的因素

服务企业经营管理者与营销人员在选择分销渠道时，应考虑以下因素：

（一）服务企业自身的条件与经营战略意图

1. 服务企业自身的经营规模

服务企业经营的总体规模决定了其服务产品的市场供应量，而其市场供应量的大小又制约了企业分销渠道的选择。若服务企业经营的规模较大，服务产品市场供应量大，其分销渠道应该比经营规模小的企业要宽而长。

2. 服务企业的经济实力

服务企业实力较为雄厚的可在较少依赖中间商的同时重视自身分销渠道的建设，建立自己的电子营销网络，增大在营销上的投入；实力薄弱的服务企业则较多依赖中间商。

3. 企业的经营战略意图

选择服务企业分销渠道必须服从于企业的整体营销战略，要考虑企业应进入哪些服务细分市场、实现何种营销目标、需要中间商发挥哪些作用、企业是否有必要对销售渠道和目标市场加以控制。如果服务企业希望对期望客户和中间商的质量加以选择，则必须加强直销或者选择较短的销售渠道，以加强对客户和中间商环节的控制。如某饭店为了维持其豪华饭店的高档形象，必须尽可能减少旅游团和普通会议类的客户，而将其营销的重点放在对各大商社和企业的直接销售上。

4. 服务企业员工的素质

在确定企业分销渠道时，员工的素质也是一个影响因素。如果企业有足够的训练有素的营销人员，可以直接与客户交往，推销服务产品；缺少这样的营销人员，则可委托其他中间商代理销售。

（二）市场特性

服务企业分销渠道的设计受市场容量的大小、购买频率的高低、市场的地理分布以及市场对不同营销方式的反应等特性的影响。当企业客户众多时，服务企业为了方便客户预订与购买，倾向于使用较多的中间商；如果客户经常小批量订购，则可采用较长而宽的分销渠道，如在饭店业旅客零星预订常常可依赖旅行社代理；如果服务企业的客户较为集中在某一地区，企业则可在该地区设置自己的办事处或分支机构进行直销；此外，客户对不同营销方式的反应也会影响服务企业分销渠道的设计。如随着电子商务的发展，上网族以及商务客户可利用计算机网络来预订服务产品，必然使服务企业在设计自己的分销渠道时，考虑利用电子商务这一现代信息技术手段。

（三）服务产品的特性

服务企业提供的服务产品不同，所采用的分销渠道也就不同。航空公司往往要选择大量的中介协助其机票的销售；休闲度假饭店往往需要旅行社代销，而以商务为特色的商务饭店适宜采用短渠道或直接销售；餐饮娱乐健身业一般情况下多采用直接销售。

（四）中间商因素

中间商因素是企业选择分销渠道应考虑的客观因素之一，企业应考虑各种中间商的优势劣势、具备条件的中间商的数目与状况、中间商的努力程度、中间商的分布与销售网络情况等来确定企业的分销渠道。

三、服务渠道的设计

服务企业分销渠道的设计必须在考虑上述因素的基础上进行，在具体设计时包括确定渠道模式、确定中间商数目、规定渠道成员彼此的权利义务和评估渠道方案四个方面的内容。

（一）确定渠道模式

确定渠道模式就是要决定渠道的长度。服务企业分销渠道的设计首先要确定采取什么类型的分销渠道，是自己直销还是通过中间商分销。如果决定利用中间商分销，还要进一步决定选用什么类型、何种规模的中间商。

（二）确定中间商的数目

确定中间商的数目，就是要决定渠道的宽度。在服务企业决定采用中间商的情况下，企业还必须考虑在每一个分销环节中应选择多少个中间商，这就要求服务企业根据自己提供的服务产品、市场容量和需求面的宽窄来决定。可考虑采用以下策略：

1. 广泛分销渠道

即通过尽可能多的中间商进行分销，使渠道加宽，以便客户购买。采用这一分销策略往往是某一服务领域竞争激烈，服务产品供过于求，或者在服务产品的需求面宽、需求量大的情况下使用。其缺点是对中间商不便于控制。

2. 独家分销渠道

即在各个销售区域只选择一家或少数几家中间商进行分销，要求中间商只经销本服务企业的服务或产品。采用这种做法的目的是提高产品和服务的市场形象，提高售价，促使中间商努力销售，并加强对中间商定价、促销、信贷和各种服务的控制。市场形象好、实力强、经营高档服务产品的服务企业可采取这种分销策略。

3. 选择性分销渠道

这是介于上述两种形式之间的分销形式，也就是有条件地精选几家较好的中间商进行分销。采用这种方式的目的是加强与中间商的联系，提高渠道成员的销售效率，使本企业服务产品得到足够的销售面。这种方式与广泛分销渠道相比，可降低成本，加强对渠道的控制。

（三）明确渠道成员的权利和义务

服务企业在确定了渠道的类型后，还必须明确规定渠道成员的权利和义务，确定合作条件。涉及的内容包括：企业的定价方针；支付条件和企业的保证；中间商的地区权利；双方提供的服务和责任；渠道成员的奖励措施等。

（四）对渠道设计方案进行评估

要确定最佳分销渠道，必须对可供选择的渠道方案进行评估，根据评估结果选择有利于实现企业长远目标的渠道方案。分销渠道的评估可从经济效益、控制能力和适应能力三个方面来进行。

1. 经济效益

服务企业要考虑每一渠道的销量与成本之间的关系。一方面，要考虑是直接分销渠道能获得较高的销量，还是使用中间商能获得较高的销量；另一方面，要考虑通过不同的分销渠道，在不同销量时需支付多少成本。通过不断的分析、比较，选择效益最高的渠道。

2. 控制能力

使用中间商时服务企业较难控制整个销售渠道。从事服务产品分销的中间商是独立的企业，更关心通过推销代理其他服务企业的服务产品最大限度地增加自己的利润，不一定会全力以赴为企业推销服务、搞好促销活动，也不一定十分熟悉企业提供的服务。应根据服务企业对中间商可控制的程度来选择分销渠道。

3. 适应能力

无论服务企业使用哪一种渠道，都要承担一定的义务，失去一定程度的灵活性。尤其是服务企业在与中间商签订长期合同时要谨慎行事，因为一旦签约，企业就不能根据需要随时调整分销渠道，将会使渠道失去灵活性和适应性，因此要考虑分销渠道的适应能力。

第四节　服务促销

一、服务促销概述

（一）服务促销的概念

服务促销是指企业通过各种营销手段，向消费者传递服务产品的有关信息，以实现服务产品生产市场与目标市场的有效沟通，从而影响消费者购买行为和消费方式的活动。服务促销的实质是服务营销者与服务产品潜在购买者之间的信息沟通过程。要理解这一概念，应明确以下四个方面：

1. 服务促销的根本目的是传递信息。企业应加强与客户的联系，通过促销树立企业形象，将服务产品信息传递给客户，同时又可了解客户对服务产品的反馈意见，从而不断改进服务，提高服务质量。

2. 服务促销的目的是激发客户的购买欲望。服务企业通过促销传递信息，将新的服务引入市场，刺激客户的购买欲望，促使客户的购买欲望转化为时间实际购买力。

3. 促销的手段是告知、帮助与说服。企业将服务产品的各种效用告知客户，帮助客户有选择地消费，说服客户购买本企业的产品。

4. 促销的方式有人员推销和非人员推销。非人员推销又分为：广告、销售促进、公共关系和宣传（如图 4-9 所示）。

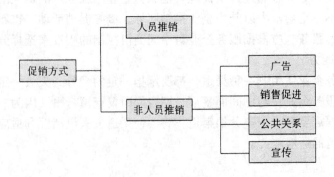

图 4-9　促销方式

（二）服务促销的目标

在服务消费过程中，客户要经过几个阶段才能有购买行为。有多种理论描述这个行为，如 AIDA 模式、创新采用模式、信息沟通模式等，所有模式都假设购买者经过三个阶段：认知、情感、行为。其中最常用的理论是 AIDA 模式（如图4－10 所示）。

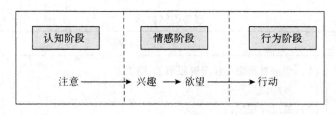

图4－10　AIDA 模式

使用 AIDA 模式时，假设消费者购买决策过程中遵循以下几个步骤：

第一，注意（Attention）：营销者必须首先引起目标市场消费者对某种服务的注意。

第二，兴趣（Interest）：要创造出消费者对这一服务的兴趣。

第三，欲望（Desire）：营销人员要通过解释服务的差异化来创造消费者对某一品牌的偏好，激发购买欲望。

第四，行为（Action）：让目标市场中某些已被说服的客户做出最终购买的行动。

总之，任何促销努力的目的都在于通过传送、说服和提醒等方法，促进服务产品的销售。关于服务促销目标的具体描述，详见表4－4 所示。

不同的服务行业，由于其服务产品性质的不同，使其促销目标也有所不同。例如在运输业和物流业，其促销目标就包括以下几项：

1. 要在所有潜在使用者之中创造公司的知名度。

2. 对于公司的产品和服务提出详尽的解说，包括成本/利益关系、价格以及其他有关的咨询。

3. 改善公司在现有和潜在使用者中的形象，来改善客户对公司的态度。最主要的目标是：在公司将来开发新服务产品时，能让新的目标客户群更容易接受。

4. 消除已存在的错误观念。

5. 告知现有及潜在的客户，有关本公司服务的特殊项目或附加服务及其调整。

6. 告知市场有关各种新的服务渠道。

但是，任何一种特殊服务的特定目标，在不同的产品/市场状况中均要有所变动。因此，所使用的促销组合的构成要素也应有所不同。

表 4-4　　　　　　　　　　　　　　服务促销目标

服务促销目标	内容
1. 客户目标	（1）增进对新服务和现有服务的认知 （2）鼓励试用服务 （3）鼓励非用户： ①参加服务展示 ②试用现有服务 （4）说服现有客户： ①继续购买服务而不中止使用或转向竞争者 ②增加客户购买频率 （5）改变客户需求服务的时间 （6）沟通服务的区别利益 （7）加强服务广告的效果，吸引群众注意 （8）获得关于服务质量如何、何时及在何处被购买和使用的市场研究信息 （9）鼓励客户改变与服务传递系统的互动方式
2. 中间商目标	（1）说服中间商递送新的服务 （2）说服现有中间商努力销售更多服务 （3）防止中间商在销售场所与客户谈判价格
3. 竞争目标	对一个或多个竞争者发起短期的攻势或进行防御

二、服务促销与产品促销的联系和区别

（一）服务促销与产品促销的联系

有形产品和服务产品的促销有许多相似点，表现在以下几个方面：

1. 促销在整体营销中的角色。

2. 建立各种有效促销方式的问题。

3. 促销执行管理的问题。

4. 为了促销目的而使用各种各样的方法和媒体。

5. 可利用的协助促销的组织团体。

（二）服务促销与产品促销的区别

服务促销与产品促销由于受其本身特征的影响以及服务行业特征的影响，存在一些区别。

1. 服务本身特征造成的区别

从客户的观点来看，消费者对服务促销与产品促销的反应有着很大的差异。

（1）消费者态度

消费者态度是决定客户购买与否的关键。由于服务的无形性，促使消费者在购买时，往往对服务与服务表现者或出售者的主观印象具有依赖性，而在购买有形产品时就不会对主观印象太有依赖性。

对于服务销售者和服务业来说，有两方面与制造业不同：

①服务产品往往被视为比有形产品更具个性化；

②消费者往往对于服务的购买不是很满意。

（2）采购的需要和动机

在采购的需要和动机上，制造业和服务业大致相同。通过购买有形产品或无形产品，同类型的需要都可以获得满足。不过，"个人关注的需求"产品或服务都是很重要的。凡是能满足这种"个人关注的需求"的服务销售者，必能使其服务产品与竞争者的服务产品产生差异，从而占有竞争优势地位。

（3）购买过程

在购买过程中，制造业和服务业的区别较为明显。有些服务的采购因为买主不易评估服务的质量和价值，因而被视为有较大的风险。此外，消费者在购买决策过程中易受邻人或朋友的影响，对于服务营销而言亦有较大的意义。在服务的供应者和其客户之间，有必要发展形成一种专业关系以及在促销努力方面建立一种"口传沟通"的方式。

对于组织客户来说，在其资本设备采购过程和服务采购过程之间存在着显著的差别。一项调查研究发现，组织对服务的采购通常与以下事项有关：

① 涉及的组织层级比资本设备采购过程少；

② 涉及的同一层级的部门数也比资本设备采购少；

③ 涉及的组织人数也较少；

④ 涉及的意见沟通比资本设备采购多。

这些调查结果显示，对于服务采购而言，在广泛的社会关联上，影响一家公司的可能性不如资本设备采购那么复杂；从另一方面看，较低的多样化程度可能会大大减少影响采购的选择机会。

2. 服务行业特征造成的区别

由服务行业特征造成的产品和服务的促销之间的区别有：

（1）营销导向的不足。有些服务业是产品导向的，这类服务业的经理人未受过训练也欠缺技术，当然不懂促销在整体营销中应扮演的角色。企业只把自己当做服务的生产者，而不是提供客户需要的公司，不清楚营销措施对业务有极大的帮助。

（2）专业和道德限制。传统和习俗可能会阻碍某些类型促销的运用，会遇到专业上和道德上的限制，以致被认为"不适当"或"品位太差"。

（3）服务业务规模小。许多服务业公司在规模上很小，它们不认为自己有足够实力在营销或在特别的促销方面花钱。

（4）竞争的性质和市场条件。许多服务业公司现有范围内的业务已经耗尽了生产能力，因此并不需要扩展其服务范围。这些公司普遍缺乏远见，并不认为在目前状况下，通过促销努力可以维持稳固的市场地位。

（5）对于可用促销方式所知有限。服务业企业对于可利用的广泛多样的促销方式所知有限，可能只会想到大量广告和人员推销方式，而根本不会想到其他各种各样适当、有效而且花费可能较少的促销方式。

（6）服务本身的性质。服务本身的性质可能会限制大规模使用某些促销工具。也就是说，服务的种类、特定服务业的传统，在某些服务种类中，对某些促销方法的限制使得许多促销方法不能自由发挥。

三、服务促销策略

服务促销策略包括人员推销、广告、销售促进、公共关系以及各类宣传。任何一种促销工具都有其可取之处，因此，营销人员应针对不同促销工具的优势和特点进行有效的沟通和选择。

（一）人员推销策略

人员推销是指企业通过推销人员向客户面对面（或电话营销中声音对声音）进行推销，说服客户购买的一种促销方式。推销服务与推销产品具有很大差异。在某些服务业市场，服务业者可能必须雇用专门技术人员，而非专业推销人员来推销其服务；另一方面，由于服务具有特殊的性质，对推销员的资格也有不同的要求。

1. 人员推销的优点

（1）提供了个人接触机会。人员推销提供了销售、服务、监督的个人接触机会，可以提供多种变化，保证客户满意度增加，或维持在较高水平（如表4-5所示）。

表4-5　　　　　　　　　　　　　服务中个人接触功能

功能	任务	举例
销售	说服潜在客户购买服务，增加现有客户的服务使用次数	保险代理、房地产销售人员、股票经纪人
服务	告诉、帮助和劝告客户	航空公司飞行服务员、保险索赔调解员、票务代理人、银行大厅经理
监督	了解客户的需求和关心的事，并向管理层汇报	客户服务代表、维修人员

（2）加强了客户关系。可以增强服务提供者、销售人员、客户三者良好的关系。

（3）有利于交叉销售。销售人员可以向客户介绍多种服务，如银行前台职员可以为账户持有者办理许多其他服务，包括抵押、保险、股票经纪服务等。

2. 人员推销的指导原则

据调查，服务采购所获得的满足，往往低于产品采购所获得的满足；而且，购买某些服务往往有较大的风险。因此，在服务营销的背景下，人员推销应遵循以下指导原则：

（1）发展与客户的个人关系

服务业公司员工与客户之间要保持良好的个人接触，使双方相互满足。服务业公司以广告方式表达对个人利益的重视，必须靠市场上真实的个性化关系协助实现。

（2）采取专业化

在大多数的服务交易中，客户总相信销售者有提供预期服务结果的能力，其过程若能以专业方法来处理则更有效。销售服务即表示销售者在客户眼中的行为举止必须是一个地道的专家，他们完全能胜任服务工作，对该服务的知识很充分。因此，服务提供者的外表、举止行为和态度都必须符合客户心目中一名专业人员应有的标准。

（3）利用间接销售

可以利用的间接销售形式有三种：

①推广和销售相关产品和服务。协助客户更有效地利用各项现有服务，以创造需求。例如，航空公司可以销售"假日旅游服务"，旅馆业可销售"当地名胜游览"，电力公司销售"家电产品"。将相关的服务业和其他服务或产品互相联系起来，可以给保险、银行、干洗和旅游等服务业提供更多的销售机会。

②影响客户的选择过程。利用公断人、见证人等，来影响客户的选择过程。在许多服务业中，客户必须依靠他人给予协助和建议，如保险代理业、旅行社、投资顾问、管理顾问咨询、观光导游业。因此，服务业的销售者应该多利用这类有关的参考群体、舆论意见主导者与其他有影响力的人，增进间接销售。

③自我推销。这种方式在某些专业服务领域使用得相当普遍，包括非正式的展露方式，如对公众演讲、参与社区事务、加入专业组织以及参加各种会议讨论和课程等。

（4）建立并维持有利的形象

营销活动，如广告、公共关系等试图达到的是发展出一种希望被人看得到的个人或公司的形象，而且要与客户心目中所具有的形象一致。现有客户和潜在客户对某个公司及其员工的印象，在很大程度上影响着他们作出惠顾的决策。人员销售对服务业公司的整体形象很有影响，客户往往从公司推销员的素质判断这个服务业公司的优劣。因此，推销人员的礼仪、效率、关心度和销售技巧，都会影响既有的公司形象，而形象建立的其他方式，包括广告和公关，也都同样具有推波助澜的作用。

（5）销售多项服务而非单项服务

在推销核心服务时，服务公司可从包围核心服务的一系列辅助性服务中获得利益；同时，这也使客户采购时省去了许多麻烦。

（6）采购简易化

客户不经常购买服务产品，如房子；或者客户处于某种重大情感压力之下，如殡仪服务，都可能会对服务产品的概念不易了解。在这类情形下，专业服务销售人员应使客户的采购简易化。也就是说，以专业方式做好一切，告诉客户服务进行的过程，对客户尽量少提要求。

3. 人员推销的模式

服务业的人员推销包括 6 项指导性的模式：

（1）积累服务采购机会（如表 4 - 6 所示）。

表 4 - 6　　　　　　　　　　　　整体性编制服务购买过程

投入阶段	寻求卖主的需要和欲望 获取有关评价标准的知识
过程阶段	利用专业技术人员 将业务代表视为服务的化身 妥善管理卖主/买主和卖主/生产者互动的各种印象 诱使客户积极参与购买
产出阶段	培育愉快的、满意的服务采购经验，且使其长期化

（2）便利质量评估。

①建立合理的期望表现水平；

②利用既有期望水平作为购买后判断质量的基础。

（3）将服务实体化。

①指导买主应该寻求什么服务；

②指导买主如何评价和比较不同的服务产品；

③指导买主发掘服务的独特性。

（4）强调公司形象。

①评估客户对该基本服务、该公司以及该业务代表的认知水平；

②传播该服务产品、该公司以及该业务代表的相关形象属性。

（5）利用公司外的参考群体。

①激励满意的客户参与传播过程（如口传广告）；

②发展并管理有利的公共关系。

（6）了解对外接触员工的重要性。

①让所有的员工感知其在客户满足过程中的直接角色；

②了解在服务设计过程中客户参与的必要性，并通过提出问题、展示范例等方式，形成各种客户所需要的服务产品规范。

（二）服务广告策略

 **案　例**

2007 年 1 月底，沃尔玛在电视上推出两条形象广告，第一条长达 60 秒，以沃尔玛创业为主题。另一条则描述沃尔玛为工人提供完善的医疗保险，使每名工人的家庭一年节省 2300 美元医疗费用。广告突出的是一个更有人情味的沃尔玛。

这让熟悉沃尔玛的人感觉有点不可思议，沃尔玛一向"吝啬"——没有公共关系人员，不做广告，年度报告中没有任何照片，新闻稿就是写着事实的一张纸……事实上，即使在上述广告内容中，沃尔玛本性难移，依然不忘精打细算。沃尔玛有自己的逻辑，它把省下的每一分钱都用在维持低价上，通过物美价廉回报消费者。

不仅是沃尔玛，那些靠"平价"赢得客户的大零售商，比如好事多、TESCO 甚至包括中国本土的家电零售商苏宁、国美……一向都不喜欢把钱花在形象广告上。不过，现在风向有些变化，即使中国观众也发现，苏宁和国美这样以闹哄哄的购物环境和无情压榨供应商著称的大零售商，2006 年也开始在电视里展现企业现代化管理和人性化服务的一面。

广告是指广告主以付费的方式，借助于一定的广告媒体将企业产品和服务的信息传递给消费者的一种宣传方式。广告促销能够达到使客户了解服务、增加服务知识、劝说客户购买、区分与其他企业提供的服务等功能。

1. 服务广告的指导原则

基于服务业的特征，服务业在利用广告时，应遵循以下几个指导原则：

（1）使用简明的信息

不同的服务具有不同的广告要求，服务业广告的最大难题是要用简单的文字和图形传达所提供服务的领域、深度、质量和水准。因此，广告代理商面临一系列的问题：如何创造出简明精练的言辞，贴切地把握服务内涵的丰富性和多样性，使用不同的方法和手段来传送广告信息，发挥良好的广告效果。

（2）强调服务利益

强调服务利益符合营销观念，也与满足客户需要有关。有影响力的广告，应该强调服务的利益而不是强调一些技术性细节，广告中所使用的利益诉求必须建立在充分了解客户的基础上，才能确保广告的最大影响效果。

（3）提出合理允诺

只能宣传企业能提供或客户能得到的允诺，提出的诺言应当务实，不应提出让客户产生过度期望而公司又无力达到的允诺。对不能完成或维持的服务标准所做的允诺，往往造成对员工的压力，如旅馆服务业和顾问咨询服务业。最好的做法是，只保护最起码的服务标准，如果能做得比标准更好，客户通常会更高兴。

（4）对员工做广告

在人员密集型服务业以及必须由员工与客户互动才能满足客户的服务业，其雇用的员工很重要。因此，服务企业的员工也是服务广告的潜在对象。服务广告者所关心的不仅是如何激励客户购买，而且更要激励自己的员工去表现。

（5）争取并维持与客户的合作

在服务广告中，营销者面临两项挑战：

①如何争取并维持客户对该服务的购买；

②如何在服务生产过程中获取并保持同客户的配合与合作。

因此，构思周到的广告总能在服务生产过程中争取和维持客户的配合与合作。

（6）建立口传沟通

口传沟通对于服务业公司及服务产品的购买选择有着较大影响，服务广告必须努力建立起这一沟通形态，其可使用的具体方法有：

①说服满意的客户让其他人也知道他们的满意；

②制作一些资料供客户们转送给非客户群；

③针对意见领袖进行直接广告宣传活动；

④激励潜在客户去找现有客户交谈。

（7）提供有形线索

服务广告者应该尽可能使用有形线索作为提示，这种较为具体的沟通表达可以变为无形的化身或隐喻。知名的人物和物体，如建筑、飞机经常可作为服务提供者本身无法提供的有形的展示。

（8）保持广告的连续性

服务公司可以通过在广告中持续连贯地使用象征、主题、造型或形象，以克服服务业的非实体性和服务产品的差异化这两大不利之处。如英国航空公司成功的"Fly the Flay"标语广告，就是受益于连续性的使用，使有些品牌和象征变得非常眼熟，消费者甚至可以从其象征符号的辨认中得知是什么公司。

（9）解除购后的疑虑

产品和服务的消费者通常都会对购买行动的合理性产生事后的疑虑，因此，在购买过程中必须对买主做出一定的保证，并将其使用后的利益转告给其他人。在消费者与服务业公司人员接触时，得到体贴的、将心比心的和彬彬有礼的服务。这时，人员的销售方式就显得尤为重要。

2. 服务广告的媒体手段

服务广告媒体的种类很多，在进入服务业，我们经常能看到、听到不同的广告媒体（如图 4 – 11 所示）。

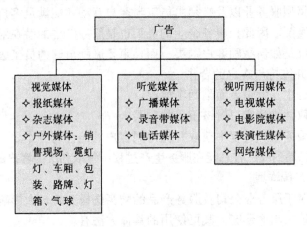

图 4 – 11　广告媒体的种类

3. 服务广告的策略

服务广告策略的应用可以帮助客户理解服务提供的是什么，帮助识别潜在的供应商，帮助客户评价不同的选择。下面简单介绍一下服务广告的策略。

（1）生动性策略

服务的无形性促使在广告中要运用生动逼真的信息来提高消费者的理解力，营销学家提出了三种与生动性相联系的具体操作方法。

①将相关有形的事物与所提供的服务相联系，使服务更有形且更容易从内心去理解。如"奥尔斯泰特与您携手共进"、"在旅行者的大伞下"。手和伞都是象征着保护的相关有形事物，帮助客户理解保险提供的无形保护。

②使用有助于刺激人们大脑思维的具体特定的语言，而不是抽象的词汇。如"良好的分析"、"认真仔细的投资监控"等短语在描述投资管理这样一种无形服务时过于抽象。

③用舞台剧形式戏剧化地演示各种服务。

（2）互动意象策略

互动意象是指在一些引起相互作用的行动中形象地将两件事情结合在一起，运用配对联想来增强信息的生动性。互动意象有三种策略：图画、字体凸显和文字互动。

（3）协助认知评价策略

服务的识别性品质较低而经验性品质和可信度品质较高。将服务企业可能会有的一些幕后的、不为消费者所知的业务操作方式、规则和政策加以宣传，可以为消费者提供一些信息线索，来作为评价服务质量的指标。

（三）销售促进策略

销售促进是服务企业利用物质和精神刺激的方法，促进交易双方的有关人员达成最大交易额的一系列促销活动。

1. 服务业使用销售促进的原因

（1）需求问题：需求被动且存在废置产能。

（2）客户问题：使用该项服务的人不够多；购买服务的量不够大；购买/使用之前的选择需要协助；在付款方面有问题。

（3）服务产品问题：新服务产品正在推出；没有人知道或谈到该服务产品；没有人在使用该服务产品。

（4）中间机构问题：经销商对公司销售的服务未予足够的重视；经销商对公司销售的服务未予足够的支持。

（5）竞争问题：竞争强烈而密集；竞争的趋势激烈；新产品开发也相互竞争。

2. 服务企业销售促进的程序

对于服务企业销售促进的程序，我们不作详细的文字介绍，如图 4 - 12 所示。

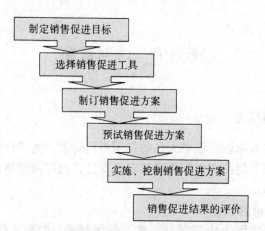

图 4 - 12　服务企业销售促进的程序

（四）公共关系促销策略

公共关系是指有计划和持续地努力去建立和保持企业与公众之间的善意。公共关系的功能在于它花费较少即可获得展露的机会，同时更是建立市场知名度和偏好的有力工具。

1. 影响服务公共关系的要素

服务和产品在竞争性公共关系的内容及诉求方面都是相同的，而且都建立在3项要素的基础上。

（1）可信度。新闻特稿和专题文章往往比直接花钱买的报道具有更高的可信度。

（2）解除防备。公关是以新闻方式表达，而不是以直接销售或广告方式，因而更容易被潜在客户或使用者所接受。

（3）戏剧化。公关工作可以使一家服务业公司的一种服务产品戏剧化。

2. 服务公共关系的决策

公共关系工作的3个重点决策是：

（1）建立各种目标。

（2）选择公关的信息与工具。

（3）评估效果。

这3个重点决策对所有的服务业公司都是必要的。

此外，除了上述4种常用的促销策略，口头宣传和直销也是两种很重要的促销手段。

第五节　内部营销

一、内部营销概述

对于大多数服务来说，服务人员的作用举足轻重。为了促使全体服务人员能更好地工作，使服务组织在瞬间能赢得客户支持，内部营销便成为服务组织生存发展的战略性选择。

（一）内部营销的含义

服务业的营销实际上由三部分组成：外部营销、内部营销和互动营销（如图4-13所示）。

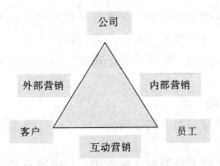

图 4 – 13　服务业三种类型的营销

其中，外部营销包括企业服务提供的服务准备、服务定价、服务促销、服务渠道等内容；互动营销主要强调员工向客户提供服务的技能。

内部营销是指组织把员工看做其内部客户，设法对员工的需求予以满足，并向员工促销组织政策与组织本身，使其能以营销意识参与服务。内部营销的主要目的在于鼓励高效的市场营销行为，建立这样一个营销组织，通过恰当的营销，使内部员工了解、支持外部营销活动，使其员工能够而且愿意为公司创造"真正的客户"。

作为一种管理过程，内部营销以两种方式将公司的各种功能结合起来：

第一，内部营销能保证公司所有级别的员工理解并体验公司的业务及各种活动；

第二，内部营销能保证所有员工得到足够的激励，以服务导向的方式工作。

（二）内部营销的内容

内部营销的内容包括两个：态度管理和沟通管理。

1. 态度管理

态度管理是指在管理过程中，针对员工的态度和员工客户意识、服务自觉性及相应激励等进行有效管理。态度管理是通过一系列的方法和手段，通过改变员工的态度来影响和改变他们对待学习和工作的行为，从而达到提高组织的凝聚力、提高工作绩效的目的。作家亚当·罗本森（Adam Robinson）说："态度是一个人的信仰、想象、期望和价值的总和。它决定了事物在个人眼中的意义，也决定了人们处理事情的方式。"

2. 沟通管理

沟通管理是指服务企业的各层次员工需要充分的信息来完成与他们岗位相符

的工作，为内部和外部的客户服务。所需要的信息包括：产品与服务的性质、向客户做出的承诺、岗位规章制度或是由广告和销售人员做出的保证。此外，各层次员工也要适时地进行沟通，明确他们的需求，提出提高工作绩效的意见以及开拓市场的一些建议。

（三）内部营销策略

内部营销应为一个自上而下的结构。

1. 管理人员的责任

在内部营销中，管理人员起着主导作用，他应该承担以下责任：

（1）与下属员工沟通，了解工作情况；

（2）给下属员工真诚的指导而非施加压力；

（3）尽可能在能力范围内为员工提供更多的培训；

（4）通过一系列有效方式为员工减轻负担；

（5）不浪费员工的时间。

2. 管理人员与员工的关系

管理人员与员工接触时，应该做到：

（1）关心员工、帮助员工；

（2）让员工了解企业内部发生的事情；

（3）尊重员工；

（4）给予员工做出决定的权利并予以支持。

美国马里奥特（Marriott）饭店公司在其下属的多家餐馆里规定，任何雇员只要认为需要就可以用不超过餐厅规定限额的额外支出安抚不满的客户，如为客户免费送上饮料，甚至可以代付账单。

3. 沟通管理注意的事项

（1）表扬的时机。

①员工面对挑剔的客户保持冷静；

②员工采取灵活措施帮助客户；

③员工的工作十分出色；

④员工的行为一致符合标准；

⑤员工取得了进步。

（2）员工出现差错时的处理。

①冷静地分析每一种可能的情况；

②考虑员工的感受；

③表现出信任员工有能力改正错误；

④当错误发生后，迅速给予关注；

⑤在私底下批评员工；

⑥迅速对所有违反规则的行为作出处理；

⑦公平对待每一位员工。

（3）员工出现错误时应避免的行为。

①大发脾气；

②讽刺和侮辱的语气；

③在其他员工或客户面前批评犯错误的员工；

④对员工进行威胁；

⑤由此而轻视犯错误的员工；

⑥对员工所犯错误迟迟不予处理；

⑦改正错误的措施不连贯。

二、服务人员、客户对企业的作用

 **案　例**

著名服务明星上海华联商厦的"照相机状元"王震以知识服务著称。首先，他可以"百问不倒"。当客户有疑问时，王震不仅可以解答问题，还可以让客户查阅相关资料，获得他们所需的信心。其次，他开设了"经典相机欣赏"收藏阁。若客户对极其昂贵的相机感兴趣，即使不购买，王震也会从口袋里掏出白手套，给客户带上，让他们自由操作那些昂贵的相机。因此，王震推荐的相机，客户是不折不扣地相信。

（一）服务人员的作用

在提供服务的过程中，服务人员是个重要的因素，其对服务企业具有以下几点作用：

1. 客户接触到的服务人员就代表服务

由于服务缺乏有形实体来供客户去摸、抓或看，因此客户往往将服务组织的工作人员等同于服务本身。

2. 服务人员是服务质量保证的关键

对于各种劳动密集型服务，诸如医疗、理发、航运、教育、汽车维修、商品零售等，服务人员是这些服务质量保证的关键因素。

3. 服务人员同时也是促销人员

服务公司必须促使每一位员工成为服务产品的推销员。如果有一位服务人员态度冷淡或粗鲁，他们就破坏了为吸引客户而作的所有营销工作；如果他们态度友善而温和，则可提高客户的满意度和忠诚度。

4. 服务人员影响着服务品质

在很多情况下，能否按照规定提供服务完全掌握在服务人员手中。尽管服务组织的持久成功依赖诸多要素的贡献，但服务员工素质的影响却最为突出。因此，服务组织面临的一大挑战，是发现"提升人员杠杆因素"的方法与途径。

（二）员工、客户对服务企业的作用

员工和客户对服务企业都至关重要，那么两者如何对服务企业发生作用，如图 4 - 14 所示。

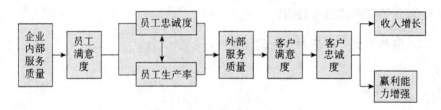

图 4 - 14　服务利润链

服务利润链的联结环节如下：①利润及其增长主要由客户的忠诚度来激发和推动的；②客户的忠诚度是客户满意的直接结果；③客户满意与否在很大程度上受到提供给客户的外部服务质量的影响；④外部服务质量是由满意、忠诚和富有活力的员工所创造的；⑤员工的满意度则来源于一个能使员工有效服务于客户的高质量的服务支持体系和相应的政策。

从图 4 - 14 可以看出：

第一，企业内部服务质量是基础。可以通过工作场所设计、工作设计、员工挑选和发展、员工报酬和识别以及服务员工的工具而得到。最主要的是来自于员工对自己工作的评价，企业内部对人力资源的管理影响着员工的满意度，从而最终促使企业外部服务质量的实现。

第二，客户的忠诚度对于服务企业的销售和利润增长起到举足轻重的作用。据调查，有些公司发现其最忠诚的客户（所有客户中的前20%）不仅创造了公司全部利润，而且还弥补了忠诚度较差的客户给企业带来的损失。由此可见，服务企业制胜的关键在于充分培育内部员工和努力服务于客户。

三、服务人员的条件

（一）销售人员的条件

销售人员应努力锻炼和实践，逐步达到合格销售人员所要求的任职条件。而要成为最佳销售人员，则应具备四种重要能力：

1. 贵在坚持与自信

麦基说："高手都清楚，要想把成功率提高三倍，失败率也得提高三倍。善于成交的业务员就像是优秀运动员。不怕失败，不成交誓不罢休。"

国际商业机器公司实地操作部总经理助理乔恩·贾奇（Jon Judge）说："善于成交的人有高度的自信，相信自己在做该做的事。一个人要是对他的产品没信心，那他很可能做不了多长时间的销售。对真正了解产品的精明的业务员来说，成交并不难。因为你是在让聪明人，也就是你的客户，买你确信对他们的企业有益的东西。"

2. 内在激励

一些优秀的销售人员有"猎人"般的动力，他们极富竞争性、目标专注、有反叛精神，善于赢得新客户；他们不去想这个职业的艰难、工作时间长和不能照顾家庭，而是始终专心致志，不惜一切去达成交易。他们常常天不怕地不怕，能跟首席行政总监一类人物打交道，而且还能让人愿意再见到他。

3. 自我约束的能力

乔恩·贾奇说："优秀的业务员总是执著地了解有关客户的一切细节，他们为客户制订条理清楚的计划，然后及时、自觉地贯彻到底。好业务员做事从来不拖拉。如果他们说六个月后会跟进拜访某位客户，六个月以后他们肯定会出现在客户门口。"

销售培训公司 Farber Training Systems, Inc. 总裁 Barry Farber 说："其实优秀的销售人员起早贪黑，为一项提议能熬到夜里两点。别人都下班了他还在不停地打电话，这么干才会有好运气。你可以叫他们工作狂，但对他们而言，这才是工作。"

4. 建立关系的能力

销售人员要培养良好的个人关系，对别人需要什么有非凡的直觉，好的销售人员说话、做事从来都是设身处地、耐心、关心人、负责、善于倾听。除了个人关系之外，优秀的业务员还能设身处地地为客户着想从而抓住生意机会。

139

（二）服务人员的类型

服务人员在服务过程中有两个目标，一是尽力说服客户购买产品；二是尽力迎合客户的心理，与客户建立良好的人际关系。每个销售人员对这两个目标的侧重点是不同的，将其表现在方格表上，即构成了销售方格（如图4-15所示）。

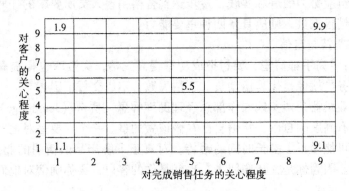

图4-15　销售方格

在这个销售方格中，横坐标表示服务人员对完成销售任务的关心程度，纵坐标表示服务人员对客户的关心程度。数值越大，表示关心的程度越大。由此，布莱克和蒙顿把服务人员的心理态度分为五个基本类型。

1. 事不关己型

即图4-15中的1.1，该类型服务人员既不关心客户，也不关心自己的销售任务。该类型的服务人员主要是由本身没有进取心或所在的企业没有严格的管理制度所造成的。

2. 极力推销型

即图4-15中的9.1，该类型服务人员只知道关心推销的效果，而不顾客户实际需要和购买心理。这类服务人员尽管一时可以把产品推销出去，给企业带来短暂的利益，但由于给客户造成了很大的心理压力，甚至引起了客户的反感，最终损害了企业的形象和长远利益。

3. 推销技巧型

即图4-15中的5.5，该类型服务人员既关心客户的心理，也关心自身的销售工作。但他们往往只注意客户的购买心理，而不注意客户真正的需求，他们常常费尽心机去说服某些客户购买他们实际并不需要的商品，因此，从长远角度来看，他们损害了企业的长远利益。

4. 客户导向型

即图4－15中的1.9，该类型服务人员只关心客户的需求，而不关心自身销售任务。他们处处迁就客户，而置企业的销售工作于不顾，因此，该类服务人员只能称为是人际关系专家，而非一个成功的推销专家。

5. 解决问题型

即图4－15中的9.9，该类服务人员既关心客户的需求，又关心自身销售任务。这类服务人员能最大限度满足客户各种需求，同时又具有最佳心理状态，被视为最佳的服务人员。

第六节　服务有形展示

一、服务有形展示概述

（一）服务有形展示的概念

服务行业有形展示的范围比较广泛，如服务设施、服务设备、服务人员、市场信息资料、价目表、客户等都是有形的，这些有形物体都可为无形的服务提供有形展示。也可扩展为一切可传达服务特色及优点的有形组成部分都可被称为"有形展示"。因此，在服务市场营销管理的范畴内，一切可传达服务特色及优点的有形组成部分都被称为有形展示。对于有形展示，如果善于管理和利用，有助于建立服务产品和服务企业的形象，支持有关营销策略的推行，并且可帮助客户感觉服务产品的特点，提高享用服务时所获得的利益；反之，若不善于管理和运用这些有形展示，则它们可能会传达错误的信息给客户，影响客户对产品的期望和判断，进而破坏服务产品及企业的形象。

（二）服务有形展示的类型

对服务有形展示可以从不同的角度作不同的分类，如表4－7所示。

表 4 - 7　　　　　　　　　　　　有形展示的类型

划分依据	分类		举例
能否被客户拥有	边缘展示		宾馆客房里的旅游指南、住宿须知、服务指南以及笔、纸等；电影院的入场券
	核心展示		酒店的星级、银行的形象、出租车的牌子等
构成要素	环境	周围因素 设计因素 社会因素	（1）餐厅的干净、明亮 （2）服务场所的设计、企业形象标志等 （3）自助餐馆、自选商场的客户
	信息沟通	服务有形化 信息有形化	（1）麦当劳把汉堡包和法国炸制品放进一种被特别设计的盒子里，盒面有游戏、迷宫等图案，也有罗纳德·麦克唐纳德自己的画像 （2）客户在选择医生、律师、汽车机械师或者大学教授的选修课之前，总要先询问他人的看法
	价格		过低的价格会贬低企业提供给客户的服务价值，而过高的价格会使客户感觉企业有"宰客"的嫌疑

1. 依据能否被客户拥有分类

根据有形展示能否被客户拥有可分为：边缘展示和核心展示。

边缘展示是指客户在购买过程中能够实际拥有的展示，它是企业核心服务强有力的补充。这类展示很少或根本没有什么价值，比如在宾馆的客房里通常有很多包括旅游指南、住宿须知、服务指南以及笔、纸之类的边缘展示；电影院的入场券，也只是一种使观众接受服务的凭证。

核心展示是指客户在购买和享用服务的过程中不能拥有的展示。在大多数情况下，只有核心展示符合客户需求时，客户才会作出购买决定，因此核心展示比边缘展示更为重要。比如，酒店的星级、银行的形象、出租车的牌子等，都是客户在购买这些服务时首先要考虑的因素。

由此可见，边缘展示与核心展示加上其他现成服务形象的要素，如提供服务的人，都会影响客户对服务的看法与观点。当一位客户在使用或购买某种服务之前判断它的优劣，其主要的依据就是从环绕着服务的一些实际性线索、实际性的呈现所表达出的东西。

2. 从构成要素进行分类

从有形展示的构成要素进行划分，主要表现为：环境、信息沟通和价格。

（1）环境

朱利·贝克将环境分成三部分：周围因素、设计因素和社会因素。

①周围因素通常被认为是构成服务产品内涵的必要组成部分。它们的存在不会使客户感到意外和惊喜；相反，如果失去了它们或者达不到客户的期望，客户就会对其失去信心，而转向其他企业。例如，消费者并不会因为餐厅的干净、明亮而惊喜，但如果餐厅很脏乱，那必然会使消费者失去用餐的兴趣，而选择另一家餐厅就餐。

②设计因素是刺激消费者视觉的环境因素，可分为两类：美学因素（如建筑风格，色彩）和功能因素（如陈设、舒适）。设计性因素既包括应用于外向服务的设备，又包括应用于内向服务的设备。这类要素被用于改善服务产品的包装，使产品的功能更为明显和突出，以建立有形的、赏心悦目的产品形象。比如，服务场所的设计、企业形象标志等便属于此类因素。设计性因素主动刺激，它比周围因素更易引起客户的注意。因此，设计性因素有助于培养客户的积极的感觉，且鼓励其采取接近行为，有较大的竞争潜力。

③社会因素主要是指服务场所中的人，包括员工和客户，他们的言行举止会影响客户对服务的判断。例如，一场话剧或是一台现场直播，出现纰漏都展现在台下观众眼中。这就要求我们的服务人员必须完全的掌握服务过程的每一个细节，因为这种演出每一次都只有一次机会，表现得不好，在观众眼中就会对你的服务大打折扣，以后要想挽回也很难。客户对某一服务的满意度，不仅受到服务企业和服务人员的影响，而且受其他客户的影响。这正是自助餐馆、自选商场能吸引一大批客户的一个重要原因。

（2）信息沟通

沟通的信息来自服务企业本身以及其他引人注意的地方，它们通过多种媒体信息来传播展示服务，展示的结果可能使服务在客户心中更好或更坏。服务公司总是通过强调现有的服务展示并创造新的展示来有效地进行信息沟通管理，从而使服务和信息更具有形化。

①服务有形化。在信息交流过程中强调与服务相联系的有形物，从而把与服务相联系的有形物推至信息沟通策略的前沿，使得服务更加有形而不那么抽象。例如，麦当劳把汉堡包和法国炸制品放进一种被特别设计的盒子里，盒面有游

戏、迷宫等图案，也有罗纳德·麦克唐纳德自己的画像。这样，麦当劳把目标客户的娱乐和饮食联系起来，令目标客户高兴。正是运用了创造有形物这一技巧，促使麦当劳公司儿童"快乐餐"计划获得成功。

②信息有形化。信息有形化的一种方法是鼓励对公司有利的口头传播。比如经常选错服务提供者的客户，他会特别容易接受其他客户提供的可靠的口头信息，并据此做出购买决定。因此，客户在选择医生、律师、汽车机械师或者大学教授的选修课之前，总要先询问他人的看法。

（3）价格

在服务企业，由于服务的无形性，因此价格所发挥的作用有时会大于在产品中的作用。价格能培养客户对产品的信任，同样也能降低这种信任。制定正确的价格不仅仅在于赚取利润，也能传递适当的信息。过低的价格会贬低企业提供给客户的服务价值，而过高的价格会使客户感觉企业有"宰客"的嫌疑。

总之，价格是一种不同于物质环境和说服性信息交流的展示方式，然而，必须通过多种媒介将价格信息从服务环境传进、传出。

二、服务有形展示的作用

在服务营销中，有形展示可发挥以下具体作用：

（一）通过感官刺激，使客户形成初步印象

服务企业应当充分利用各种有形展示，来刺激客户的感官，使客户形成良好的初步印象。对于经验丰富的客户来说，其受有形展示的影响较少；而对于缺乏经验的客户或从未接受过本企业服务的客户来说，却往往会根据各种有形展示，对本企业产生初步印象，并根据各种有形展示，判断本企业的服务质量。例如，婚纱影楼都会让模特穿上本公司的婚纱走台，以达到引起客户好奇心和拍摄欲的效果。

（二）使客户对企业产生信任感

要促使客户购买，服务企业必须首先为客户提供各种有形展示，使客户更多了解本企业的服务情况，增强客户的信任感。向客户展示服务工作情况，提供服务工作的透明度，使无形的服务有形化，可提高客户对本企业的信任感。现在，不少服务企业将一部分后台操作工作改变为前台工作。例如，旅游宾馆的厨师经常在餐厅做烹饪表演，根据客户的特殊要求，为客户烹调食品。

（三）提高客户感觉中的服务质量

在服务过程中，客户不仅会根据服务人员的行为，而且会根据各种有形展示

评估服务质量。因此，服务企业应根据目标细分市场的需要和整体营销策略的安全，无微不至地做好每一项基本服务工作和有形展示管理工作，为客户创造良好的消费环境，以便提高客户感觉中的服务质量。与服务过程有关的每一个有形展示，如服务设施、服务设备、服务人员的仪态仪表，都会影响客户感觉中的服务质量。

（四）宣传本企业的市场形象

服务企业必须向客户提供看得见的有形展示，并且生动、具体地宣传自己的市场形象。单纯依靠文字宣传，是无法使客户相信服务企业的市场形象的。要改变服务企业的市场形象，需要提供各种有形展示，使客户相信本企业的各种变化。在市场沟通活动中，巧妙地使用各种有形展示，可增强企业优质服务的市场形象。例如，餐厅外观与橱窗应美观大方，门口和橱窗可种植摆放花草树木，保持清洁卫生，特别是树木的叶子上面应该没有尘土，只有这样才能让客户觉得餐厅内部是清洁卫生的。

（五）为客户提供美的享受

服务也可通过有形展示，为客户提供美的享受。采用这类营销策略的服务企业往往强调娱乐性服务，将服务场所作为舞台，将服务过程作为演出过程，给客户一个新奇、欢乐、兴奋、有趣的服务经历。不少服务企业亦非常重视建筑物艺术风格和建筑物内部装饰布置，给客户以某种特殊的美感，吸引客户来本企业消费。但是，服务企业更应重视服务环境、服务体系、员工的仪表和服务态度，建筑物外表和内部装饰只能向客户传递初步信息。

三、服务有形展示管理

服务企业采用有形展示策略是由服务的无形性所决定的。无形性既包括服务产品不可触及，即看不见摸不着；也包括服务产品无法界定，难以从心理上进行把握。因此，服务企业要想采用有形展示策略，也应从服务有形化以及从心理上把握服务这两方面入手。

（一）服务的有形化

服务的有形化就是使服务的内涵尽可能地附着在某些实物上。例如，饭店用干净的纸袋或塑料薄膜套包装口杯，把餐巾纸折成美观的箭头形状等，这些无声的行为告诉客户"我们提供的是干净、舒适的服务"。正如"康师傅"的一句广告词所描写的那样："好吃看得见"。银行信用卡是服务有形化的典型例子。虽然信用卡本身没有什么价值，但它显然代表着银行为客户所提供的各种服务，以至于只要"一卡在手，便可世界通行"。

（二）使服务在心理上容易被客户把握

除了使服务有形化之外，服务企业还应考虑如何使服务更容易地为客户所把握。通常需要遵循两个原则：

1. 使用易于为客户所接受的有形展示

由于服务产品的本质是通过有形展示表现出来的，所以，有形展示越容易理解，则服务就越容易为客户所接受。运用此方式时要注意：

（1）服务企业运用的有形展示物必须是客户认为很重要的，并且也是他们在该服务产品中所追求的一部分。如果所用的各种实物都是客户不重视的，则所起效果不大，甚至会产生适得其反的效果。

（2）在使用有形物时必须确保这些有形物所暗示的承诺，在服务被使用的时候一定要兑现，也就是说各种产品的质量，必须与承诺中所载明的名实相符。如果在实际操作过程中，承诺的不能做到，那么所创造出来的有形物与服务之间的联结不紧密或者不正确，会导致客户的不满和企业的损失。

2. 重视发展与维护企业同客户的关系

建立企业同客户之间的长久关系是使用有形展示的最终目的。服务企业经常鼓励客户寻找和认同本企业中的某一个人或某一群人，而不仅限于服务产品本身。因此，服务提供者的作用很重要，他们直接与客户打交道，不仅其穿着打扮、言行举止影响着客户对服务质量的认知和评价，他们之间的关系将直接决定客户同整个企业关系的融洽程度。

除了员工有形展示，其他一些有形展示亦能有助于发展企业同客户的关系。比如，企业向客户派发与客户有关的具有纪念意义的礼物以增进关系，就是出于此种目的。

第七节　服务过程

一、服务过程概述

（一）服务过程的概念

什么是服务过程？服务过程是指服务的提供和运作系统。先来看一个客户到银行办理取款的过程。小吴到银行取款，进入大厅，领取叫号条，在座位上等待。按照提示轮到她前往柜台，柜台服务小姐处理取款业务，当确认柜台递出来的金额与存折上少的金额确实一致时，小吴即离开柜台，整个取款过程结束。这个取款过程可以用流程图来表示（如图 4 – 16 所示）。

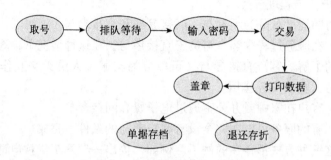

图 4 – 16 银行取款过程流程

由此可见，服务过程还应该包括与服务接触相关的后台处理过程和支持系统运作。也就是说，一个完整的服务过程是前台服务与后台处理相衔接连贯的系统或结构。

（二）服务过程的分类

服务过程的划分有三类：差异化程度、服务过程的客体、客户参与的类型。

1. 按差异程度分类

服务大致可以分为标准服务（低差异性）和定制服务（高差异性）。标准服务是通过范围狭窄的集中的服务获得高销售量，对服务人员的要求不高。由于服务性质的简单重复性，更多地用自动化来代替人力。减少服务人员的判断是实现稳定的服务质量的一种方法，但也可能产生一些负面的后果。对差异小的尽量采用标准服务，如储蓄柜台业务、付费业务等。

对定制服务来说，完成工作需要较多的灵活性和判断力。因为此类服务过程无固定模式可循，且未被严格界定，因此需要高水平的技巧和分析技能。另外，在客户和服务人员之间要适时地进行信息沟通。为了使客户满意，服务人员应被授予较大的自主决策权。

2. 按作用客体分类

服务过程的客体可以分为物品、信息和人。当涉及物品时，一定要分清楚它是属于客户的还是属于公司提供的（辅助产品）。若服务的客体是属于客户的，工作人员一定要注意不要让它有任何损坏。凡是服务系统，一定具有信息系统。

例如电话查账、集团公司远程账户资金管理。有的服务如咨询顾问，客户与员工直接进行信息交流。人员处理服务直接作用于人们的身体和心灵，如体育、美容、音乐、护理等，是服务特征体现最充分的一类服务。

3. 按客户参与程度分类

客户参与的程度可分为无参与、间接参与和直接参与。

第一类，在服务过程中客户与员工直接参与。在这种情况下，客户会对服务环境有彻底的了解。客户直接参与又可以分为与服务人员无交互作用（自助服务）和与服务人员有交互作用。

第二类，客户在家中或办公室通过电子媒介间接参与。

第三类，有的服务可以在完全没有客户参与的条件下完成。

银行是这三种方式都存在的例子。例如，提出一项汽车贷款申请需要与负责人直接会晤，贷款的支付可以通过电子转账完成，而贷款的财务记账由银行后台人员完成。

二、服务作业管理系统

制造领域里的作业管理被称之为生产管理，其着重强调的是制造。而在服务业领域，作业管理已成为成本控制、制度改善和客户服务水平方面的重要投入因素。在这里，"作业"是指运用某种手段将资源投入，经由合并、重塑、转化或分割等方式，从而引导出有用的产品与服务。作业管理的目的在于探讨和协调各种系统设计、作业规划、执行与控制之间的关系。

（一）服务作业管理的程序

作业管理包括规划、组织及控制这些资源的转化过程（见图4-17所示）。转化过程的目的是取得系统的投入以及在进行转化过程中所发生的一切成本上或成本外的加入效用或价值。传统的作业管理领域包括：过程规划与控制、作业规划、装备设计、日程、库存规划与控制、质量控制、作业控制和预测与长期规划等8个项目，当然，并非所有的服务业公司都必须做到这8个项目。各项工作任务，应仅被视为作业管理者职责范围内的要点。因为作业管理和其他很多的功能层面（如人事和营销）的关联都非常密切，因而很难界定作业管理者在所有情况下的确切职责范围。

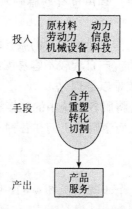

图 4 - 17　服务作业管理过程

（二）服务作业系统的分类

服务作业系统可以从很多研究角度来予以分类，其中，较常用的是从过程形态来划分和从接触度的角度来划分。

1. 从过程形态来划分

（1）线性作业。各项作业或活动按一定顺序进行，服务是依循这个顺序而产出的，称为线性作业。线性作业过程最适合用于较标准化性质的服务业，并且有大量的持续性需求。如自助式餐厅，在自助式餐厅客户依顺序做阶段式的移动，当然，客户维持不动并接受一系列服务也并非不可。

（2）订单生产。使用活动的不同组合及顺序而制造出各式各样的服务，称为订单生产过程。这类服务可以特别设计定制，以适合个别不同客户的需要，并提供事先预订的服务。如餐馆及专业服务业，都属于订单生产过程。

（3）间歇性作业。各服务项目独立计算，做一件算一件，或属于非经常性重复的服务，称为间歇性作业。这类项目的工作浩繁，作业管理复杂而艰巨。比如，各种新服务设施的建造、一个广告宣传活动的设计、一个大型电脑系统装置或制作一部大型影片等，都可说是间歇性作业。

2. 从接触度的角度来划分

从服务递送与客户接触度的高低可分为高接触度服务业和低接触度服务业。两者在作业上有很大的差异，主要表现在：

（1）高接触度服务业比较难以控制，因为，客户往往成为服务过程中的一种投入，甚至会扰乱过程；

（2）在高接触度服务业中，客户也会妨碍到需求时效，同时其服务系统在应付各种需求上，较难均衡其产能；

（3）高接触度服务业的工作人员对客户的服务印象有极大影响；

（4）高接触度服务业中的生产日程较不容易编制；

（5）高接触度服务业比较难以合理化。

因此，较为有利的方法是将服务系统中的高接触度构成要素和低接触度构成要素分开管理，同时，可因此而激励员工们在各种不同功能中尽量专门化。

（三）服务过程的监控

1. 客户参与服务过程

客户参与服务过程包括七个步骤（见图4-18所示）。

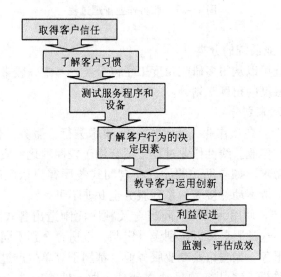

图4-18　客户参与服务过程

第一步，取得客户信任。取得客户信任是整个过程的开始，是基础。只有取得客户的信任，才能谈及成交与否。如果客户不信任你，不信任你的服务，那交易就不会成功。

第二步，了解客户习惯。有助于对任何变迁的合理性作更成功的展现。

第三步，测试新的服务程序和设备。通过实地试用获取对客户了解及其反应的评估。

第四步，了解客户行为的决定因素。了解客户为何会采取某种行为。

第五步，教导客户如何运用服务的各种创新。客户可能会对变迁有所抗拒，尤其是对服务的器械化，因此，需要对他们进行训练和辅导。

第六步，利益促进及试用激励。接受度通常是客户对各种利益观念的一种函数，如果接受度不明显，则设法促进很重要。

第七步，监测并评估成效。持续不断的进行监测、评估和修正。

2. 服务系统的组织内冲突

（1）冲突的原因

服务业的有些经营包括有许多小单位作业形态的管理，这些小单位往往分散于不同的地理位置。在这种类型的组织下，中央作业可能仅限于策略性决定事项，而分支单位经理必须管理该处所的整个服务系统，包括营销、作业和人事。当某一作业处所管理者想要均衡作业和营销上的需求，或者想要均衡作业上和人事上的需求时，总会出现功能间冲突。造成这种功能间冲突的原因主要有：

①变迁的动机不同。在不同的功能部门，对于系统变迁各有不同的动机。如营销方面，则可能根植于提高市场占有率的可能性；而作业方面，可能根植于技术上的开发进展。

②成本收益取向。营销经理追求营业额与收入增加的机会，而作业经理则往往关心提高效率和降低成本。

③不同的时间取向。营销人员往往采取短期导向，关注于短期性的情况，而作业人员则着眼于新技术及新作业程序引进的长期导向。

④对既有作业中加入新服务适度的认同。营销观点引进的新服务产品并不一定是相容的，而且不一定与既有的作业系统相适合。

（2）解决冲突的方式

一般可采取以下几种方式来解决功能间的冲突：

①功能间转移。用工作轮调的方式让员工能在不同功能组织间保持流动。

②任务小组。可成立任务小组，以整合各种不同功能性观点，并解决功能间冲突。

③新任务新员工。为现有员工重新定向，并从其他单位甚至是企业外引进新人。

④在工作现场层次培养营销导向。

3. 服务过程的质量控制

质量控制是服务过程管理和控制的又一个重点。许多适用于制造业的质量控制原则，同样也适用于服务业。这些原则包括：

（1）质量控制关系到服务作业中的每一个人，也包括看得见或看不见的各种任务。

（2）各种质量控制制度应能发掘质量失灵及奖励成功，并协助改善工作。

（3）以机器替代人力，尤其是取代那些例行性的服务工作，应有助于质量控制。

一家美国航空公司通过研究以下事项来执行服务过程质量标准：①每位客户在取得飞机票时必须花费多少时间；②将行李从飞机上卸下来需要多少时间；③有电话进来未接听之前只应容许它响多久。

经常被人称许的麦当劳公司，对质量标准的注意事项有：①汉堡包在多少时间内要翻面多少次（经常翻面）；②未卖出的汉堡包只能保存多久（逾时即弃）；③未卖出的炸薯条只能保存多久（逾时即弃）；④收银员应当以目光接触每一位客户并微笑。

三、服务蓝图

（一）服务蓝图的含义

通常，服务过程往往是由一系列高度分离、分散的活动组成的，这些活动又是由无数不同的员工完成的，因此客户在接受服务过程中很容易"迷失"，感到没有人知道他们真正需要的是什么。由于服务的无形性，较难进行沟通和说明，这不但使服务质量的评价在很大程度上还依赖于我们的感觉和主观判断，更给服务设计带来了挑战。20世纪80年代美国学者开始寻求一种服务设计方法，这种方法能使服务企业更好地了解服务过程的性质，并且能把这个过程的每个部分按步骤地画出流程图来，这就是服务蓝图。

（二）服务蓝图的构成

服务蓝图是一种能准确地描述服务体系的工具，它借助于流程图，将服务过程、服务人员和客户的角色以及服务的有形物质直观地展示出来。通过服务蓝图的描述，服务被合理地分解成服务提供的步骤、任务和方法，使服务过程中所涉及的人都能客观地理解和处理它。更为重要的是在服务蓝图中还能清晰地识别客户同服务人员的接触点，从而达到控制和改进服务质量的目的，如图4-19所示。

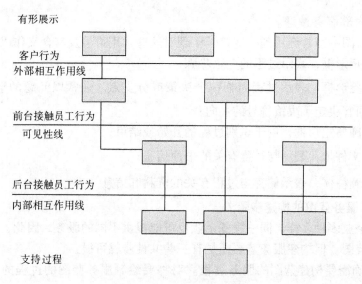

图 4 - 19　服务蓝图的构成

在图 4 - 19 中，整个服务蓝图被 3 条线分成 4 个部分，自上而下分别为客户行为、前台接触员工行为、后台接触员工行为以及支持过程。现做以下解释：

1. 最上面的一部分是客户行为，这一部分紧紧围绕着客户在采购、消费和评价服务过程中所采用的技术和评价来展开。

2. 然后是前台接触员工行为，这部分则紧紧围绕前台员工与客户的相互关系展开。

3. 接下来是后台接触员工行为，这部分围绕支持前台员工的活动展开。

4. 最后一部分是服务的支持过程，这一部分覆盖了在传递服务过程中所发生的支持接触员工的各种内部服务、步骤和各种相互作用。

除上述四个关键行动外，还有三条水平线。这三条水平线同样还有以下功能：最上面的一条线是"外部相互作用线"，它代表客户和服务企业之间的直接相互作用，一旦有垂直线和它相交叉，客户和企业之间的直接接触就发生了；中间的一条水平线是"可见性线"，通过分析发生在"可见性线"以上及以下的服务数量，一眼就可看到为客户提供服务的情况，并区分哪些活动是前台接触员工行为，哪些活动是后台接触员工行为；第三条线是"内部相互作用线"，它把接触员工的活动同对它的服务支持活动分隔开来，是"内部客户"和"内部服务人员"之间的相互作用线，如有垂直线和它相交叉则意味着发生了内部服务遭遇。

服务蓝图中经常会用到一些符号，现对这些常用符号及其含义作以下说明：

▭ 矩形框，表示过程的一个步骤；

◇ 菱形框，表示过程面临一个决策或分支点。通常以问题的形式出现，对问题的回答决定了决策符号的去向；

▭ 圆角矩形框，用于识别过程的开始或结束；

▭ 文件框，表示与过程有关的书面信息；

⬡ 圆柱体，表示储存与过程有关的资料和信息。

（三）服务蓝图的构建步骤

服务企业多种多样，同一服务企业也可能提供不同的服务，因此，不存在唯一的服务蓝图。但构建服务蓝图还是有一些共性步骤可循：

1. 明确需要构建蓝图的服务过程。对将要绘制服务蓝图的过程的识别取决于建立蓝图的潜在目的。

2. 认识客户对服务的需求。

3. 从客户的角度描绘服务过程。要明确客户是谁，他是如何体验服务过程的，然后用图的形式表达客户的购买、消费和评价活动。

4. 描绘前台与后台服务人员的行为。首先画上外部相互作用线和可见性线，然后从客户与服务人员角度区分前台与后台。绘制服务蓝图时，其绘制人员必须了解一线员工的活动内容和性质，要清楚哪些活动是完全暴露在客户面前的，哪些活动是客户所看不见的等。

5. 把客户行为、服务人员行为与支持功能相连。下面可画出内部相互作用线，随后即可识别出服务人员行为与内部支持职能部门的联系。

6. 在每个客户行为步骤上加上有形展示。添上有形展示，说明客户看到的东西以及服务过程中客户所得到的有形物质。

复习思考题

1. 讨论服务产品的生命周期与有形产品的生命周期有何区别和联系。

2. 试论述服务设计的过程。

3. 举例说明成本导向定价法。

4. 服务定价策略有哪些？各适用于什么情况？

5. 简单介绍一下服务渠道的创新。

6. 如何进行服务渠道的设计。

7. 论述服务促销与产品促销的联系和区别。

8. 论述服务促销的策略。

9. 论述服务人员与客户对企业的作用。

10. 试论述服务有形展示的作用。

11. 结合图形阐述服务蓝图的构建步骤。

第五章　服务创新

本章学习要求：

掌握：服务创新的概念、特征、原则、意义、类型以及服务创新的步骤。

熟悉：创新体系中的服务观念创新；服务技术创新；服务产品创新；服务市场创新以及服务管理创新。

了解：服务创新理论的四维度模型框架；四维度要素；不同维度间的关联；四维度模型的意义。

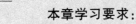

导引案例

香格里拉饭店集团前身是成立于1978年的郭氏饭店集团，当时在斐济和马来西亚拥有5家饭店。随后，经过一系列的扩张和兼并，饭店集团得到迅速发展。至1999年，已拥有37家饭店和度假村，客房容量达1.8万间。在短短二十年里，香格里拉饭店集团如此迅速地发展，可谓是一个奇迹。审视其成功发展历程，在很大程度上有赖于饭店在服务、经营和管理等方面的创新。

1. 服务创新：独特的亚洲模式

香格里拉秉承亚洲式殷勤好客的传统，提出了以尊重备至、彬彬有礼、温良谦恭、真诚质朴和乐于助人为核心内容的亚洲情服务。并且由此制定了服务八原则，其中有三条给人印象最为深刻：①我们期望所有的高层管理人员要保持与客人的直接接触；②我们要使员工为客户服务时能及时适当地作出决定；③我们要努力创造一个既有利于员工事业发展，又有利于实现他们个人目标的环境。

2. 经营创新：国际化连锁战略

香格里拉饭店的成功与其实施国际化连锁战略是密不可分的，凭借其庞大的连锁网络，使无论是商务或是观光客，几乎在亚太地区的任何地方都能享受到它一致而一流的殷勤服务。于1997年发起了金圈会员促销活动，凡一年内入住任何一家香格里拉饭店或是商贸饭店都能享受统一的住房折扣、优先入住权、免费礼物以及额外服务等贵宾级待遇，这为整个集团提供了稳定而庞大的客源，并通过这些会员的私人宣传和介绍，无形中为饭店争取了新的客源。

3. 管理创新：卓越的经营管理

香格里拉集团的组织结构是按职能部门划分的。集团总部设1名执行总裁，若干名执行副总裁和房务、餐饮、发展、财务、销售、人力资源6个职能部门，执行副总裁下设地区经理，管辖各自地区内的饭店。下属饭店设总经理、副总经理和相应的各职能部门，并在集团制定的统一政策下，相对独立经营、核算和管理。集团总部则通过财务、人事、市场以及技术等环节监督、控制和管理下属饭店。集团总部还定期派巡视员到所属饭店检查。他们的主要职责是监督所属饭店是否达到各项经营指标，并在检查过程中对饭店经营中存在的问题和不合格的服务提出意见、建议和指导。

以上可以看出，香格里拉饭店顺应时代发展潮流和市场需求特点，在服务理念、服务产品、服务市场和服务管理等层面大胆创新，逐渐形成了自己服务—经营—管理三位一体的创新体制，为其迈向更加辉煌的未来打下了坚实的基础。

第一节　服务创新概述

一、服务创新的概念

曾被誉为"深刻影响人类生活的十大经济思想家"之一的创新经济学的建立者熊彼特对"创新"的定义是：经济系统自身存在的那种破坏均衡而又恢复均衡的恒常力量，就是创新活动。

欧盟在1995年开始实施的S14S项目（欧洲服务业创新系统研究项目）在对欧洲国家的服务型企业进行调查后认为，服务创新是新的或提高的产品或服务，或在服务中使用新的技术，或在服务中对现存技术的新应用。

服务创新是指企业在市场竞争的环境下，围绕着客户的需要和满意度，在客户服务的理念、项目、方式、管理、培训、体系等各方面、各环节上进行创新，尽可能地实现产品和服务对客户的最大化。

服务创新可以从狭义和广义两方面理解：

从狭义上讲，服务创新是指服务型组织为获得更大的商业和社会利益，向目标客户提供更高效、更周到、更准确、更满意的服务包（由支持性设备、辅助物品、显形服务、隐形服务等要素组成的一系列产品和服务的组合）。它包括组织结构创新、服务传递方式创新、服务流程创新、服务作业系统创新等几种主要形式。这里的服务型组织包括赢利型和非赢利型组织，它涉及以下领域：商业服务，如咨询、金融、银行；贸易服务，如零售、维修、保养；基础性服务，如通信、运输；社会（或个人）服务，如餐饮、保健；公共服务，如教育、政府管理等。

从广义上讲，服务创新是指各类组织（或部门）不断为用户提供无形的服务、有形的产品或二者的结合物，以便创造更大的价值和效用，增强客户满意度和忠诚度。

从以上论述不难看出服务创新的实质就是以强烈的创新意识和综合的知识体系，在认真分析研究现有服务商品、服务市场、服务体系等状况的基础上，着力探索服务商品的发展趋势、服务市场的潜在需求以及服务体系的现代化进程，不断开发和创造新的服务商品、服务技术和服务手段，提高服务质量，最大限度地满足人们在物质、精神等各方面的需要，实现经济效益、社会效益和环境效益的统一。

与降低成本、改进产品、提高质量等不同的是，服务的创新是无止境的，服务的创新是营销竞争的最高层次。它不同于价格竞争，可能会使竞争双方两败俱伤；它也不同于广告大战，使客户负担过重。服务的创新会使竞争双方共赢，为客户带来更多的利益和满足。

二、服务创新的特征

（一）服务的产品化

由于服务自身的特性（如服务的无形性、服务的不可储藏性、服务的生产过程就是其被消费的过程等），决定了服务不能用一种有形的形态展现在人们的面前，客户在购买服务之前，看不见、尝不到、摸不着、听不见、嗅不到。虽然有些服务项目包括一些有形产品（如售后维修服务的零件供应），但服务是向客户提供有价值的活动，并非转移某种产品的所有权，因此，客户只能从看到的服务设备、资料、人员、价格上来对服务作出评价，决策是否购买某种产品。因此，只有通过有形产品，把服务展现出来，使服务产品化，才能不断增强消费者的购买信心。

（二）服务的规范化

由于服务的差异性（是指服务的构成成分及其质量水平经常变化，很难统一界定）、人类个性的差异性，一方面不同的服务人员所提供服务的水平会不同，有时即使是同一个服务人员在不同的时间、地点，不同的情绪下提供的服务也可能会有不同的水平，另一方面由于客户直接参与服务的生产和消费过程，客户自身的因素（如知识水平、偏好、价值观、社会地位、生活方式等）也直接影响服务的质量和效果，从而使客户对企业及其提供的服务产生"形象混淆"，对企业的销售产生严重的负面影响。因此，解决问题的最好的方法之一，就是使服务标准化、规范化，这已被一些有良好经营业绩的企业（如麦当劳、肯德基等）所证明。

（三）服务的网络化

随着网络时代到来，电子商务已成为当今社会最具发展潜力的企业销售方式，它可以使企业建立起最大的、高效率的分销系统。而网络的运用却对企业的服务提出了新的更高的要求，企业只有提供准确无误的信息服务，才可能利用这种现代化的服务工具为自己所用，实现其现在及未来目标。

三、服务创新的原则

企业在进行服务创新过程中时，必须遵循以下几个原则：

（一）服务创新方案的整体化

一个良好的服务系统是将服务包中的基本要素完美地有机组合起来。其内容有：

1. 核心服务

它是企业存在于市场的原因，是企业的产品为市场所接受的关键，例如饭店提供住宿、航空公司提供运输等。

2. 附加服务

一是便利性服务，它具有方便核心服务使用的作用，如果缺少必要的便利服务，核心服务就不能被客户所消费，如饭店要有接待服务、航空公司要有订票服务等；二是支持性服务，其作用是增加服务的价值或者使企业的服务与其他竞争对手的服务区分开来，如在饭店房间内提供肥皂、牙膏，飞机上提供旅客看的报纸等。服务创新始于方案的设计。企业在制订服务创新方案时，必须根据企业的实际情况，全面、完整地认识、区分、设计企业服务包中的以上内容。不仅要注重核心服务的创新，而且要相应地从整体上进行配套的便利性服务和支持性服务的创新。否则，创新的服务系统可能会缺乏吸引力和竞争力。

（二）服务创新措施的人性化

服务是一种集客户、员工、组织利益为一体的产品。在提供服务产品的过程中，人是一个不可或缺的因素。在服务创新中，要正确处理好人的因素，始终坚持以人为本，制订措施尽量做到人性化。一方面"员工是企业自己的客户"。在服务利润链中，员工是联系服务组织与客户的纽带，员工通过向客户提供服务为组织创造价值，是实现利润的关键。在服务创新时，要为一线员工创造良好的服务环境，建立员工对企业的忠诚，进而才能实现为客户服务的热忱，通过较高的服务质量赢得客户对企业的忠诚。应对一线员工充分"授权"，有效地调动员工的创造性，让他们积极发现与客户利益产生冲突的分歧，灵活地运用自己的判断力，创新解决问题的办法，及时处理各种异常情况。另一方面"客户就在你的工厂中"。服务创新必须考虑到客户的接受程度。例如自动银行柜员机、自动应答机等，以应用硬件技术的工业化形态取代劳动力密集型方式的服务创新措施，意味着会降低客户和服务人员之间的接触度。这需要事先实现与客户的良好沟通，通过测试与示范，让客户学会如何使用各种服务的创新技术，并且也要以某种利益补偿客户作为创新的合作者所参与的贡献，让客户心悦诚服地接受新事物。

（三）服务创新技术的信息化

现代客户及其消费需求的变化需要企业提供更快捷、更方便的个性化服务，而信息技术为客户服务提供了创新的有力工具。随着电子商务的普遍兴起，从企业的市场调查与分析、营销战略计划的设计开始，到产品制造、产品定价、渠道设计、促销策略等的实施过程，通过电子调研、电子贸易、电子沟通、电子促销等方式来实现，互联网的发展改变了服务的传递方式。现代信息网络技术作为服务客户的创新工具，其优势主要表现在及时、互动和个性化等方面。企业应适应时代发展，积极使用网络化、虚拟化、数字化等服务创新技术手段，充分满足客户个性化和快节奏的要求。

（四）服务创新手段的差异化

服务创新手段的差异化是复杂的系统工程。由于客户服务需求的多样性，我们在服务创新时，应把原有的服务市场按照一定的特性进行细分，然后针对各个子市场的不同需求偏好，采取差异化的服务创新手段，提供各种相适应的服务产品分别加以满足。一般地说，对客户需求了解得越是深入，通过采用高新技术或者依靠人力资源的能力，发展与客户人性化的人际关系等，来实现服务创新手段的差异化越是复杂，竞争对手就越难于模仿。服务产品总是或多或少带有某种特殊的或专门的技艺性、知识性，而这种技艺性或知识性越独特，对客户的市场吸引力也就越大。通过差异化的服务创新手段，增强服务产品的某种特殊的技艺性和知识性，能使企业服务产品区别和优越于竞争对手。服务创新手段的差异化能提供比竞争对手更灵活、更方便、更具特色的服务产品，以满足客户的多样化需求。服务创新手段差异化所蕴涵的与众不同的特色，往往是企业区别于竞争对手的显著标志，有利于形成企业的品牌形象，建立服务优势，增强竞争力。

（五）服务创新过程的学习化

服务创新过程实质上是一个不断学习的过程，组织学习的有效性是企业服务创新成功的一个重要因素。越来越多的以服务为导向的企业认识到在员工为客户提供服务的短暂过程，即"真实瞬间"中，员工的行为至关重要。因此，服务组织比其他组织更应注重员工的培训学习，目的是使那些与客户接触的员工能更积极主动、富有创造性地为客户提供更优质的服务。在服务创新过程中，应通过不间断地组织学习，形成有特定内涵的企业文化氛围和价值观，造就员工的服务创新意识，激发员工对优质服务的追求，实现优质服务实践经验在企业内部的快速转移，将植根于个人经验的隐性知识融合到组织服务创新中去，保持企业的持续竞争优势。当今市场，新技术、新产品、新服务的生命周期越来越短，环境的不确定性越来越大，竞争越来越激烈，只有持续不断学习的企业才能适应这种变化。

（六）服务系统优化

服务是一项系统工程，需要全行上下各个环节的共同努力和配合；在创新服务管理过程中，必须引入质量管理标准，对服务过程进行全方位管理和控制，以提高服务质量。

四、服务创新的意义

随着知识经济时代的到来以及经济全球化趋势的发展，由于计算机、电子信息、网络通信等高新技术手段的推广使用，企业间的"合作联盟"方式不断演进，制造业与服务业相互渗透，有形产品与无形产品结合得更加紧密，产品的固有界限变得越来越模糊。现代企业的竞争重点，已逐渐由硬件、有形、刚性转向软件、无形、柔性，许多企业趋向于利用附带超值服务的优质产品或以产品为载体的高质量服务来巩固和拓展市场。企业在重视产品高质量的同时，也需要提供优质的服务作保证，服务及其创新已是现代企业管理中不可或缺的重要部分。

（一）服务创新是企业增加客户满意度的积极措施

当前，随着生活水平的不断提高，社会产品的日益丰富，买方市场已逐渐形成，客户对产品选择有了更多的余地，对价格的敏感性已大大降低。大众消费心理偏好由注重产品的功能、用途等核心价值，转向追求产品的质量、品牌、服务等附加价值。客户满意是企业战胜竞争对手的最好手段，是企业取得长期成功的必要条件。服务质量的好坏直接导致客户满意度的高低，而服务质量的提高有赖于企业服务的创新与发展。在当前快速多变的市场竞争中，客户的消费经验日趋成熟，消费偏好不断更新，消费需求的时尚周期也越来越短，很难想象一个企业能以停滞不前的服务方式获得客户满意的服务质量。由于服务与消费的不可分离性特征，一方面客户对产品的感性认识往往是从近距离的服务开始的，这迫使企业必须通过服务创新，提高服务质量，增加客户满意度；另一方面从与客户近距离的服务接触中，企业可深入了解到客户的真实需求，服务创新的措施更有针对性。因此，服务创新能直接增强客户对产品的感性认识，有利于在客户心中形成高质量的产品形象，有利于客户满意心理的形成。

（二）服务创新是企业形成竞争优势的重要手段

在市场竞争日益激烈，技术扩散速度不断加快，产品功能、质量、成本趋同的情况下，单纯依靠技术、价格的竞争难以取得市场优势。企业迫于市场竞争的压力，总是在追求新的竞争手段和方式。由于服务品质的差异性、不可储存性等特征，使服务创新的方式具有多样性，服务创新已逐渐成为企业获取竞争优势的一个重要基点。由于技术创新中的工艺创新、产品创新等方面，一般需要有较多的资金设备投入、较长的技术基础积累、较强的科技人员实力等条件，又面临着原有能源和原材料供给的刚性、员工对原有技术偏爱的惯性、中间试验的难度与复杂性高、新产品生产成本高、市场需求结构滞后等障碍因素，因此具有较大的风险性。而服务创新具有资金投入少、开发过程短、扩散速度快等特点，创新的服务可获得性、可靠性强，风险较小。在当前企业普遍面临资金、技术约束的情况下，要快速地建立竞争优势，服务创新是一种经济而有效的重要手段。

（三）服务创新是差别化的根本源泉

作为企业实现产品差别化的服务创新策略，已被许多企业当做形成竞争优势的武器。技术密集型和知识密集型的服务创新手段或方法，更是提高企业竞争力的关键。

（四）服务创新是企业获取增值利润的有效途径

目前在发达国家，制造业生产一定量的产品需要外部服务已经比 20 年前提高了两倍以上，贯穿于整个生产过程中的服务，在产品利润链中，其增值量开始超过物质生产所创造的增值量。服务创新已经是形成生产者所生产的产品差异和增值利润的主要来源，是企业之间非价格竞争的决定因素。一些有代表性的企业已通过向客户提供不断创新的服务产品，为企业创造了大量的利润。如施乐公司称自己为"文档公司"而不是"复印机或打印机公司"，它不仅仅出售机器，而且为商业问题提供服务性的解决方案。服务创新在以服务为载体与客户进行动态交互接触的过程中，能更直接、详细地了解客户心理偏好的变化，以差别化、个性化的服务方式，弹性地扩展产品整体的内涵，灵活、及时地满足客户的多样化需求。一方面，通过服务等手段增加提供给客户的价值，以此形成差异化优势；另一方面，通过客户满意度尤其是客户忠诚度的提高，在市场中赢得庞大的客户群，增加市场份额，从而巩固公司的长期竞争优势，最终获得比竞争者更多的利润。

五、服务创新的类型

Christopher Lovelock（1934）认为创新服务有 6 种：

- 主要创新（Major innovation）。这种创新的风险和收益都很大。它提供的是市场上还没有出现的新型服务。通常这些创新都是由信息以及以计算机为基础的技术推动的。
- 启动新的业务（Startup business）。从新的角度分析客户的需求，对已经和正在服务的市场提供新的服务业务。
- 开发针对当前市场的新产品（New products for the market currently served）。技术进步增加了创新的机会，同时也开发新的客户需求，对现存的某个组织的客户提供新服务（这种服务可能在别的公司已经存在）。
- 产品线的延伸（Product line extensions）。提供更多的服务，加长现有的服务线。比如，增加菜单条目、增加新的路线、新的课程改变已有服务的特征。
- 产品改进（Product improvement）。改变已有的服务特征。
- 风格的改变（Style changes），比如企业新形象的建立。通常所讲的"新服务"是稍做一些可见的改变来影响客户的感觉、感情以及看法，但只是改变服务的表现形式，服务的根本性质没变。

主要创新、启动新的业务、开发针对当前市场的新产品属于激进式服务创新；而产品线的延伸、产品改进、风格的改变属于渐进式服务创新。

在新服务开发过程中，区分是激进式还是渐进式的服务创新是非常重要的。激进式服务创新在流程和设计方法上，都和渐进式服务创新不同。激进式服务创新对世人、对市场都是全新的。这两种服务的概念都是将买方和卖方集合在一起，对两者都提供信息和建议。通常，激进式服务创新是通过新服务开发周期中的某些步骤开发出来的。在新服务投入市场后，它的开发过程就变成了做进一步渐进式服务创新的基础。那些能依照流程步骤不断循环更新的服务性公司，就能建立自己的服务创新竞争力。

服务创新的渐进或激进性质决定了服务公司如何进行资源分配。渐进式服务创新通常是对现有服务传输组成（相关人员、系统和技术）的微小调整。这样，计划阶段就只投入较少的资源和较小的力气，而更多的则是投向执行阶段。例如，肯德基要推出一种新口味的汉堡，传递系统的设计者不仅要考虑如何在厨房中把它生产出来，而且要考虑它的整个生产线、厨房设备、追加劳动和存货需求、销售计划以及调整存货和定价所需的信息系统。

激进式服务创新意味着更大的风险和资源投资。为理清新服务开发流程所需的大量资源，就要编制一个庞大的具体计划；同样，在执行阶段，也需要投入大量的人力和资源。

六、服务创新的步骤

服务创新可分为两大部分。一部分是前期计划阶段，包括：企业战略开发、新服务战略开发、创意产生、服务概念的开发与评价、业务分析等5个步骤；另一部分是实施阶段，包括：服务的开发和检验、市场测试、商业化阶段、引进后评价等4个步骤（详见图5-1所示）。

第一步：企业战略开发。首先要明确企业的规划战略，只有明确了企业的战略规划，才能开始服务创新的战略开发。因为服务创新战略与设想必须服从于企业的战略规划。

第二步：服务创新战略开发。作出服务开发战略决策，需要有明确的服务战略，有详细的服务包计划。服务战略尽可能用市场、服务类型、发展时间跨度、利润标准等因素来表示。通过制订战略计划，企业更容易产生具体的服务创新的思路。

第三步：创意产生。关于服务创新设想的征集，寻求服务创新的意见和建议有许多方法，最常用的方法有头脑风暴法、雇员与客户征求意见法、首用者调研法和竞争者分析法。

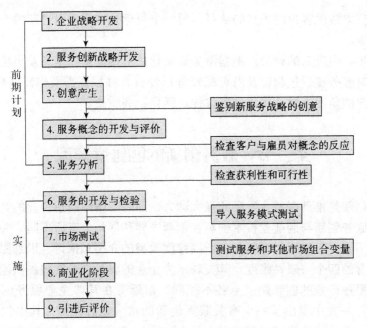

图 5-1　服务创新的具体步骤

第四步：服务概念的开发与评价。由于服务的无形性及生产和消费同时进行的特性，对服务概念的描述就比较困难，不像有形产品那样可以用说明书及图纸来呈现。因此，对于服务创新，要请多方人员共同来概括描述服务概念，通过反复酝酿并达成共识。服务概念形成以后，要编制说明书，阐明服务的具体特性，然后估计出客户和员工对这一概念的反应。

第五步：业务分析。业务分析是确定服务概念的可行性与潜在利润。要进行的工作包括：需求计划、收入计划、成本分析和操作可行性分析。

第六步：服务的开发与检验。由于服务运营的特性，这一阶段实行起来也是比较困难的。该阶段应该将与服务创新有关的人员如客户、接触客户的员工等都包括进来。通过细化服务概念，构建实施服务的服务蓝图。

第七步：市场测试。在服务开发完成后，将其推向市场前，先在一定范围内提供新服务，以取得他们对营销组合的反应；或在一个不尽现实的条件下，向客户提供设想的服务包，从而检验价格与促销变量的关系，并取得在不同条件下客户的反应。

第八步：商业化阶段。将服务引进市场开始实施。该阶段有两个目标：一个目标是要获得接触客户的人员的认可，另一个目标是在服务引进期的全过程中对其进行监测。

第九步：引进后的评价。根据服务商品化后所搜集到的信息及市场的实际反映情况，对服务提供过程以及所有配置进行评价，并根据需要作出必要的改变，以便从客户的角度出发，优化服务过程，强化服务质量。

第二节　服务创新的四维度模型

服务创新是推动服务业发展的强大动力，同时对增强制造企业的竞争力有重要作用。服务创新与制造业技术创新在创新内容和形式上有所不同，关键在于创新维度的不同。下面通过对服务创新四维度模型的介绍和探讨，识别服务企业创新活动包含的四个一般性维度及其关联，为企业的服务创新管理提供理论参考。

不同服务行业的创新侧重点各不相同，戴延寿在其"企业服务创新若干问题的探讨"一文中提出了一个有关服务创新的整合概念模型，其中包含了四个关键维度，因此被称为"四维度模型"（见图 5 - 2 所示）。四维度模型虽然只是一个概念模型，但能较为全面地描绘服务创新并指导实际的创新活动。实践证明，该模型对创新政策制订者和服务创新企业家来说都具有一定价值。

一、服务创新的四维度模型框架

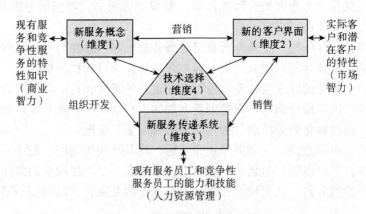

图 5 - 2　服务创新的四维度模型

图 5 - 2 是四维度模型的示意图，四个维度分别是新服务概念、新的客户界面、新服务传递系统以及技术，不同维度间存在着关联和相互作用，分别对应不同的职能活动。服务创新与服务产品本身特性的变化、新的销售方式、新的"客户——生产者"交互作用方式以及新的服务生产方法、由技术引发的创新等因素都密切相关。正是这种多因素相关性使得对一个具体创新的分析存在较大困难。如生产一种对市场而言全新的服务产品与运用新的销售渠道提供已有服务产品两者之间就有很大区别。同样，某些创新是创新者与客户合作的结果，其他一些创新则明显是运用 ICT（信息和通信技术）的结果。实际上大多数创新都不是由某一要素单独导致的，而是各种要素综合作用并包含不同程度变化的混合体，它们共同形成了最终的创新。四维度模型是一个运用结构化方式对多个因素发挥作用的创新进行描述、分析和讨论的整合模型。

二、四维度要素

（一）维度1——新服务概念

在制造业创新中，产品和过程是有形可见的，但在服务业中，创新大多具有无形性，创新结果并不是一个有形实物产品，而是解决一个问题的新的概念或方法。因此服务创新在很大程度上是一种"概念化创新"，即提出新的服务理念。

服务企业在进行新服务概念开发时，需要明确回答这样一些基本问题：企业需要什么样的产品以保留现有客户并发展新的客户？竞争者提供的产品是什么？如何将新服务传递给实际客户和潜在客户？这些问题就构成了新服务概念的范畴。显然这种意义下的概念创新是市场驱动型的，企业通过对市场需求的扫描和分析发现创新来源。新服务概念维度要求企业对自己提供的已有服务和新服务以及竞争者提供的已有服务和新服务都有准确的认识，尤其要对创新特性有准确的把握。通过对新服务概念的理解，服务企业可以不断地根据市场变化、客户要求以及竞争者的行为开发新的服务并改进原有服务，形成企业的"商业智力"。

服务创新的新服务概念维度与其他三个维度密切相关。这种概念创新或以新的技术机会为基础，或来自新的服务生产过程，还有可能来自客户在服务提供中扮演的新角色，如自我服务创新。

通过以下实例可以进一步理解新服务概念维度：最近越来越多的人开始关注个人资产，他们需要专业人员的帮助以完成对其金融资产的管理和经营，并期望从中获利。于是企业就可以开发一种帮助客户进行金融产品管理的服务并在竞争者之前迅速占领市场。这是一个典型的新服务概念开发的例子。再如，信息和通信技术的提供者可以根据客户企业实施电子商务的需要提供专门的运作计划以帮助客户具体实施。

（二）维度2——新的客户界面

服务创新的第二个维度是客户界面的设计，包括服务提供给客户的方式以及与客户间交流、合作的方式。针对客户界面的分析已成为当前服务创新研究的一个焦点。客户在很大程度上已成为服务生产不可缺少的一部分，特别是在针对最终客户的服务提供中。服务提供者与客户间的交流和相互作用已成为创新的一个主要来源。

在那些不具有明显有形特性或容易被竞争者产品替代的服务中，服务提供者与客户间的界面就更为重要，更需要服务提供者投资于与客户关系的建设之中，并不断开发新的客户交互作用方式。实现这种创新的首要条件是获得企业实际用户和潜在用户的大量信息。

服务企业在设计客户界面时必须考虑以下一些基本问题：如何与客户有效地交流？企业的潜在客户是谁？企业有能力让客户在创新中扮演"合作生产者"的角色吗？对以上问题的正确回答是服务企业建立良好客户界面的基础和前提。以下是客户界面创新的一些例子：银行和保险公司当前推出了所谓"直接业务"，但这并不意味提供了新的服务，而是银行和保险企业与客户的联系方式发生了显著变化；再如，家庭购物服务的出现、电子商务的实施都显著改变了服务提供者和客户相互作用的界面形式和关联方式。

现在的产品和服务提供越来越以客户为导向，客户越来越多地参与进服务的生产和传递过程中，客户界面因此变得越来越重要，这是整个服务业都普遍存在的现象。

（三）维度3——新服务传递系统

"服务传递系统"维度主要指生产和传递新服务产品的组织。该维度侧重于服务企业的内部组织安排，即通过合适的组织安排、管理和协调，确保企业员工有效地完成工作，并开发和提供创新服务产品。与该维度密切相关的问题是：如何对企业员工授权？如何促使员工完成其工作并传递新的服务产品？

新服务传递系统维度的核心是强调现有的组织结构以及现有员工能力必须适应新服务开发的需要，如不适应，就要通过新的组织结构设计和员工能力的培训、提升促使创新顺利进行。很明显，"新服务传递系统"维度和"新的客户界面"维度间有着密切的关联，内部组织和传递方式（"服务传递系统"维度）与员工和客户间相互作用的方式（"新的客户界面"维度）不能分离，两者相互交织并相互支持。最明显的一个例子是，在商业过程中引入电子商务要求有较大的商业过程重组。它不仅改变了实际商业交易发生的方式，而且改变了交易前后的过程，企业的内部组织和员工的能力都要发生改变。再如，家庭购物服务的大量引入使服务提供者和客户的关联方式发生巨大变化，还使企业组织结构和员工技能也发生较大改变。

对一个拥有众多分支机构的大公司来说，重要的是发展一种可以通过分支机构向客户提供标准质量的服务传递系统。这一方面需要建立服务输出标准，让客户确信他们得到的是预期的服务；另一方面企业尤其是专业性服务中如广告服务、计算机服务、设计服务等，必须通过适当授权为员工提供较大的灵活性，这对提高创新效率、确保创新顺利进行十分有益。

（四）维度4——技术选择

技术的选择主要涉及服务型企业在实际情况中的技术发展尺度问题。服务创新离不开技术创新，所有的服务都依赖于某些技术的运用，如超市中购物车的使用、仓储系统的使用等。因此在技术驱动型创新中，技术与服务创新存在广泛联系。在实践中，技术的变化是服务创新的主要推动因素，尤其是 IT 技术更被认为是其中的技术性革命。IT 能够在绝大多数服务部门中进行大量的信息处理工作，因此它成为一种对几乎所有的经济活动都内在需要的技术。学者们经常认为 IT 是服务创新的巨大推动力，即典型的"供应商主导型"创新观点，其中最有影响的是 Barras（1986）提出的"逆向产品周期"理论。该理论认为服务业中的创新是由于对信息技术的吸收和使用而形成的。但事实上，服务并不总是供应商主导型的，很多服务企业在引入技术的过程中和过程后都在进行其他创新活动；更进一步，由客户和市场引发的创新在服务企业中更为普遍和重要。

三、不同维度间的关联

该模型认为，在某种意义上，任何一项服务创新都是上述四个维度的特定组合。一项新服务的出现通常意味着新服务概念的形成，同时需要开发一个新的服务传递系统，员工也要改变工作方式及其与客户间的关联和作用方式，并在必要时使用 IT 等技术。但是，在新服务的实际开发过程中，仅有这几个孤立的维度是不够的，还需要不同的职能活动将这四个维度联结起来。不同维度间的这种"关联"是服务创新四个维度发挥作用的根本途径，是创新得以实现的重要保证。

存在于服务创新四维度模型中最主要的关联是市场营销、组织开发和销售。企业向已有客户和新客户推出某一新服务概念需要多方面的知识和技能。具体来说，服务企业与客户间的相互作用以及对服务传递系统的改进和适应，需要服务销售方面的知识和技能，包括服务在何处被生产、如何在市场中被传递和销售的知识和技能。同样，新服务的生产和传递还需要组织方面的知识，即现有组织能否传递新服务、需要什么样的组织变化以适应新服务等。因此，只有通过单个维度的发展以及不同维度间的关联和相互作用，一项创新才有可能最终完成。

四、四维度模型意义

服务创新的四维度模型对服务企业具有重要意义。首先，服务创新并不是孤立地发生的，而是在一定的社会经济背景下发生的。服务企业首先应该能够识别和持续监测现有竞争服务和潜在竞争服务，并对以下问题进行回答：竞争者会提供什么样的服务？是否有新企业正在进入市场？本企业提供的服务与竞争者提供的服务有何差异？这些问题构成了服务企业的商业智力。

其次，服务企业需要识别并与潜在和现实客户保持联系，通过交互作用熟悉这些客户的特性。企业应回答的问题是：谁是我们的现实客户？他们需要什么？客户们喜欢产品吗？谁是潜在客户？提供的服务在实际中如何被使用？本企业的服务提供是否丢失了某些要素？这些问题构成了所谓的市场智力。

再次，服务企业需要知道员工的能力、技巧和态度是否已经达到创新的要求，是否能够进行新服务的生产。如果不够，就要对员工进行正式或非正式的培训以及招募新的员工来满足创新的要求。同时，服务企业还要对本企业和竞争企业的员工掌握的一般知识和暗示性知识、工作灵活性、工作态度等进行比较，发现不足并采取有效措施加以克服。很明显，这些问题与企业的人力资源管理和内部组织安排有关。

最后，服务企业与运作外部环境的基本联系是技术知识或技术智力，即企业对技术的选择和运用，它在很多情况下是和企业的市场智力同等重要的因素。服务企业不需要自己掌握所有的相关技术，但至少要对有前途的技术领域有所了解，并能够判断技术需求和利用技术机会。

四维度模型中单个维度以及维度间的不同关联对每个服务企业的重要性都不相同。此外，不同类型服务所需的资源输入各不相同，对输入资源的搜索和选择过程也存在差异，服务创新过程受政策制定者影响的程度也有所不同。因此，服务企业在进行创新时，要根据自身条件和能力以及周围环境的特点选取适当的创新维度，准确把握不同维度间的关联，确保创新顺利、高效地进行。

第三节　服务创新体系

一、服务观念创新

（一）服务观念创新概述

1. 观念创新的内涵

观念是人们对客观世界的理性认识。观念一旦形成对人们的行为就具有驱动导向和制约作用，它是任何一种管理文化中最基本、最核心的内容，是不同行为赖以存在和相互区别的依据。

观念创新是人们适应客观世界的发展和变化，并科学、准确地把握客观世界变化的规律和发展趋势，以正确的方式构建新的思维、新的理念、新的思想，以形成对变化了的客观世界新的正确的认识。可以看出，观念创新的落脚点是观念与客观世界变化相吻合。但是，观念作为人的主观认识范畴，而人受到自身局限性和认识事物的有限性的影响，往往与客观世界的规律性表现出不相吻合的一面。服务观念更是如此，由于深受传统文化内核中消极因素的影响，至今一些陈旧观念仍存在于社会和个体的心理中。服务观念创新任重而道远。

2. 服务观念创新的限制性因素分析

（1）社会意识形态层面中各种片面和陈旧的观念和意识依然存在。认为服务低人一等、服务业是伺候人的行业的观念仍有一定市场。因此，社会普遍认为，服务人员不需要具备多高的素质，只要模样周正、老实听话就行了。殊不知，正是这种观念限制了一部分高素质人员进入服务行业，扼制了现有服务人员的创造性思维和才智的发挥。使其停留在日复一日、年复一年的重复性劳动操作的水平上。甚至服务行业的管理人员也有此类认识。即使有些管理人员是从基层干起的，一旦进入领导岗位，马上把管理与服务截然分开，造成人为的对立和隔离。这种现象的存在尤其应当引起我们的重视。

（2）服务理论研究的相对滞后也制约着服务观念的创新。突出表现在目前对服务科学的理解与把握上仍存在诸多误区。相当一部分人认为服务就是一种实践性操作技术，从而无法提升到理论层面加以探讨，服务科学更是无从谈起。出现这种论调既有主观上传统观念影响的原因，又有客观上服务理论积淀不深等方面的原因。其实，服务作为一种人与人的交往方式，广泛存在于社会生活的各个层面，蕴涵了社会学、心理学、经济学等诸多学科的内容。服务科学理论体系正待建设。

（二）服务观念创新的先导作用

观念一旦形成，就会对人们的行为产生驱动、制约和导向作用。同样，服务观念的形成、发展与创新也将对企业行为产生导向作用。从这个意义上说，企业的行为必然是在一定的服务观念的支配下形成并产生的。服务观念创新对服务的先导作用表现在以下几个方面：

1. 推动"以人为本、唯人兴业"服务管理观念的形成

真正做到为客人提供优质服务，除了以客户为本，还要以作为供方内部组成要素之一的员工为本。因此，"客户至上、员工第一"符合人本管理原理原则的辩证统一的理念。"以人为本、唯人兴业"的观念具体体现在以下两个"统一"中：

（1）尊重人的价值，实现员工的价值和客户价值的统一。使员工认识到所从事的服务业是施展才华、展示能力、实现价值的舞台，以端正的态度、优质的服务技能满足客户的需求，并从客户的满意中获得满足。

（2）实现员工和客户的精神和物质两方面需要的统一。员工从事服务行业，不仅是谋生的手段，也是作为充实精神生活的方式。要注重对员工物质精神激励的双管齐下，注重对客户物质需求和精神需求的双重满足。

2. 促使"我为人人、人人为我"的相互服务理念的确立

在分工日益细化的现代社会，每个人不可能只依靠自己产生的产品生活，人与人构成一种相互依存的关系。服务就是由这种依存关系的具体表现形成的。通过良好的服务赢得良好的效益。

3. 强化"相互尊重、相互理解"的服务心理观念

"我为人人、人人为我"的相互服务主要是从社会经济角度透视的一种公平交换行为，而相互尊重和相互理解则是心理和人际交往方面应遵守的准则。即"要想得到别人的尊重，首先要尊重自己和自己的工作，进而尊重服务对象，最终才能得到别人尊重"的一般准则。常听到有些服务人员抱怨得不到客人应有的尊重，而产生对服务工作的厌倦。不可否认，这有客人素质修养方面的原因，而服务人员自身方面的原因才是根本。如不努力忠于职守，服务态度、热情、意识均有所欠缺，造成工作质量不高，从而引起客户的不满。这些显示出员工对自己和自己工作的不尊重，同时也提示我们提高客户满意度必先从员工的满意度和心理状况入手。宽容和理解客人也是员工必备的心理素质，尽量站在客人角度设

身处地地为客人着想，努力营造一种相互尊重和理解的融洽气氛。

4. 引导"面向需求，不断创新"的服务研究观念深入人心

服务观念创新使服务研究不断走向深入，更加注重市场和客户需求，更加重视服务创新的系统性、动态性和长期性。具体表现在以下观点受到关注：

（1）服务创新体系是一项系统工程，是由诸多具有特定功能的要素（服务观念、服务技术、服务产品、服务市场、服务管理）组成的完整的不可分割的整体。

（2）创新不是突发奇想，也不是一蹴而就的，需要大量的基础性工作的积淀，需要企业苦练内功，"功到自然成"。

（3）创新不是一劳永逸的，一次创新并不意味着创新的结束，而是下一个创新过程的开始。时代在进步，环境在变革，创新也是永无止境的。

（三）服务观念创新体系

在人们对服务陈旧观念有所转变的同时，知识经济时代的发展趋势带给人们一系列新的观念，并初步形成服务观念创新体系。

1. 服务产品观念

（1）服务是有价值的产品。由于服务不像一般有形产品一样具有明显的交换过程，所以传统观念认为，服务产品价值难以量化计算，且不能积累，对促进国民经济增长的意义不大。但应当看到，服务凝结了人类的无差别劳动，因而具有价值；服务具有满足人们某些需求的功能，因而有使用价值。

（2）服务是在不断变化的动态产品。服务不同于一般商品的特性还表现在服务具有心理性功能，而不是物理性的物品。而人的心理需求是不断变化的并难以满足，决定了服务产品也要随市场和客户心理的变化和需求的变化而不断变更，满足他们的要求的目的是最终实现服务的交换价值。

（3）服务是可组合的产品。对一般商品而言，单件就可满足客户的需求，不需组合；而对服务需求的多样性和多元化，使服务的组合成为必要。服务的弹性和服务组成的多样性使得服务的组合成为可能。所谓组合产品，就是把两个或两个以上的服务产品组合起来，以一个价格销售给客户，达到吸引不同客户对象的目的。

2. 服务技术观念

服务的技术观念主要表现在从思想观念上确立服务是一门具有知识含量的技术，由于技术变革和引进带来服务的现代化、自动化、智能化、舒适化、市场化、产品化等。电信产业作为服务业中的朝阳产业和新的经济增长点，在经济全

球化和社会信息化的影响和推动下，已成为具有相当技术含量的产业，电子计算机技术和网络技术在企业中的应用已较为广泛。服务业正经历着从劳动密集型向技术（知识）密集型的转变，服务已经实现从传统的人工操作向现代服务运作的转变。

3. 服务市场经营观念

服务市场经营观念主要体现在网络经营观念的确立上。进入知识经济时代，网络犹如一颗耀眼的新星映入人们的眼帘。它既是包含丰富知识的浩瀚海洋，又是高速传输的信息通道。通过网络企业可快速准确地了解市场动向和几乎每一个客户的需求，同样消费者也可以将自己的意见反馈给企业，进而提供给它们不同的产品组合，使产品的供给向"度身定做"的方向发展。这样不仅提高了生产者与消费者之间的协调合作水平，从而提高产品质量，而且大大降低了企业的销售成本。统计资料表明，世界目前约有 8000 万人在使用 Internet，并且以每小时3000 人的速度在增加。运用网络进行营销有着巨大的现实和潜在的市场。服务企业的网络经营主要体现在以下几个方面：

（1）国际互联网（Internet）与企业内联网（Intranet）的结合。国际互联网技术的发展将引发企业经营者信息交流方式、企业管理模式、企业文化以及企业组织结构的一系列变革。伴随互联网规模的扩大和技术成熟，用互联网技术构造的企业内联网也悄然走进企业。内联网主要用于企业内部信息传递和数据资源管理，在国际互联网上注册网址，设立网页，从而建立新的企业生产营销体制和信息搜集和反应机制，并且可以灵活变更、重塑业务合作伙伴关系以适应市场的需要，实现企业经营机制和管理观念的根本性变革。

（2）"数字化"空间的适应。以网络为特征的信息化大潮已扑面而来，世界经济开始融入一个数字化的世界之中，无论是交易手段，还是经营管理模式，都不可避免地陷入数字化的空间。"数字化"生存方式给消费者带来方便的同时，也给企业经营带来了新的挑战。譬如，在游客摆脱了随身携带现金不安全和交易烦琐，轻松地在网上支付电子货币交纳订金或在过程中用密码控制的智能卡进行结算的同时，企业面临着如何解决网上交易不安全的问题。因此，要想在新的市场环境竞争中立于不败之地，就必须适应"数字化"环境并在其中找到生存空间。

（3）通过网络建立企业快速反应系统。快速的信息反馈使企业变得视野开阔，"耳聪目明"。信息网络建立了企业和服务市场之间的桥梁，企业可以快速、准确地了解市场动向和客户需求，节省中间环节，降低推销成本。同时消费者也可以通过网络将自己的意见加入到生产过程之中，使自己成为部分消费者。这样的结果使企业可以迅速地对市场和客户的需求做出反应，发展迎合消费者个别要求和品位的"敏捷制造"技术，建立起企业的快速反应系统。

4. 服务的知识管理观念

在信息化革命推动下，知识成为企业内在性、关键性的生产要素，确立知识管理观念成为一种必然。知识管理是在信息管理的基础之上的更高级的管理。它强调把人力资源的不同方面和信息技术、市场分析乃至企业的经营战略等协调统一起来，共同为企业的发展服务，从而产生整体大于局部之和的经济效果。有效的知识管理不仅仅在于企业拥有合适的软件系统和充分的培训，它还要求企业的领导层把集体知识共享和创新视为赢得竞争优势的支柱。要实现服务企业的知识管理，要做到以下几点：

（1）设置专门的知识管理部门。知识作为生产要素，包括各类信息数据、图表、图像、想象、态度、价值观以及其他社会象征性产物等有形无形要素，要充分发挥其潜能，就需要有专门的管理机构对其进行有效的管理。主要思路是整合企业有关部门，包括信息部、销售部、公关部和人事部的有关职能，组建知识管理部，设立"知识主管"岗位，负责通过市场分析、数据整理、信息加工，提炼创造出对企业决策最有价值的知识供决策者利用和选择。为此，知识管理部除了要对知识进行有效的搜集、分类，建立面向知识的管理网络，并监督知识的流向和使用外，还要负责与企业专家的联络与交流。

（2）推行全面知识管理观念。知识的经济价值需要通过生成、利用和共享的过程得到体现，但这一过程在现实中只是局限在少数工作中。要实现知识的经济价值，必须将其全面推广。在组织中推行全面知识管理，主要包括市场调查、服务新产品开发、服务产品定价等过程。

（3）合作与知识共享观念。在信息化、知识化管理中，应打破传统企业在分工上的官僚等级制，重新设计企业的价值流程和结构，重新对不同岗位的员工和领导者进行定位，使这些有不同教育和文化背景的人实现积极合作，共同享用对企业至关重要的知识，达到更多的交流、更多的一致行为、更多的责任和共同的文化，在知识共享中实现企业的快速发展。

（4）重视人力资本的作用，建立有效的制度安排。主要是激励包括员工在内的企业经济主体发挥主观能动性。知识虽是经济增长的发动机，是企业持续发展的推动力，但知识来源于员工的学习、创造激情和创新能力。不同的制度和机制对于企业经济主体的创新能力起到不同的激励作用，唯有建立起激发员工努力学习、不断创新的制度和机制，企业才能树立起浓厚的创新氛围和风气。

（5）增强重视无形资产的观念。知识经济时代，无形资产的重要性日益凸显。近年来有关无形资产的使用和转让权利方面的纠纷呈上升趋势，服务企业尤其要重视对知识产权的保护，包括企业标志、注册域名、自主开发新产品的技术专利等。此外，应当把包括形象口碑、信息资源、时间资源等在内的企业无形资产，放到与资本、技术和劳动力等有形资产同等重要的地位进行研究、开发和管理。

二、服务技术创新

（一）服务技术创新的内涵

1. 概念

技术创新是将技术转化为商品，并在市场上得以销售并实现其价值，从而获得经济效益的过程和行为，以新的技术思想首次商业化为标志。服务技术创新是一种技术思想或技术方法在服务业领域的首次应用从而带来服务提供方式的现代化、自动化、智能化、特色化、市场化和产品化的过程。

2. 要素

服务技术创新的要素主要有 4 个：创新者、机会、环境和资源。

创新者一般指企业家，还包括技术研发人员或旅游行政管理人员等。这些创新者根据市场需求信息与技术进步信息，捕捉创新机会，产生新的思想。新的思想是在合适的经营环境与创新政策的鼓励下，利用可得到的资源（包括人力、财力和技术等资源），通过一定的组织管理方式，从而形成技术创新。这 4 个要素是技术创新活动得以开展的必不可少的因素，其中创新者是最重要的，是创新者把技术成果引入企业的经济活动。此外，创新者还应包括企业员工和基层管理人员，他们处在服务第一线，直接面向客户，更能了解客户的细微需求变化。如开夜床的创新就是来自一线员工对客户感受的细致观察和创新思考。其他如能源技术的应用与创新、设施设备的维修保养技术等也需要员工在实际操作中不断总结经验，不断开展技术革新。

（二）技术创新模式

1. 技术推动模式

技术推动模式是指由技术发展的推动作用而产生的技术创新。表现为科学和技术的重大突破，使科学技术明显地走在生产的前面，从而创造全新的市场需求，或是激发市场的潜在的需求。在这个意义上，服务技术创新即借鉴引进相关技术，应用于企业各领域（如图 5-3 所示）。

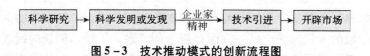

图 5-3 技术推动模式的创新流程图

2. 需求拉动模式

需求拉动模式是指技术创新始于消费市场需求。具体表现为由于客户的需求对产品和技术提出了明确的要求，从而导致新技术的引进与发展，进而实现技术创新，最终满足市场的需求。可以看出，此种创新模式起始于市场需求，通过创新过程又复归市场来满足需求（如图 5-4 所示）。

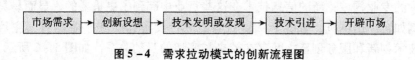

图 5-4 需求拉动模式的创新流程图

3. 双重作用模式

双重作用模式是指在技术创新时，创新者在拥有或部分拥有技术发明或新技术方法的条件下，受到市场需求的诱发，并由此开展技术创新活动的一种模式。事实上，由于技术与经济的相互渗透以及技术创新过程越来越复杂，涉及的因素越来越多，从而很难断定是技术推动，还是市场需求拉动为技术创新的决定因素。很难说是消费需求迫切推动了创新，还是由于电子技术的发展激发了消费需求。双重作用模式强调把技术与需求综合考虑，认为技术机会和市场机会合成导致了技术创新的开展（如图 5-5 所示）。

图 5-5 双重作用模式的创新流程图

（三）技术创新与服务创新的关系

技术创新与服务创新并不是孤立的，两者之间有着紧密的联系。一方面，技术创新向用户导向发展。由于在产品交易中服务的重要性日益突出，技术创新领域也在不断拓展。技术创新不仅关注传统产品研发和基本工艺流程，同时需要考虑公司的客户服务和支持系统，与客户建立更密切关系，了解客户的关键业务流程和应用领域的专门知识；另一方面，服务创新融入了技术创新的因素，技术创新为服务创新提供了实现手段。信息技术可以轻易地实现服务的灵活性，从而改变服务组织和服务交易的形式。同时，新技术还可以改变管理控制系统，通过网络对当地作业和环境进行迅速的远程评估和监测。服务是信息技术创新的应用领域之一，尤其是信息服务业，同时也是对信息技术投资最多的服务业之一。信息服务是信息技术应用的主要领域。例如电信和金融等服务部门，利用新技术降低人工成本，并提供改进的或新的服务，因此这些部门的产值增长远高于其劳动力增长。传统的信息技术应用涉及大规模的操作复杂的电子系统，以及广播和其他媒体中的专业领域；新的信息技术在这些行业中起到了更重要的、显而易见的作用，例如自动出纳机、智能卡、新的电话电传设备和局域广播等引人注目的进展。技术创新和服务创新之间存在越来越密切的互动关系，如图5-6所示。

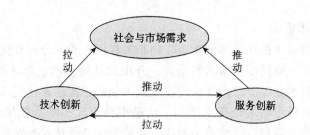

图5-6　技术创新与服务创新的互动关系

三、服务产品创新

（一）服务产品创新概述

1. 服务产品创新的必要性

目前，由于企业的资源有限，竞争力较弱并缺少创新动力或受到政府的管制和限制，服务产品的创新难于有形产品的创新等多方面的原因，服务业的产品创新问题还没有引起大多数企业的足够重视，许多企业也没有建立起正规的新产品开发部门。但是，随着服务业的不断发展，市场竞争的日趋激烈，服务企业要想取得成功，绝不能仅仅依靠现有服务产品，而必须开发服务新产品。

（1）开发服务新产品是保持企业竞争力的需要。为维持现有销售或成果以及获得足够资金以适应市场变动的需求，必须开发服务新产品。

（2）在服务产品组合中弃旧换新，取代已经不合时宜及营业额锐减的服务产品。

（3）利用超额生产能力，如多余的戏院座位或体育中心未利用的健身设施等。新服务产品的引入可以创造优势利益。

（4）抵消季节性波动。许多服务业公司，如旅游业可能存在各种季节性销售变化。

（5）降低经营风险。目前的销售形态可能只是高度依赖于服务产品领域中的极少数几种服务而已，新服务产品的引入，可以平衡目前偏颇的销售形态。

（6）探索新机会。新的市场机会的出现往往是由于一家竞争对手公司从市场撤出，或者由于客户需要的变化。

2. 服务产品的整体概念

一般认为，服务产品的整体内涵包括核心服务产品、支持服务产品和延伸服务产品等。核心服务是企业为消费者提供的最基本的服务，它能够满足消费者的最基本的需求并向消费者提供最基本的利益；支持服务是企业为了使消费者能得到核心服务而提供的其他一些必需的促进性服务。没有支持性服务，核心服务就不能被提供和消费，如前厅的预订、入住登记和退房手续、餐厅的摆台、引座、点菜以及撤台等；延伸服务是在核心服务和支持服务的基础上提供给消费者的额外超值服务，它可以增加核心服务的价值，使企业的服务产品新颖独特并区别于其他企业。

3. 服务产品整体概念对创新的影响

服务产品的整体概念是对市场经济条件下服务产品概念的完整、系统和科学的表述。它对服务产品创新的内涵至少有三个方面的重要影响。

（1）服务产品创新要以满足客户基本利益为核心；

（2）整体服务产品组成中任何一部分的改变都可视为产品创新；

（3）只有通过产品三个层次的最佳组合才能实现服务产品创新的最佳效果。

4. 服务产品创新的内涵

服务产品整体概念也说明了服务产品的市场地位和客户对它的印象是一种综合评价和反映。客户能够从服务消费过程中得到的利益和满足程度，既取决于整体服务产品每一个层次的状况，也取决于它们的组合方式及由此而产生的组合效果。因此，从整体服务产品的概念和消费者的观点出发，凡是为市场所接受，在消费者心目中被认为是"新"的，并能从中获得"新"的满足的产品，都是创新产品。由此可见，所谓服务产品创新，可以是创造全新的产品，也可以是对现有服务产品组成中某一方面的改造、组合或提高。依照此分析思路，可以总结出服务产品创新的几种常见类型。

（二）服务产品创新类型

1. 创造全新产品

这是指在新观念的指导下，采用科学技术的新发明而创造的产品。这种产品不仅对企业而且对整个市场来说都属于新产品。这对于企业进入市场，抢占市场具有十分重要的意义。全新产品的特点是在迅速抢占市场获得高收益的同时，隐含着高风险。

2. 创造换代新产品

根据产品生命周期理论，当一种产品在市场上进入生命周期的衰退阶段，而对其进行改进，以不断推陈出新，延长其生命周期，增强在市场上的生存和发展能力。

3. 开发新用途产品

目的或是为适应新的市场需求的变化趋势，或为了满足客户的某些特殊需求，从而使消费者得到更多的利益满足。如适应环保及回归自然的消费趋势以环保和可持续发展理念为主题的生态旅游、绿色旅游产品已经出现并受到消费者的青睐；以满足某一细分市场独特需求的产品，如行政商务楼层、无烟楼层等也相继推出，有此方面需求的客户自然对此情有独钟。

4. 模仿创新产品

这是指通过引进或模仿别人的产品生产形式，并结合自身特点加以改进创新，创出自己的系列产品。模仿创新绝不是机械地照搬照抄，而是在消化吸收的基础上融入了一定的改进和再加工。

5. 推出新概念产品

在理念先行、概念流行的时代背景下，将理念和概念产品化，提供给客户以现实的产品，成为企业的最高境界。这里，概念产品化和产品理念化已融为一体，成为市场的新宠。

6. 开发极端产品

极端产品是超个性化产品的表现形式。它以新奇古怪刺激市场需求，给千人一面、竞相趋同的行业市场吹来徐徐清风，成为21世纪企业个性化经营的又一趋势。

以上分析可以看出，服务产品创新与服务观念、服务技术乃至后面将要论述到的服务市场、服务管理的创新有着密不可分的联系，甚至融合渗透交织在一起，服务产品创新有一定的难度；另一方面，服务产品创新程度影响服务质量的高低，进而决定着企业价值的实现与否，可以说是企业的生存之本和服务创新的核心。

（三）服务产品创新的系统程序

服务产品的整体性、系统性和生命周期短的特点，决定了其创新过程要有严格的系统程序和科学的动态管理方式。一般而言，服务产品创新的程序包括以下几个环节：

1. 市场调研和企业状况分析

"没有调查就没有发言权"。市场调查是产品创新的基础性工作，目的是为新产品创意构思和筛选方案提供依据。调查内容主要包括：

（1）市场经营环境分析。如当地的经济发展状况和趋势、当地的相关政策、当地的交通可进入性状况、当地的自然资源等总体状况。

（2）竞争对手分析。如与企业形成竞争关系的企业经营状况，通过分析了解竞争对手的产品经营特点，并寻找自身的产品经营机会。

（3）自身产品分析。主要了解自身服务产品的特点和发展潜力，寻找优势，从而更好地实现自身经营目标。

（4）客源市场的分析。主要是了解客户的消费需求变化情况，从而不断寻求新的方法来满足客户的需求变化。

2. 创新种类选择和组合

根据对创新能力和市场需求状况的综合考虑，在上述创造全新产品、创造换代新产品、开发新用途产品和模仿创新产品四个创新种类中进行选择和有机组合。

3. 创新模式选择

（1）独立研究开发。如企业通过自身的研发，发明了某种产品或者通过购买专利的方法获取某种发明的专利权，然后把它投入生产，创造出全新的产品。

（2）模仿。即仿制其他行业或同类其他企业的创新产品。由于创新的产品并不能在短期内占领所有市场，模仿者就很容易进入市场。但正如前所述，模仿不是简单的仿制，而往往是对原有产品的改进。

（3）技术手段和技术方法的引进。这是企业通过正当的、合法的渠道从同类企业那里得到创新产品的生产技术和方法，可以节省企业的产品创新时间和创新费用。

正所谓"风险与收益成正比"，上述三种模式的困难程度和创新风险依次递减，但是企业收益也依次递减。究竟该采用哪种创新模式，应根据市场需求状况和企业自身情况综合加以考虑。

4. 创新产品的市场检验

市场是残酷而公正的。根据上述产品创新种类和模式设计开发出的服务产品成功与否，要投放到市场去检验，以便从客户的角度提出建议，更好地了解和掌握创新产品的市场需求特点，为客户提供更全面、更合身的服务产品。

5. 再创新

总结产品创新取得的成果，使之形成一定周期内产品创新的依据。发现并修正在市场检验中出现问题的产品创新思路，将这些问题转入下一阶段的创新周期中去，形成服务产品创新的循环。

四、服务市场创新

（一）市场创新的提出

在竞争日趋激烈的市场经济条件下，企业要想在市场中站稳脚跟，并逐步扩展自己的生存空间，就必须主动适应市场，并通过自身行为改进和完善竞争环境，即市场创新。所谓市场创新，是指企业通过研究潜在市场以及利用不同的营销组合去积极地引导消费，创造需求，从而为企业开辟新的市场，创造新的客源的一系列活动。应当指出，所开辟的新市场可能是以前并不存在，也可能是已存在、企业尚未进入的市场，还可能是现有目标市场份额的扩大。总之，市场创新创造了新的客户群，新的客户群又为企业服务创新体系提供了动力，从这个意义上说，服务市场创新是企业成长空间构筑和扩大的关键，对其他层面的服务创新起到积极的推动和引导作用。

（二）服务市场创新的运作模式

进行准确而有效的市场定位是服务市场创新的核心内容。市场定位是指企业根据市场竞争情况和企业自身条件，确定其服务在目标市场上竞争地位的过程。具体而言，就是企业在目标客户心目中为服务创造一定的特色，赋予一定形象，以适应客户一定的需要和偏爱，从而使服务在特定的客户心里占有位置，留下印象。实现准确的市场定位，需要做大量基础性工作的准备，需要有相应的定位策略。

1. 市场定位的基础性工作

科学严密的市场调研——缜密细致的市场细分——精心选择目标市场——准确快速市场定位是构成市场定位的一般程序。此方面的论述已较多见，对服务市场定位有着一定的参考价值。

2. 市场定位的策略

（1）首席定位。首席定位是使自己的服务或服务的某一方面成为同类市场中第一的抢先策略。因为人们总是对位居第一的事物印象最深。

实施首席定位策略的企业要考虑到人人都有先入为主的心理，因此要进行相应的可行性分析，自己的服务产品能否在市场上成为第一名。有可行性，就为此而努力；无可行性就要考虑转向其他定位策略。

（2）侧翼定位。在市场经营中能成为第一（即使是某一方面的第一）的市场领先者的毕竟是少数，居于第二或其次一些位置的产品或服务仍可通过适当的产品特色定位，占据同类市场的一个牢固的位置。放弃与之针锋相对的竞争，绕过障碍，寻找市场缝隙和领先者所没有注意到的市场"空白"，发挥自身优势，避实就虚，酌情定位于领先者和竞争对手的侧翼，通过富有特色的服务定位，赢得人心，求得生存与发展的广阔空间。

（3）适度定位。企业进入市场，都要进行市场目标定位。如果不切实际地盲目拔高市场定位目标，使市场定位目标过高，企业的服务产品价值难以实现而无法打开市场进而扩展市场；相反，定位过低则因缺乏有效的市场反应，同样不能顺利开辟市场。市场定位应在市场调查和分析的基础上，以清晰和适度为基准。

另外，市场定位的适度策略还表现在企业能随市场的发展变化而不断调整自己的定位目标。

（三）服务市场创新的方法与技巧

对于每一个企业而言，开辟的市场越多，其市场竞争力就越强，市场知名度就越高，所获收益也就越多。因此服务市场的创新既要善于开发新颖的产品，形成新的消费需求；又要善于开拓和占领别人看不到或看到却不愿或无力开拓的市场。基于此认识，服务市场创新的方法和技巧可以总结为抓住"三点"，找准"三个地带"。

1. 服务市场创新的"三点"式

所谓"三点"是指：

（1）吸取别人优点。即留心其他企业市场开发策略，将优点加以综合，并附加上自己的特色，形成"人优我特"的竞争优势，为企业创造出新的消费阶层，开辟新的消费市场。

（2）抓住市场盲点。指众多企业对已经出现的需求趋势缺乏应有的敏感而视而不见，欲进行市场创新的企业通过努力将潜在的消费市场转变为现实的消费市场；或消费者的需求只是部分得到满足，需进一步完善以提高其满足程度。如客房内娱乐设施的设置与完善，将满足家庭度假消费者的室内娱乐需求。

（3）冷点中求热点。即在市场开拓中，充分发挥逆向思维的作用，"反其道而行之"，往往能避免市场周期性变化而带来的消极影响。同时也能迎合消费者求异求特的心理特征。如很多星级酒店眼睛向上，只盯住高档消费者不放，应当注意被视为"冷点"的低档消费者亦有很大的消费潜力。而最先"冷中求热"的企业将受益于此，启动冷点市场，扩大市场份额，提高经济效益。例如，目前很多星级企业放下架子，面向工薪阶层的服务转向取得了很好的经济效益和社会效益。

2. 服务市场创新的"三个地带"

所谓"三个地带"是指：

（1）寻找空白地带。即在各种现有市场的基础上，寻找空白，填补缝隙。在市场开发中，常有一些被众多竞争者所忽略的"空白"或"死角"。抓住空白而不盲目追随他人，把触角伸向别人不愿做、不能做、不屑做的领域，往往会取得意想不到的成效。如广州一家酒店发现下午时间段很多老年人无固定休闲场所，就将下午餐厅空闲期改为午后茶点供应时间，结果生意兴隆，开辟了一个稳定的老年人餐饮市场。

（2）弥补断裂地带。就是发现其他同类企业的缺陷或不足，"乘虚而入"，及时推出满足消费者相应需求的产品，以此去弥补这种断裂地带。要求企业掌握市场竞争中最薄弱的环节，通过调整供需矛盾赢得市场。

（3）关注边缘地带。边缘地带是指看似被占领或应该被占领的市场却处于"三不管"状态的地带。这是由众多企业缺乏对市场的敏感反应所致。如果将大量的边缘地带聚合起来，就等于占领了大块市场。如很多企业将目光盯在颇有消费能力的中年商务客人身上，而忽略了被认为消费习惯保守的老年市场和开发价值不大的少儿市场。随着消费观念的转变以及老龄化社会的到来，随着三口之家的小家庭结构的出现，这两个市场将蕴涵着无限商机。

另外，企业通过将新的营销方式，如服务营销、网络营销、关系营销、绿色营销以及整合营销等引进企业营销体系，以及进行不同的营销组合，都是进行市场创新的有效途径。

五、服务管理创新

（一）服务管理创新的内涵

国内文献中最早提出管理创新概念的是芮明杰教授，体现在其著作《企业管理创新》一书中。该书对管理创新的定义是："管理创新是指创造一种新的更有效的资源整合范式，这种范式既可以是新的有效整合资源以达到企业目标和责任的全过程式的管理，也可以是新的具体资源整合及目标制定等方面的细节管理。"可以看出，管理创新至少包括以下几种情况：

1. 提出一种新的经营思路并加以实施。如果这种思路是可行的，便是管理的一种创新。

2. 创设一个新的组织结构形式并使之有效运转。组织结构是企业管理活动及其他活动有序化的支撑，其变革也是管理的一种创新。

3. 设计一种新的管理模式，是指对企业整体资源或部分资源进行有效配置的模式。

4. 提出一个新的管理方式方法。一种新的服务管理方式可以提高服务效率，协调服务组织的人际关系，有效激励员工。

5. 进行一项制度的创新。制度是企业资源整合的规范，既是企业行为的规范也是员工行为的规范，制度的变革有利于资源的有效整合，因此，制度创新也属于一种管理创新。

前面讲述的无论是产品创新、技术创新还是市场创新，可以说都属于广义上的技术层面创新的范畴，任何技术层面的创新都离不开管理创新这一基础，因为市场经济体制中运行企业只有通过管理创新才能使各项工作处于有机的动态协调发展状态。根据管理创新包含的 5 种情况，结合服务运作实际，服务管理创新主要应包括服务战略管理的实施、服务组织的创新和人本管理模式的构建等几个方面。

（二）实施服务战略管理

所谓服务战略管理是指在研究服务经营和管理规律的基础上，为有效地组织和利用企业内部的各种资源，使之适应外部环境，决策管理人员作出的指导整个企业在未来一个相当长时期内经营活动的总体谋划。目的是实现企业经济环境、自身资源状况与企业经营战略目标三者之间的动态平衡和统一，以便使企业或企业集团有持久的竞争优势。

就企业而言，在买方市场业已形成、竞争态势日趋激烈的环境下，在有效需求亟待拉动、竞争指标转向速度的时代背景下，进行整体运作，实施迅速反应管理战略理应提上议事日程。

1. "迅速反应"理念

迅速反应（Quick Response, QR）源自市场营销理论，是指在少量多品种的买方市场环境中，应客户的需求而以最快的速度生产客户所需商品或服务的一种管理战略。其内涵着重突出"时间"这一企业无形资源的作用，从而为企业赢得持续竞争能力；外延包括供应链条上相关企业的迅速反应管理、最优服务、合理价位等要素。

2. 迅速反应管理的结构框架

迅速反应管理（QRM）作为企业的一种竞争战略，其主要内容由"迅速反应"（QR）和"有效的消费者反应"（Efficient Consumer Response, ECR）组成。由于两者的根本目标是一致的，QR 和 ECR 同时意味着消费者能在最快的时间内，最适当的地点，用最合理的价格买到最需要的企业产品和服务。因此两者整合而统称迅速反应管理。

（1）最快的时间——实施迅速反应管理的核心

时间是企业一项重要的无形资源，体现的是企业为满足消费者对时尚的追求和对市场的敏感性和反应能力，从而使该企业成为本行业的领导型企业并始终保持不败地位。由此引出时基竞争（Time - Based Competition, TBC）的概念。所谓时基竞争是指企业运用"时间"作为建立竞争优势的核心价值，时间被看做是决定经营绩效的重要因素。这里的时间一般是指企业新产品或服务的上市时间和消费者由于认同而决定购买的时间。无疑，从开发、推出上市到销售的整个过程的时间（即经营循环时间）的管理是提高企业竞争能力的重要方面。因此，缩短经营循环时间成为时基竞争的核心。

（2）最适当的地点——实施迅速反应管理的基础

最适当的地点即相对于消费者来说最方便的地点。旅游类型的多样化和目的地的多中心化使得旅游消费者的移动轨迹是不确定的。迅速反应管理要求企业转变"位置相对固定、只能让消费者异地消费"的传统观念。通过充分而周密的市场调查，进行科学的市场细分和市场定位，发挥自身特色和优势来进行分方式、分档次的分区服务，以特定客户群为服务对象。这种分区服务的特点是负责产品生产和服务项目开发的部门可以分布在全国甚至全球的网络组织中，而每一分区则专注于在某一区域的销售与服务。

（3）最合理的价格——实施迅速反应管理的关键

价格是影响消费者购买决策和行为的较为敏感因素，特别是对日益成熟和理智的消费者来说更是如此。他们手中掌握着大量的供给信息，在决定购买之前会反复地比较：同等价格比质量，同等质量比价格。一方面，迅速反应管理要求合理的、双方都能接受的价位；另一方面，迅速反应管理战略中的其他要素又为企业制定较有竞争力的价格提供了保障。如供应时间的缩短，意味着员工加班费的减少，企业设施设备闲置时间的缩短，企业服务价值的充分利用和重复利用等，也就大大降低了企业成本花费，为企业取得了相对于同类竞争企业的一种比较优势，在激烈的竞争风浪中始终能够把握主动而似闲庭信步或保持原价，获取超额利润；或适当降价，增加市场份额。由此也可以看出迅速反应管理战略要素之间的一种良性互动关系。

（4）最需要的服务——实施迅速反应管理的终极目标

时间、地点和价格等同属迅速反应管理的竞争因素，最后都要接受市场的公正评判，即客户对所提供服务的评价和满意程度。从这个意义上说，提供给客户最需要的服务是企业管理者在实施迅速反应管理战略过程中，在时间最快、地点最佳、价格最优等基础上所追求的终极目标。除了上述三"最"外，提供给客户最需要的服务还有内外两方面的直接影响因素。

①与上下游合作伙伴关系的建立。可称之为供应链管理（Supply - Chain Management，SCM），即相互关联的企业之间以及与其他企业之间通过业已建立的跨企业管理网络进行有效运作的一套管理方法。在此供应链中，物流、资金流和信息流可根据各企业需求情况进行相对自由调配，以实现信息共享和资源的优化配置。同时还可以降低单体企业经营风险，摆脱自身组织局限性等。实际上就是通过应用管理及信息技术，建立关联企业之间的战略联盟，不断缩短对客户需求的反应时间，提高企业自身及对方企业（更多的情况是多方）的竞争力，从而实现"双赢"（Win - Win）的新型关系。

②企业内部成员之间合作伙伴关系的建立。可称之为同步工程（Concurrent Engineering，CE），强调内部成员之间的合作、信赖和信息分享，建立起对客户需求的共同认识和对市场变化应有的敏感性，以便使最终提供给客户的整体服务效果体现出来，并进一步保持服务质量的稳定性。同步工程由于集中了集体的智慧和力量可加快新型产品和服务上市的时间，因此还是实现迅速反应的重要方法之一。同步工程的实施关键在于管理方法的配合和工作习惯的改变，而不仅仅是信息技术的介入。

据以上分析，我们可以构建起企业迅速反应管理的结构框架（如图 5 - 7 所示）。

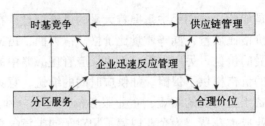

图 5 - 7　结构框架

（三）服务组织创新——从等级制到柔性化

传统的严格等级制的组织结构，就像老总在最顶层，部门中层管理人员在下面紧随，基层管理人员和操作人员在最底层的金字塔形式，已不能适应快速变化的现代市场和客户需求以及技术发展带来的压力。服务组织创新的目的正是在于增强企业参与市场竞争，对意外的变化不断作出反应，以及适时根据可预期变化的意外结果迅速调整的能力。出于这种考虑，建立柔性化组织是服务组织创新可供选择的模式。

所谓柔性是随时适应需求变化的能力。在残酷竞争的市场环境和"适者生存"法则的支配下，建立柔性组织是服务企业长期的组织变革战略目标，而非为避免危机而采取临时和定期的简单性调整。柔性化组织具有适应性、可变性、灵敏性和系统性等特性。

以往那种层次过多、分工过细、固定不变的企业组织机构已经成为现代企业快速决策、灵敏反应的障碍，企业服务组织创新势在必行。主要思路是：

1. 减少管理层次

目前大部分企业组织结构的层次过多，由总经理（分管副总经理）、部门经理、主管和员工组成的管理长链传递信息的渠道长、环节多、速度慢，因而效率低下，反应迟钝；另外，过多的层次往往使员工对上层的依赖性增强而工作独立性减弱。遇事先请示，等一级一级批下来时早已延误大好商机。要改变这种状况，就必须精简机构，减少管理层次，以少层次、扁平化的组织结构取代多层次、垂直型的组织结构，进而增强企业组织结构的适应能力。作为第一步，中层管理人员的职责要转变，应把主要工作放在对员工进行业务培训和传递业务信息上，而不是作为一个层次对员工进行监督和管理。

2. 加强各职能部门之间的沟通

加强各职能部门之间的沟通，尤其要加强实质性沟通特别是管理信息流通。

管理信息流通不畅影响了企业对各种变化的及时反应。实施柔性管理，就要加强各部门之间的横向联系，缩小和消除职能部门之间的壁垒，提高企业整体的反应灵敏度。

3. 培养掌握柔性技术的人才

柔性管理是一种智能化服务管理方式，对管理人员和员工的素质要求较高。员工不仅要熟练掌握本岗位的职责和操作规程，还要熟悉其他相关岗位的操作技能和规程，以适应情况变化和组织变革的需要；管理人员也要掌握柔性管理技术，随时适应企业柔性组织的可变性。因此，必须把柔性管理放在相对重要的位置，加强对企业各方面人员的教育和培训，提高他们的综合素质和对柔性组织的适应能力。

应当指出，建立柔性组织，实施柔性管理，必须利用企业各种资源中最具有柔性的资源——人力资源。柔性管理的核心就是以人为本，把人看做是管理的起点和终点，明确人是管理的客体和主体。人本管理是服务管理创新的重要内容。

（四）多维人本管理模式——从 CS、ES 到 EL

人本管理经历了从 CS、ES 到 EL 和 HL 的演进历程。

CS（Customer Satisfaction）是指客户满意或客户满意度，其思考角度是以外部客户为中心，倡导"客户第一"，重视客户利益而相对忽略内部员工及其利益。

ES（Employee Satisfaction）是指员工满意或员工满意度。相对于 CS，ES 更强调以员工为中心，倡导"员工第一"，信奉"只有满意的员工，才有满意的客户"的管理哲学，强化了员工在企业经营中的沟通协调作用。

EL（Employee Loyalty）是指员工对企业的忠诚或忠诚度，其主导思想是通过关心员工、爱护员工而获得员工对企业的忠诚，使员工视企业为家，把自己的奋斗目标和前途命运与企业紧密联系起来。

从 CS、ES 到 EL 的演进体现了多维"以人为本"的哲学，从外部到内部、从"他人"到"自我"，对企业管理涉及的"人"进行多维层面的分析，理清他们之间的因果关系和前后联系，深化了人本管理的内涵，有利于不同层面"人"的行为整合，探索一种新的企业管理理念和管理模式。

企业作为管理的主体，研究其对员工和对客户忠诚的实现途径对企业服务管理的创新具有理论和实践意义。

1. 沟通

从理论上分析，沟通属于服务营销要素之一的有形证据中的一个重要内容。

不了解客户的企业很难做好服务营销；同样，员工作为企业的内部"客户"，也是服务营销的对象，不了解员工的企业也很难做好服务内部营销。缺乏表达自己思想机会的员工会有被遗弃的感觉并由此产生孤独感，以至于很难和企业建立一种亲密关系。

在高科技信息交流异常便利的年代里，加强面对面的交流沟通尤其必要。交流过后要对员工的意见进行及时的反馈，作出适当处理。相信那些直接和客户接触的员工知道他们的意见和客户一样受到企业的重视时，会大大提高工作的积极性。

2. 培训

企业忠诚的表现就是保证员工长期的工作机会。从根本上讲就是要通过加强培训，鼓励学习来提高员工被雇用的能力。首先鼓励员工树立持续的终身学习观念。因为如不能在员工的工作期限内帮助他们成长，就不可能期盼他们全心全意为企业服务。终身学习必须成为企业福利的一部分，也是人力资源规划中的核心组成部分。通过提高员工的进取心和上进心，有利于企业的长期发展；其次，要全员发动，通过内部优秀员工的经验介绍和献身说法来相互借鉴、相互学习，可以起到鼓励先进、鞭策后进之功效。这种方式可以看做是对传统的专职培训、专家讲座等形式的有效补充。

3. 授权

因受日常规范的约束而产生的压抑感使员工遵从落入俗套的工作方式。这在竞争日益激烈和市场需求柔性化趋势日益凸显的今天，是不利于企业的生存与发展的。通过授权，给员工一定的自由空间，可充分发挥其内在的潜力和创造力。这是一种富有挑战性的工作，对现状的一种挑战。如果想让企业的经营管理和服务质量更上一层楼，就必须设法寻找改进现行制度的方法。授权员工，为允许和鼓励员工成为企业的伙伴创造了一种良好的氛围。当然，企业管理者要作出这样的决策并非易事，因为它还要求企业能宽容员工在行使权力时所犯的错误，能鼓励员工继续尝试。曾获得美国企业最高质量奖的丽兹·卡尔顿饭店有这样一条规定，任何员工不管他采取什么办法，只要能就地解决客户对饭店的不满，可动用2000元以下的金额来处理，无需请示。这需要饭店领导者有一定的魄力，需要饭店与员工之间的相互信任，更需要饭店对员工的忠诚。

从前面所讲的内容可以看出，服务观念、服务技术、服务产品、服务市场与服务管理等层面的创新是相辅相成、密不可分的有机整体。其中，服务观念创新是一切创新的先导，服务技术创新是其他创新的动力和支撑，服务产品创新是服务市场创新的有效载体和实现手段。市场最终要靠创新的产品去满足客户，而服务市场创新又是服务产品创新的动力源和支撑手段，市场创新的结果是为产品创新价值提供最终实现的基地。服务管理创新是创新体系的基础，在市场经济体制下运行的企业只有通过管理创新才能使各项工作处于有机的动态协调发展状态之中。五者共同构成旅游服务创新体系框架，它们之间的关系如图 5 – 8 所示。

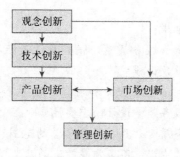

图 5 – 8　服务创新体系框架图

复习思考题

1. 服务创新的概念是什么？请从广义和狭义两个方面来阐述。
2. 服务创新的原则有哪些？
3. 描述服务创新的四维度模型框架。
4. 怎样理解服务观念的创新？
5. 论述服务产品创新的类型。
6. 如何实施服务组织创新？

第六章　服务质量管理

 导引案例

一位年轻的商业主管回忆起高中时代在麦当劳打工时的情景说："让我印象最深刻的还是烹制那些食品的品质。例如他们总用最好的牛肉来做汉堡……薯条稍微炸焦一点就会被扔掉。最为难得的是，13年后的今天，每当我想吃简单快捷的速食时，仍旧会走进麦当劳餐厅。"正是由于优质的服务，麦当劳才吸引住了众多客户的视线，使他们成为忠实的麦当劳消费者。

第一节　服务质量概述

一、服务质量的含义和内容

（一）服务质量的含义

《哈佛商业杂志》1996年发表的一份研究报告指出：再次光临的客户可以为公司带来25%～85%的利润，而吸引他们再次光临的最主要的因素，不是价格，

也不是产品品质，而是服务质量的好坏。

那么，什么是服务质量？对于服务质量的定义有多种描述，目前最常用的一个定义为：服务质量是指服务能够满足规定和潜在需求的特征和特性的总和，是服务工作能够满足被服务者需求的程度，是企业为使目标客户满意而提供的最低服务水平，也是企业保持这一预定服务水平的连贯性程度。对于此定义，现作如下说明：

1. 客户需求

（1）客户的需求可分为精神需求和物质需求，评价服务质量时，从被服务者的物质需求和精神需求来看，可以归纳为 6 个方面的质量特性：功能性、经济性、安全性、时间性、舒适性和文明性。

（2）服务水平

管理人员首先要识别公司所要追求的服务水平，好的服务质量不一定是最高水平。当一项服务满足其目标客户的期望时，服务质量就可认为是达到了优良水平。

（3）目标客户

目标客户是指那些由于他们的期望或需要而要求得到一定服务水平的人。随着市场的划分越来越细，导致每项服务都要面对不同的需求。企业应当根据每一项产品和服务选择不同的目标客户。

（4）连贯性

连贯性是服务质量的基本要求之一。它要求服务提供者在任何时候、任何地方都保持同样的优良服务水平。对于一个企业而言，服务的分销网络越分散，中间环节越多，保持服务水平的一致性就越难；服务质量越依赖于员工的行为，服务水平不一致的可能性就越大。

服务的不同特性，使服务质量的概念与有形产品的质量在内涵上有很大的不同。要全面理解服务质量的概念，应从以下几方面入手：

第一，服务质量是客户感知的对象，因此服务质量比有形产品的质量更难被客户评价；

第二，服务质量既要有客观方法加以制定和衡量，更要按客户主观的认识加以衡量和检验；

第三，服务质量发生在服务生产和交易过程中，是在服务企业与客户交易的真实瞬间实现的；

第四，服务质量的评价不仅要考虑服务的结果，而且涉及服务的过程；

第五，服务质量的提高，需要内部形成有效管理和支持系统。

（二）服务质量的内容

从上文对服务质量概念的理解可知，服务质量与服务过程、服务结果有关，因此，服务质量包括客户接受的产出（What）和客户接受的方式（How），即技术质量和功能质量（如图6-1所示）。

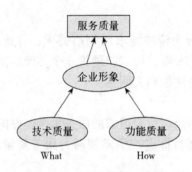

图6-1　服务质量的两方面

技术质量是指客户从服务过程中所得到的东西，即服务的结果。例如，饭店给消费者提供住宿、餐厅为消费者提供一顿美餐、航空公司将乘客从起运地运送到目的地，等等。功能质量是指服务过程的质量，如饭店、餐馆服务人员的举止行为、航空公司航班准点率及服务人员的态度，等等。可见，服务企业在提高服务质量的过程中，一方面要重视提高技术质量，精心设计服务体系；另一方面要重视服务人员与客户之间的接触，加强服务过程的质量管理。另外，在客户评价服务质量时，企业的形象不可避免地影响到客户对服务质量的认知与体验。如果企业形象一向很好，偶尔犯了一个错误，客户可能会原谅。但若接二连三地犯错，就会破坏企业的形象；如果企业形象不佳，那微小的错误都会给客户造成很坏的印象，影响客户对服务质量的评价。因此，企业形象起到了过滤器的作用。

二、可感知服务质量

1982年，格罗鲁斯（Gronroos）首先提出客户感知服务质量的定义。这一定义为：客户对服务的期望与实际服务绩效之间的比较。如果实际服务绩效大于客户的期望，则客户感知服务质量较高；反之，则客户感知服务质量较低。这个概念的建立为以后的研究打下了坚实的基础。图6-2为感知服务质量模型，根据此模型可知，实际服务质量包括两个维度，即技术质量与功能质量。客户对这两方面的评价，综合成了实际服务质量，然后将实际服务质量与期望服务质量进行比较，比较的结果即感知服务质量。

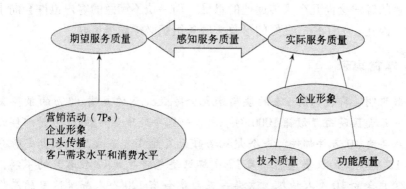

图 6-2　感知服务质量模型

一方面，客户的期望服务质量包括一系列因素，其大小受对外营销活动、口头传播、企业自身形象、客户需求水平和消费水平等综合影响。如果企业在广告中对其服务质量给予了很高的承诺，或者该企业在公众中具有良好的形象，或者说客户在该企业中有良好的消费经历，那么客户在购买或消费前会对企业寄予较高的期望值。另一方面，客户在实际消费中，通过亲身经历对实际所获得质量水平形成实际服务质量，客户会将其所获得实际服务质量与期望服务质量进行比较，当实际服务质量超出期望服务质量时，即感知服务质量大于零，客户会惊喜；当实际服务质量与期望服务质量相等时，即感知服务质量等于零，客户会觉得满意；当实际服务质量低于期望服务质量时，即感知服务质量小于零，客户会觉得服务不能接受。

三、服务质量效益

质量服务的提高能够给服务组织带来一定效益。

（一）保留客户

研究表明，创造一位新客户要比保留一位老客户花费的成本更多。例如，如果一位客户对其所下榻酒店的服务感到很满意，那么想说服他下次入住另一家酒店会很困难。竞争者的降价也不足以将客户从该酒店拉走，除非竞争者的营销人员等待，直到该酒店犯了错误，才有可能说服这位客户转换酒店。但争取新客户的过程中，想吸引一家大客户使用本酒店的服务，营销人员要邮寄宣传材料、打电话、邀请潜在的客户共同进餐等，会支出一笔巨大的费用。

另外，如果客户对某项服务满意，那么他会推荐给其身边的人。一般来说，一位满意的客户会向几个人传递他的感受，而一位不满意的客户也许会向十几个人倾诉。因此，为了树立良好的形象，服务组织必须做得更好。

 **案例启示**

实践证明，即使只有1%的缺陷率也会导致大量的差错。1%的服务失误率相当于一家大医院每年做错1000例手术，一家年处理量为1000万封邮件的邮政公司每年丢失10万件邮件，一个大机场每天发生4起事故，一家麦当劳分店每天做出12个烧焦的汉堡包。一天12个坏汉堡包将导致12位客户的不满，一位不满的客户会向10个人抱怨，这样一来，就会有120个人知道这里的汉堡包做得不好，大量的潜在客户可能会流失。

（二）保留员工

优良的服务质量不仅会留住客户，更会留住优秀的员工，能更加容易吸引和招聘新员工，从而亦降低了培训成本。员工都喜欢在高品质服务及运行良好的服务环境中工作。低劣的服务不仅会频繁遭到客户的投诉，也会使前台服务人员感到不满，甚至会丧失士气、旷工或跳槽。正是领导者质量意识匮乏的原因，造成了一些服务组织的服务人员和管理人员辞职。

 **案　例**

星巴克视员工为品牌的最好诠释者。当别的公司将金钱投入到广告中的时候，星巴克却将这笔资金全都用于员工的福利和培训。1988年，星巴克成为第一家为临时工提供完善的医疗保健政策的公司。1991年，星巴克成为第一家为员工（包括临时工）提供股东期权的上市公司。这些充分利用人际资本的措施立即取得了明显效果，员工的流动率从每年的175%下降至65%。星巴克通过有效的奖励政策，创造环境鼓励员工自强、交流和合作。星巴克所有的员工都拥有期权，他们都被称为合伙人。而星巴克公司的总部，被命名为"星巴克支持中心"，说明管理中心的职能是提供信息和支持而不是向基层店发号施令。

（三）避免价格竞争

高服务质量可以避免价格的竞争，且能给企业带来最大的潜在利润。研究表明，质量水平排在前 1/3 的服务企业，其价格可比质量水平处于后 1/3 的企业高出 5% ~6%。那些服务质量不佳的企业往往要依靠折扣、返券或其他价格竞争手段来吸引客户，而质量形象好的服务企业就可以避免价格竞争，他们能够得到良好的口碑，依靠回头客带来新的生意。

曾经有位制造商说过这样一句话：如果你的客户不舍远近来购买优质产品，你就可以为这段旅程收费，客户也愿意接受比同类产品更高的价格。

（四）降低成本

与服务质量相关的成本包括内部成本、外部成本、预防成本和检查成本，服务质量的提高可以有效地降低成本。

1. 内部成本。在交付给客户前用来改正不符合质量标准的工作所发生的费用。例如，你在饭店点了个西红柿炒鸡蛋，而厨师给炒成了木须肉，服务员事先发现了这一错误，于是厨师又给重炒了份西红柿炒鸡蛋。这时的内部成本仅仅是一份菜的原料成本。可见，内部成本既不会增加也不会减少客户的满意程度。

2. 外部成本。在交付给客户后用来改正不符合质量标准的工作所发生的费用或者是未满足客户特殊需要而发生的费用。例如，消费者在饭店用餐，发现点的菜里有只苍蝇，因而得到一份免费晚餐作为补偿。当然，在某些服务行业中，非常严重的服务失误往往会导致客户不再光顾，这样的外部成本是非常昂贵的。例如，某一动物园里发生了老虎咬伤游客的事件，那游客的入园率势必会减少。

3. 预防成本。在第一地点防止缺陷的产生、避免失败等活动所发生的费用。例如，招聘、培训员工计划、制订质量计划、质量改进计划等所发生的费用。

4. 检查成本。对原材料的检查和在服务过程中检查服务状况是否符合质量标准所发生的费用。如定期检查、过程控制检查、收集质量数据等发生的费用。

第二节　服务质量差距

 **案　例**

由国际消费者协会和 e – Satisfy. com 所进行的一项调查显示，被调查的50000 个电子购物者中只有 36% 说他们对于电子商务是满意的。主要的一个服务差距落在沟通领域。客户报告说，他们通常期望在一小时以内获得他们电子请求的答复，可是只有 12% 的人在 24 小时内收到了答复。

根据对《财富》百强和《FTSE》百强公司的 Rainer – Web 指数研究发现，超过 2/5 的美国公司与英国公司不能及时回答邮件的请求。有 21 家《财富》百强公司和 29 家《FTSE》百强公司并不能与来自它们的网站相接触。在通过电子邮件联系的公司中，20 家《财富》百强公司和 15 家《FTSE》百强公司从来也没有回答过。如此一来，公司丝毫不考虑与客户接待系统的结合，结果就是这类站点比公司的墙纸好不了多少。

一、服务质量差距模型简介

1985 年，美国学者 Parasuraman，Zeithamal 和 Berry（简称 PZB）在《服务质量的概念模式及其对未来研究的意义》（A conceptual model of service quality and its implication）一文中首次提出了服务质量 5 差距模型，后经 ASI Quality Systems（1992），Curry（1999），Luk 和 Layton（2002）的发展，目前该模型已扩展为 7 差距模型。但在本书中，我们还是探讨 5 差距模型。5 差距模型是专门用来分析质量问题的根源。这些差距具体体现在服务组织管理人员、服务组织员工和客户之间对服务质量的期望和心理方面存在的差异，这些差距可以分为五种：客户的期望和管理者理解的差距（差距 1）；管理者理解同服务质量标准的差距（差距 2）；服务质量标准与实际传递服务质量的差距（差距 3）；实际传递服务质量与外部营销沟通的差距（差距 4）；客户的期望与感知服务之间的差距（差距 5）。这五种差距构成了服务质量差距模型（如图 6 – 3 所示）。在这里，服务质量的不足只有"差距 5"来自于客户，其他差距均来自于企业经营。

现对此模型作如下说明：

第一，该模型说明了服务质量的形成。模型的上半部分涉及与客户有关的内容，而下半部分涉及与服务提供者有关的内容。期望的服务是客户的以往经历、个人需求以及口碑共同作用的结果。另外，它还受到企业营销沟通活动的影响。

第二，模型中的感知服务是一系列内部决策和内部活动的结果。在服务交易发生时，管理者对客户期望的理解，对确定组织所遵循的服务质量标准起到决定性作用。客户亲身经历的服务交易和生产过程是作为一个与服务生产过程有关的质量因素，生产过程实施的技术措施是一个与服务生产的产出有关的质量因素。

第三，这个基本框架说明了分析和设计服务质量时必须考虑哪些步骤；然后查出产生质量问题的根源。该模型显示出在服务设计和提供的过程中，不同阶段产生的 5 项差距，也就是所谓的质量差距。质量差距是由质量管理前后不一致所造成的。而最主要的差距是期望服务和感知服务之间的差距（差距 5）；它是服务过程中其他四项差距共同作用的结果。

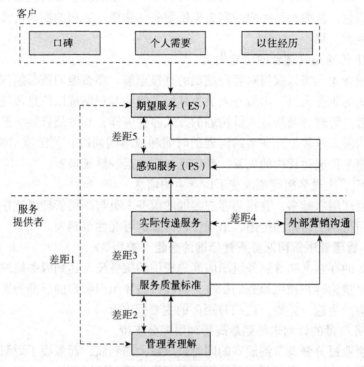

图 6－3　服务质量差距模型

二、服务质量差距模型分析

（一）客户的期望和管理者理解的差距（差距1）

差距1是客户想要得到的服务和管理人员认为客户希望得到的服务两者之间的差距。许多管理人员都认为自己很了解客户需要什么，而实际上往往相反。例如，现在很多商场总是不定期地搞打折、赠券活动，它们以为只要价格低客户就会满意，但事实上，客户可能也很看重商品的质量、购物的环境等。导致这一差距的原因是多方面的，主要由以下几个因素引起：

1. 市场调研和需求分析的信息不准确

在现实生活中，服务行业管理者对市场调研的重视程度远远低于制造业的重视程度。服务业管理者主要强调在服务过程中的实际操作。这些管理者只会一味地将自己所设想的服务强加给客户，而不去理会客户到底期望得到什么样的服务。然而，服务业管理者与客户接触更为频繁，若他们从频繁的接触和沟通中获得大量的信息，从而按照客户的意愿提供服务，这样，客户的期望与管理者理解之间的差距就会缩小。

2. 向上传递给管理者的信息失真

若管理者确实难以获得对客户期望的直接理解，那么他们就必须依赖直接与客户打交道的服务人员，由服务人员将其所理解的客户期望以信息传递的方式传达给管理者。管理者与服务人员沟通的方式多种多样，其中最直接、最有效的当属面对面沟通。这种方式在节约沟通的时间和成本的同时，便于澄清模糊信息，可以避免信息传递过程中的失真，使信息如实地反映给管理者。

3. 组织层次过多阻碍或改变了所产生的信息

中间管理层次越多，直接与客户接触的服务人员与高层管理者直接沟通就越困难，从而阻碍了信息的传递，出现错误信息的可能性也越大。

（二）管理者理解同服务质量标准的差距（差距2）

差距2的存在意味着服务组织向客户提供的服务没有达到服务组织所制定的标准。当直接为客户提供服务的服务人员没有按照组织制定的标准为客户提供服务时，就会产生这一差距。造成差距2的主要原因有：

1. 服务质量的计划未得到最高管理层充分支持

许多企业过分强调节约成本的同时获取最大的利润，而忽视了对服务质量的管理。有些企业过分强调新产品的研究和开发，而忽视了服务。这样，即便服务人员付出了很大的努力，也不能获得相应的报酬，因此失去了改善服务质量的动力。

2. 组织中缺乏明确的目标设置

组织应确立清晰、有条理的、具体的各项服务质量标准，使服务人员能够理解管理者期望传递的是什么，缩小管理者对客户期望的理解与服务质量标准之间的差距。

3. 服务与任务标准化的脱节

要将管理者对客户期望的理解转化成服务质量标准，就要对任务进行标准化，如技术标准化。但是，有些服务人员无法理解他们的工作给客户带来的作用，或者不知道该如何为客户提供满意的服务。这时候，即使制定了很详尽的标准，服务人员也会因为不理解而不能给客户提供满意的服务。

4. 客户期望的不可行性

管理者了解客户的期望后，要确定这种期望是否可行。如果将客户期望转化为现实服务的可行性低，那么就越不可能转化为具体的服务质量标准，从而使管理者对客户期望的理解与服务质量标准间的差距越大。

（三）服务质量标准与传递服务的差距（差距3）

服务人员在实际传递过程中，他所遵循的服务质量标准与实际传递的服务之间也会存在差距。造成此差距的原因大致可归为以下几类：

1. 管理者与服务人员缺乏协作性

企业中管理者与服务人员之间相互协作的程度对企业的表现至关重要。如果缺乏协作性，不同部门人员要想获得帮助就十分困难。在这种情况下，管理者应有意识地提高员工的参与程度；同时，员工之间也要培养合作的精神，在企业中营造一种合作的氛围，从而有利于提高服务实际传递质量，缩小服务质量标准与服务传递间的差距。

2. 管理者的管理与监督不力

管理者的方法不能鼓励或促进质量行为，或者管理控制系统与优质服务、质量说明发生冲突，这些都属于与管理和监督有关的问题。在任何组织中，如果选聘、评价和奖励系统的确定与质量标准计划的制订脱离，那么差距3的几率就会增加。在很多情况下，错误的行为很难监控，以至于难以被发现，有时甚至可能会受到奖励。对此，我们可以采取以下控制方法：正确选聘、评价和奖励员工；充分关注管理者对待下属的方式、管理系统控制以及与企业文化和内部营销有关的许多重大问题。

3. 服务人员理解有误

体现在服务人员对说明与规定的理解有误或服务人员对客户的愿望与需求的理解有误。作为服务的直接提供者，服务人员常常会遇到一些尴尬的局面。当质量标准对服务的要求与现有的控制和奖励系统相互冲突，或者如果一个或多个客户要求提供的服务与标准不同，同时服务人员认为该要求是合理并可以满足的，但是服务人员却不能有针对性地采取有效的措施，从而贻误了服务人员为客户提供高质量服务的机会。缩小这一差距可以采取以下方法：改变管理系统，使之与质量标准说明书一致；加强服务人员的培训。

4. 缺乏技术和营运系统的支持

服务质量的高低与服务人员在服务过程中所用的技术与营运系统有关，现代化的技术与系统可以促进服务标准化，减少服务中的差错。

此外，还存在以下几类问题及其纠正措施：

（1）把不合适的人选安排到了服务第一线，或者公司不具备能够正确按照操作规程操作的合格的技术人员。对此问题，可改进补充新雇员的渠道。

（2）过多的文字工作或管理任务，使说明书中规定的质量标准难以执行。对此可以明确服务人员的分工，对特别重要的任务给予格外注意。

（3）引进的技术、营运和管理系统出了问题，可能不适合服务人员。对此，可加强对员工的培训和内部营销管理或者在技术或系统上作出正确的改动来支持质量标准说明书的贯彻执行。

（四）传递服务与外部营销沟通的差距（差距4）

差距4是服务组织传递的实际服务与其宣传的服务之间存在差距。造成此差距主要有以下两类原因：

1. 缺乏有效的水平沟通

发生在组织某一部门内部或不同部门之间的横向信息流动为水平沟通。企业的广告部门应和直接与客户接触的服务人员直接沟通，通过广告宣传使客户产生合理的期望。同时，服务人员通过沟通也可以全面了解企业的广告计划，为受广告吸引的客户提供所要求的服务。另外，组织内的其他部门人员（如销售人员与执行人员）之间也应经常进行交流与沟通，以实现各部门提供相似性的服务。

2. 组织在宣传时存在浮夸倾向

企业之间竞争激烈，为了吸引并争夺客户，企业往往在进行广告宣传时存在浮夸的现象，最终使得实际传递服务与宣传的服务之间存在的差距越来越大。比如，客户一开始被承诺在三天内会得到上门服务，但直到一星期后，维修人员才来，这位客户以后肯定不会再接受这家公司的服务。

（五）客户的期望与感知服务之间的差距（差距5）

差距5意味着客户所感知的服务质量与预期的服务质量不一致。此差距产生于客户对服务的期望与感知。感知是对服务体验的主观评价，而期望是作为比较绩效的参考点。这个差距的产生会导致以下结果：

1. 从反面验证质量和质量问题；

2. "口碑"极差；

3. 败坏企业声誉和影响公众形象；

4. 失去生意。

我们已经知道，差距5是服务过程中其他四项差距共同作用的结果，因此，这一差距的大小往往取决于其他四种差距的情况。因此，纠正差距5的关键在于纠正差距1~4。差距1~4若有一个或多个差距存在，就会使客户感知服务质量缺失。对于差距5，可采用正确理解客户的期望；选择正确的服务设计和标准；服务传递时遵循客户定义的标准以及使服务绩效和服务水平相匹配等措施进行纠正。当然，这个差距也可通过识别差距、填补差距而形成正面影响，从而提供更好的服务质量。

第三节　服务质量的衡量

案例启示

　　一家建在主干道旁的银行通告客户，如果该银行出现错误，它会作出赔偿。银行公布了章程，明确提出服务标准。章程包括以下方面：该银行不会在银行结单上出错；建立和支付长期订单时不会出错；自动发放支票簿和卡片，确保客户随时可以获得；对透支和个人贷款迅速做出决定，并在达成协议后一小时内准备好资金；在新开户申请提出的48小时内完成开户。如银行在以上方面出现错误，客户都可以得到10英镑赔偿。一家有名的健康保险公司也向客户许诺，如果公司推迟发放结算支票，公司支付5英镑；如果没有提前3个星期通知客户展期日期，支付100英镑赔偿。

一、服务质量的范围

　　全面观察服务系统对于识别服务质量指标是十分必要的。一般应从内容、过程、结构、结果和影响等5个方面来考察服务质量。

　　（一）内容

　　从内容方面考察服务质量是指服务是否遵循了标准程序。例如，银行服务员在办理存取款业务时是否按公认的标准程序进行。对日常服务而言，标准作业流程已经制定，希望服务人员能够遵守这些既定程序。

　　（二）过程

　　从服务过程考察服务质量是指服务中的事件顺序是否恰当。客户和服务人员之间的交互过程应得到监控，也包括服务人员之间的交互作用和沟通。其基本的原理是要保持活动的逻辑顺序和对服务资源的协调利用。对于急救服务，比如火警，可以通过实战演习来检测团队的工作。通过这些活动来发现行动顺序上存在的问题，并得以及时纠正。

（三）结构

从服务的结构考察服务质量是指有形设施和组织设计是否完备。对服务而言，有形设施和辅助设备只是结构的一部分，人员资格和组织设计也是其重要的质量因素。通过与设定的质量标准相比较，就可以确定有形设施是否完备。反映组织控制质量效果的一个指标是采用主动的自我评估程序，如人员雇用、晋升资格等都要达到标准。

（四）结果

要观察服务会导致哪些状况改变，服务质量的最终测量要反映最终结果。通过跟踪一些指标，如客户投诉数量，就可以监视服务结果质量的变化。例如，可以采用每千名患者手术感染率来评定医院。当然，还可以采用一些技巧来测量服务质量，例如，可以通过垃圾车清扫完街道后的照片来评定城市清扫的质量。

（五）影响

要考察服务对客户的长期影响。服务的影响包括服务的适应性、可获性、易接近性等方面。可以通过民意测验的结果来衡量服务工作的影响。

二、服务质量的因素

感知服务质量的好坏主要由服务产品的性质所体现。由于服务产品的无形性、差异性等特点，使得服务产品的感知质量很难用固定标准来测量，不像有形产品的质量那样容易测定。1985 年，PZB 通过对信用卡、零售银行、证券经纪、产品维修与保护等四个服务行业的考察和比较研究，得出感知服务质量的决定因素有十个，分别为：有形性、可靠性、响应性、能力、可接近性、礼貌、沟通、可信度、安全性、了解客户。在进一步的研究中，他们把这十个因素归纳为五个，即有形性、可靠性、响应性、保证性、移情性。这五个因素是客户对感知服务质量进行评价时的最基本依据。客户从这五个方面将预期的服务和接受到的服务相比较，最终形成对感知服务质量的判断。如图 6 - 4 所示，服务期望受到口碑、个人需要和以往经历的影响。

（一）可靠性

可靠性被认为是服务质量最基本的因素。可靠性是指企业准确地履行服务承诺的能力，实际上是要求企业在服务过程中避免差错。可靠性是客户对服务作出反应并确认服务组织当初的承诺是否会兑现，是客户对所接受的服务的好坏及可靠程度的反应。例如，一个旅馆当初向客户承诺，除每日的住房费用外，客户可免费使用旅馆内任何设施，如果最后这一承诺不能百分之百地兑现，客户就会认为这个旅馆的可靠性不高。

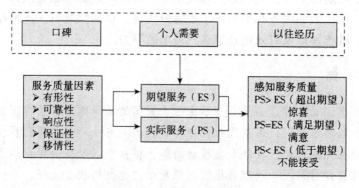

图 6 - 4　服务质量的因素

（二）响应性

响应性是指企业随时准备为客户提供快捷、有效的服务。这是指服务人员对客户需求的感受程度、热情态度和反应能力等。让客户等待，特别是无原因的等待，会对质量感知造成不必要的消极影响。出现服务失败时，迅速解决问题会给质量感知带来积极的影响。对于那些困难的客户或者需要超出一般标准的服务的客户来说，快速响应显得尤为重要。服务人员应乐意并随时提供服务，例如即刻办理邮购、迅速回复客户打来的电话、提供恰当的服务等。

（三）保证性

保证性是指服务人员所具有的友好态度与胜任工作的能力，它能增强客户对服务企业质量的信任感。保证性包括四个方面的特征：胜任能力，对客户的友好态度，与客户有效的沟通，将客户最关心的事放在心上的态度。

服务保证描述的是客户接受服务时对服务人员的信任情况、服务人员的自信以及他们提供服务时的礼貌和能力。如果客户对保证性评价较高，意味着客户对服务人员能够理解，且对满足他们的需要表示满意；反之，如果客户对某服务企业的保证性评价较低，客户就会对此企业的服务情况产生较多顾虑。例如，当客户和一位友好、学识渊博的服务人员打交道时，他会认为自己找对了公司，从而获得自信与安全感；若服务人员态度不友善，且专业知识懂得太少，就会使客户失望。

（四）移情性

移情性是指企业要设身处地地为客户着想，了解他们实际需要并予以满足，对客户给予特别的关注。关心客户和提供个人关注，这能让服务人员易于接近并接触客户，用他们的服务和努力来了解客户所需。移情性具有三点特征：接近客户的能力，敏感性以及有效地理解客户需求的能力。

 **案 例**

2001年8月的某个星期六下午，由于大面积的暴风雨席卷了美国东海岸，迫使航空公司取消了航班，每架飞机都停在了机场。有一对母子要到费城机场搭乘一架到亚特兰大的航班，在他们去机场的路上得知美国航空公司取消了他们的航班。他们被告知得乘下一次航班出发，但最早的也要到次日上午。

不过，大卫·卓别林将很容易的将可能成为一次可怕经历的事扭转了过来。因为次日是儿子上学的第一天，在征询经理的建议和帮助下，他给这对母子换了当天最后一班航班的机票，使他俩那晚深夜到达了亚特兰大。

（五）有形性

有形性是指服务产品的有形部分。在大多数服务组织里，有形因素包括物理环境、设施设备、服务人员的仪表等，客户往往在真正接受服务之前会通过有形因素对服务质量进行预先评价。服务的有形性从两个方面影响客户对质量的认识，一方面它们提供了服务质量本身的有形线索；另一方面，它们又直接影响到客户对质量的感知。例如，一名消费者到饭店用餐，往往先根据卫生条件、旅馆地点、周围环境、服务人员的衣着礼仪、大厅的装饰等情况对饭店服务质量做预先的猜测和评价。

以上五点表明，服务组织在检验自身服务质量时需要进行细致的分析。体现在：

第一，在以上五点中，响应、服务人员的投入和保证是对客户和服务人员之间的接触情况的最直接体现。客户对服务的意见主要依赖于为客户直接提供服务的人员的态度和服务绩效；当然，有些也部分地依赖于服务人员的衣着、精神风貌和个人卫生等。

第二，服务的提供方式与服务效果和性质同样重要。客户在评价服务质量时，不但要根据服务最终效果，而且要根据服务流程进行评价。客户的满意度不但依据服务的效果而定，也依据他们的消费过程而定。

三、服务质量的测定

（一）SERVQUAL 量表的提出

1988 年，PZB 在《SERVQUAL：测量客户感知质量的多项量表》（SERVQUAL, A Multiple – Item Scale for Measuring Consumer Perceptions of Service Quality）一文中提出了 SERVQUAL 量表（如下表所示）。该表包含评价服务质量的 5 个基本要素（按重要程度排列为：有形性、可靠性、响应性、保证性和移情性）及 22 个衡量项目，客户从这五个方面将期望的服务和感知的服务相比较，最终形成自己对服务质量的判断。SERVQUAL 评价法通过对客户的服务期望和服务感知分别评价，然后计算二者的差值，从而得到最后的对服务质量的评价，即：

$$SERVQUAL 分数 = 实际感知的分数 - 期望的分数$$

评估整个企业服务质量水平实际就是计算平均 SERVQUAL 分数。假定有 n 个客户参与问卷调查，根据公式，单个客户的 SERVQUAL 分数就是其对所有问题的 SERVQUAL 分数加总，再除以问题数目；然后，把 n 个客户的 SERVQUAL 分数加一起除以 n 就是企业平均的 SERVQUAL 分数。

SERVQUAL 量表

基本要素	衡量项目
有形性	1. 有现代化的服务设施 2. 服务设施具有吸引力 3. 员工有整洁的服装和外表 4. 公司的设施与他们所提供的服务相匹配
可靠性	5. 公司对客户所承诺的事情都能及时地完成 6. 客户遇到困难时，能表现出关心并提供帮助 7. 公司是可靠的 8. 能准时地提供所承诺的服务 9. 正确记录相关的服务
响应性	10. 不能指望他们告诉客户提供服务的准确时间 [*] 11. 期望他们提供及时的服务是不现实的 [*] 12. 员工并不总是愿意帮助客户 [*] 13. 员工因为太忙以至于无法立即提供服务，满足客户的需求 [*]

续表

基本要素	衡量项目
保证性	14. 员工是值得信赖的 15. 在从事交易时客户会感到放心 16. 员工是有礼貌的 17. 员工可从公司得到适当的支持，以提供更好的服务
移情性	18. 公司不会针对不同的客户提供个别的服务 * 19. 员工不会给予客户个别的关怀 * 20. 不能期望员工会了解客户的需求 * 21. 公司没有优先考虑客户的利益 * 22. 公司提供的服务时间不能符合所有客户的需求 *

说明：* 表示对这些问题的评分是反向的，在数据分析前应转为正向得分。

在实际应用中，客户的期望是根据标记从"完全不必要"到"绝对必要"的 7 分制来度量的；同样，客户的感受也是根据另一个标记分别为"完全同意"到"完全不同意"的 7 分制来度量的。将客户对被评价公司的感受与客户对特定服务行业中优秀公司的期望进行比较，就可以得到五维度中每一个"差距分值"。差距越大，即服务质量的评价越低；差距越小，即服务质量的评价就越高。

（二）SERVQUAL 量表的应用

1. 使用 SERVQUAL 量表可以更好地理解客户的期望和感知

SERVQUAL 量表是一个简要的多项目评价方法，具有很好的可靠性和有效性。使用 SERVQUAL 量表可以更好的理解客户的期望和感知，从而提高服务质量。通过它的期望/感知问卷形式提供了一个基本的框架，该问卷包括了 5 个基本要素和 22 个主要测量项目。

2. 使用 SERVQUAL 量表可以较为准确地预测服务质量发展趋势

定期使用 SERVQUAL 量表，并与其他方法相结合，可以很准确地预测服务质量发展趋势。例如，对于一个零售商来说，利用 SERVQUAL 量表，同时配合服务人员对服务质量的看法以及调研客户对服务质量的评价，就可以有效地改进服务质量。

3. SERVQUAL 量表可以对服务质量进行全面的衡量

按照 5 个因素，通过对组成每一方面条款的不同分数进行平均来评价某一公司的服务质量；还能以所有 5 个因素平均分的形式，提供一个对服务质量的全面衡量。因为要想使感知问卷的条款回答的有意义，就必须要求回复者与被调查公司有一定的认识和经历。因此，SERVQUAL 问卷仅限于在公司现有的或过去的客户中调查。

4. SERVQUAL 量表可以把客户划分为若干不同的可感知部分

把一个公司的客户，以他们的单独 SERVQUAL 分数为基础，划分为若干不同的可感知质量的部分，例如高的、中的和低的。评分高的客户，且接受过本企业的服务，那这类客户成为企业忠诚客户的可能性就比其他类型的客户要高；大量选择中等的感知质量的 SERVQUAL 的回复者是该公司的主要客户。利用这些数据，公司的管理者就会更好地理解，哪些是他们的忠实客户、哪些是他们的主要客户、如何能改进客户眼中的企业形象。

5. SERVQUAL 分数可作为拥有多个零售单位的公司奖罚因素之一

SERVQUAL 量表可以对拥有多个零售单位的公司进行跟踪以确定各零售店所提供的服务水平。通过询问回复者，指出他们最熟悉的某个连锁商店，同时提供对那个商店的感知分数，然后，有关人员可把每个商店的 SERVQUAL 分数与其他商店的分数进行比较。此外，对于单独的商店，根据 SERVQUAL 分数对商店进行更细致的检验，可以解释哪些因素有利于商店提高服务质量，哪些因素会阻碍服务质量的提高。

6. 对于同一行业中不同企业的服务水平做出比较

零售商可使用 SERVQUAL 量表来识别在它的目标市场中最显著的服务质量方面，将这些具体的方面在优势和弱势上与它的竞争对手进行比较，使得企业对自身存在的优势和问题有清楚的认识。例如，一个商场在一个总体市场调查中有两个主要竞争对手，调查人员可要求回复者提供与之有过购买经历的竞争者的感知分数，据此分数与它的竞争对手在优势和弱势上进行比较。

 **案例启示**

美国航空公司几乎为所有的运营活动都建立了标准，并对这些标准进行定期检查，他们重复检验回复订票电话的时间、客户检票等候的时间、客户托运行李及登机的时间、飞机抵达目的地后开启舱门的时间、送食物上飞机的时间以及清除垃圾的时间。而麦当劳的营运标准手册则包含了 3 万多条行为标准，从擦洗地板的正确方式、冰淇淋机的操作规范到收银员的微笑，每一项标准都体现出麦当

劳尽力满足客户对高品质的食品、热情的服务、清洁的环境的期望的主导思想。

第四节　服务质量设计

一、服务质量设计的重要性

在日常生活中我们常会遇到这样的情形：节假日到超市购物肯定人满为患，到高档的餐馆就餐肯定得排队等位。这种现象的出现，可能短期会创造大量的收入；但因为服务忙而使服务质量降低，从长远看可能是有害的。因此，服务企业应该积极想办法去设计和管理服务。

在服务业中，"第一次就把事情做好"十分重要，这就要求企业具有良好的服务设计能力。卡尔·西威曾经说过，"服务质量的关键在于设计能让职员第一次就做好服务的系统"。由此可见服务设计在服务质量中的重要性。众所周知，麦当劳高品质的快餐、让人愉悦的设施环境和优良的服务都有严格的设计标准；花旗银行令人满意的服务也是来自于不断的服务设计与修正。

服务设计是一个规划过程，良好的服务设计将有利于降低企业的总体服务成本，提高企业的赢利能力。1993 年，Juran&Gryna 经过研究得出：由于质量设计不良而造成的成本占到了服务企业总成本的 25% ~ 35%。具体体现在：①服务质量问题导致客户满意度降低和客户流失，从而导致销售额减少，客户忠诚度降低；②客户流失导致服务人员工作状态不佳，并可能引发较高的员工缺勤率和流失率；③企业在服务失败之后，不仅需要处理客户抱怨，平息不满意客户事件等，而且为进一步吸引新客户和修复企业形象，还需要付出大量的额外成本。

企业应该一开始就以优秀服务质量的设计作为导向，不要在遭遇服务失败后，为挽救和保留不满意的客户才开始重视服务设计与质量改进工作。应该通过科学的设计达到客户满意的目标，而不是出现客户抱怨之后才着手弥补过失。

 **案　例**

有些游客喜欢清晨慢跑以消除时差造成的不适，而在一个陌生的城市跑步是很危险的。在东京帝国旅馆，这一要求被得以重视。它免费提供各种型号和尺寸的跑鞋以及详尽的地图，上面标明沿途的风景、地形和距离，极大地方便了游客；同时，帝国旅馆的服务员在游客走后的房间中发现任何私人用品，都必须保

存一定时期，包括垃圾箱里面的东西。此举旨在防止游客无意丢弃了有价值的物品。

二、服务质量设计的工具

在服务质量设计理论中，有许多具体的设计概念和方法，如质量功能展开、服务蓝图、集中服务包、田口式模型、Poka－yoke 法等。服务蓝图在第三章第七节中已作阐述，本章将重点讨论质量功能展开方法，同时对集中服务包、田口模型和 Poka－yoke 法进行介绍。

（一）质量功能展开

1. QFD 与质量屋

质量功能展开（Quality Function Deployment，QFD）是日本的赤尾洋二和水野兹两位教授经过多年的研究于 1991 年提出来的，是用来整理、研发及计划质量的一种方法。其主要功能是为了确保产品质量和创造有魅力的质量以满足客户。

QFD 所使用的工具是矩阵，又称为质量屋（House of Quality，HOQ）。质量屋作为服务设计的一种工具，能有效识别潜在的服务质量问题及其内在根源。通过质量屋实施质量功能展开是服务企业一种有用的工具。它可以帮助企业设计具体的服务产品，有助于预测服务失败，提高客户价值，降低企业服务总成本。

基于 QFD 的质量屋针对特定的服务产品，用一个直观的矩阵将客户需求与工程特点联系起来，用图示的方法将设计要求、客户需求、目标价值和竞争者状况联系起来，将客户满意转化为可识别和可测量的服务设计提供了一个框架，是一种能提高服务设计有效性的工具。由于这个矩阵框架的形状像一个屋子，因此被称之为质量屋。

质量功能展开（QFD）的核心思想是产品设计应该反映客户的期望和偏好，它是一套开发服务结构的方法，包括一套非常规范的操作指南，通过形象的质量屋手段将客户需求与服务设计特点连接起来，并且通过直观的图解形式将服务特征、客户需求和企业能力相互之间的关系有机地展示出来。

QFD 是一种整合的方法，它具有以下几个原则：

（1）QFD 技术在企业不同职能领域之间提出了一个共同的质量关注点，鼓励在人力资源管理、营销、运营和信息技术等决策者之间相互沟通，以便更好地理解各部门决策对于服务设计的意义；

（2）通过 QFD 技术，企业能够认识到所设计的服务特性之间潜在的权衡取舍关系。例如，使用 ATM 机进行交易能够提高效率，但对客户与服务人员之间的人际交往等需求会产生负面影响；

（3）QFD 技术是在客户需求驱动的情况下产生的，客户需求不仅决定了企业所设计的服务特性，而且决定了服务的传递过程；

（4）QFD 技术对于企业将服务接触和关键时刻分解，并开展深入的分析具有一定的作用。

2. QFD 质量屋设计过程

为了对 QFD 质量屋设计方法有一个整体的了解和把握，现对 QFD 规划全过程及其相应的管理决策进行简要的阐述。图 6-5 是运用质量屋开发新服务的一个完整的 QFD 过程，下面我们以银行业服务为例。

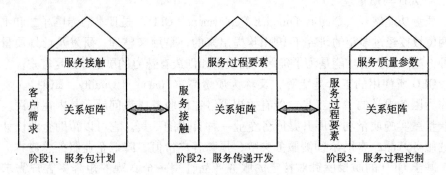

图 6-5　QFD 质量屋设计过程

阶段 1：根据客户需求界定服务包（是指在某种环境下提供的一系列产品和服务的组合）或服务概念，将客户需求与将要设计的关键服务接触连接起来。例如一个银行，可以根据目标客户的需求界定高接触的服务为服务的概念。在期望的服务接触中，客户能接受高品质的业务。关键的服务接触可能包括客户进入银行大厅、排号、办理业务、业务结束和离开银行大厅等环节。

阶段 2：确定特定的服务接触后，企业应确定在服务过程中应包括哪些基本的服务要素，以满足客户的需求。例如，银行工作人员在办理业务的接触中，其服务个性与水平将可能与服务人员配备、员工培训、客户定制化程度等有关。因此，在第二个阶段，服务企业必须针对第一个质量屋确定下来的每项关键服务接触开发下一个相对应的质量屋。例如，在第一个质量屋中，"客户关注性"可以定义为在办理业务时员工的响应性，而相应的服务过程可能包括舒适的大厅环境、办理业务程序、等待的时间等具体环节元素。

阶段3：将服务过程要素与服务质量控制步骤连接起来，通过质量控制服务过程，以保证客户在接触的关键时刻都能获得预期的满意。为达到此目的，服务企业对员工进行的质量控制培训应该包括阶段性的进修课程计划，例如，培训员工怎样以友善态度处理客户抱怨等相关课程等。

3. QFD质量屋的构建步骤

QFD质量屋的构建过程是将客户需求转化为企业提供物的一种有效手段。同时，质量屋的构建过程也是一种确保员工参与设计过程的有效方法，它有利于提高员工的共识和士气，有利于降低企业的总体质量成本，有助于企业创建持续性竞争优势。

下面以一家酒店的服务设计为例，对QFD质量屋的构建步骤进行详细的说明。假设某城市中档酒店中有A、B两家，其目标市场以商务旅客为主，这两家酒店彼此为竞争对手。如果现有一家酒店C，那么它如何在这一竞争市场中定位。整个质量屋的构建分成3个阶段，其步骤如图6-6所示，下面我们将对此加以阐述。

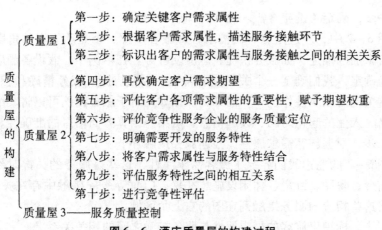

图6-6　酒店质量屋的构建过程

（1）质量屋1的构建。

确定旅客需求期望与相应的服务接触。这一阶段的主要任务是根据旅客的具体需求设计相应的服务接触，并把所有的服务接触整合起来，即企业将要为旅客提供的服务包（如图6-7所示）。

相关性 ■强正相关关系 □弱正相关关系 旅客需求属性		前台	餐厅	卧室	休闲设施	礼仪	门童
旅客期望							
服务快捷	快速服务	■	■	□	■	□	□
	等候较短	■	■		□	□	
	响应性	□			□	□	■
服务精确	价格与时间	■	□				
	相关信息	■	□				
态度友善	态度友好	■	□	□	□		■
	移情性	■	■	□			■

图 6 - 7　质量屋 1 的构建

第一步，确定关键旅客需求属性，即旅客期望。

在图 6 - 7 中，左边是旅客的需求，即旅客期望。企业从旅客的角度、以旅客的语言来加以描述，如服务快捷、态度友善等。在本例中，假设各酒店的地理位置已经确定，我们确定三个关键需求属性：服务快捷、服务精确和态度友善，再对这些关键需求属性作进一步的细分。比如，对于服务精确可以将其细分为房间的价格、入住的起止时间、设施信息、点菜、结算方面信息的准确性。

第二步，根据旅客需求属性，描述服务接触环节。

在图 6 - 7 的左边我们界定了旅客需求属性，这些是服务的关键时刻。假设在宾馆前台、餐厅、卧室、休闲设施、礼仪、门童等服务接触中存在关键时刻，因此，将这些相应的服务接触列在图的右上角区域。

第三步，标识出旅客的需求属性与服务接触之间的相关关系。

旅客需求属性与服务接触间的关系可以通过宾馆员工调查、焦点小组法、旅客调查、历史数据统计分析等方法获得。将旅客需求属性与服务接触联系起来，标识在图 6 - 7 的右下角。强正相关关系、弱正相关关系也可用 5 分制或 10 分制来表示。例如，服务快捷可通过餐厅的强正相关、卧室的弱正相关等来进行评估。这样，在第一个质量屋中，就对旅客需求属性与服务接触的关系进行分析和评估。

（2）质量屋2 的构建。

这一阶段的主要任务是确定各项服务接触，设计相应的服务过程元素，从而把所有的服务接触与相应的服务特性连接起来，如图 6 - 8 所示。

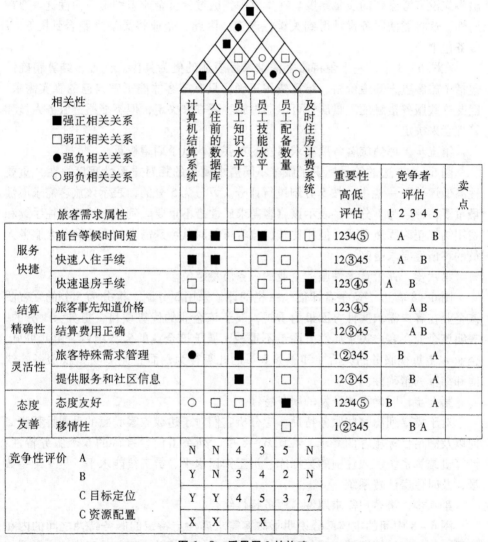

图 6 - 8 质量屋 2 的构建

215

第四步，再次确定旅客需求期望。

以酒店前台服务接触中的关键时刻为例，根据图6-8可分析出前台接待的四个关键旅客属性：服务快捷、结算精确性、灵活性和态度友善。这与图6-7中的旅客需求属性是一致的。服务企业通过分析接触层面的旅客需求属性，揭示出事先没有考虑到的质量维度。在本例中，通过分析企业识别出灵活性这一潜在属性，这将能使服务设计得到关键性改进。因此，企业将灵活性整合到图6-7服务包中来。

在图6-8中，左下角将旅客需求属性表述的更为具体。例如，结算精确性包括了旅客事先知道价格、结算费用正确。只有旅客才能了解自己的真实需求，因此这些服务接触的质量属性可以通过旅客调查来决定，但不能通过服务人员和管理者来决定。

第五步，评估旅客各项需求属性的重要性，赋予期望权重。

图6-8右边的符号标识了旅客不同需求属性的相对重要性程度。在"重要性高低评估"一栏中，按5分制进行评分。评分为5分的，表示该旅客需求属性最重要；评分为1分的，表示该旅客需求属性最不重要。例如，快速入住手续和费用结算正确固然重要，但相比较，旅客可能对其特殊需求的满足和前台服务人员的移情性要求更高。

第六步，评价竞争性服务企业的服务质量定位。

图6-8右边"竞争者评估"一栏的评估采用5分制。得分为5分的，表明该企业在客户需求属性方面最为重视，属于该企业的优势项目；得分为1分的，表明该企业在客户需求属性方面最不重视，属于该企业的劣势项目。由此可见，企业A更重视服务的灵活性和服务人员的礼貌行为；而企业B更重视服务的快捷和结算的精确性。

第七步，明确需要开发的服务特性。

对于需要列出哪些服务特性，应分析它们对于达成旅客满意的重要性程度如何以及满足目标旅客的需求。在图6-8中，列举了前台接待的6个服务特性：计算机结算系统、入住前的数据库、员工知识水平、员工技能水平、员工配备数量、及时住房计费系统。

第八步，将客户需求属性与服务特性结合。

图6-8中间的主体部分说明了旅客需求属性与特定的服务特性之间的内在联系。例如，结算费用正确与及时住房计费系统强相关，而与员工知识水平弱相关；而快捷服务与计算机结算系统之间存在着很强的正相关关系。不过，数据库

有时对旅客也会产生负面的影响，因为计算机结算系统的使用会大大降低服务人员与商务旅客之间的接触水平。因此，计算机结算系统与灵活性技术之间存在着很强的负相关关系，而与员工的友好态度之间存在弱负相关关系。

因此，在采用 QFD 质量屋设计技术时，服务企业必须慎重考虑目标旅客的评价意见，以明确是否需要采用计算机结算系统。如果在图 6-8 中"计算机结算系统"所对应的行都是空白的，那就意味着服务企业要对旅客需求属性进行重新评估，或者重新考虑服务传递过程设计。

第九步，评估服务特性之间的相互关系。

在评估服务特性之间的相互关系时必须考虑企业资源和成本（见图 6-8 屋顶部分）。员工配备数量与员工技能水平、计算机结算系统之间均存在很强的负相关关系。因此，在一定的成本条件下，企业是选择较多的低技能员工，还是选择较少的训练有素的员工；是选择较少的员工配备完善的计算机结算系统，还是选择较多的员工配备一般的计算机结算系统。服务企业必须进行权衡，并作出决策。

第十步，进行竞争性评估。

这一步骤的主要任务是进行竞争性评估，识别创建竞争优势的方向和战略资源配置的领域（见图 6-8 的右边）。旅客对竞争者评价较低但却很重要的服务特性，往往是服务企业创建战略性资源的潜在领域（见图 6-8 最下面"竞争性评价"部分），是目标定位和资源配置的领域。

在图 6-8 的底部，竞争者 A 没有选择"计算机结算系统"，我们在其所对应的那个方框里标上符号"N"；而竞争者 B 采用了"计算机结算系统"，因此，我们在 B 所对应的方框里标上符号"Y"。对于"入住前的数据库"一栏，竞争者 A 和 B 都没有采用。在员工的知识水平方面保持中等水平，二者评价分别为 4 分和 3 分。竞争者 A 企业和 B 企业都已经选择不重视前台员工的技能水平，二者评价分别为 3 分和 4 分。此外，竞争者 A 企业通过增加员工配备人数（在质量屋底部，A 企业的员工配备数量记为 5 分），加强员工与客户间的接触，这种额外的人员配备是以牺牲员工的技能水平为代价的；而对于 B 来说，其通过选择计算机结算的解决方案来进行服务传递，以减少人员接触。从竞争者 A 和竞争者 B 的目标定位可以看出，选择高技能水平的员工，并且运用计算机结算系统及数据库，对于服务设计来说具有战略意义。对于"及时住房计费系统"来说，尽管竞争者 A、B 都没有选择，但该方面对客户的重要性并不十分明确。对此，我们资源配置的战略方向是计算机结算系统、旅客入住前的数据库和员工技能水平三个方面（见图 6-8 中质量屋的最底部标记符号"X"的方框）。

（3）质量屋 3 的构建。

质量屋 2 的构建完成，表明质量屋服务设计过程已基本结束。但作为一个完整的服务设计过程，还必须考虑到服务的质量控制问题，即第三个质量屋的构建（如图 6-9 所示）。

相关性 ■强正相关关系 □弱正相关关系 ●强负相关关系 ○弱负相关关系			前台	餐厅	卧室	休闲设施	礼仪	门童
旅客需求属性								
旅客期望	服务快捷	快速服务	■	■	□	■	□	□
		等候较短	■	■		□	□	
		响应性	□		□	□	□	■
	服务精确	价格与时间	■	□				
		相关信息	■	□				
	灵活性	旅客特殊需求管理	■		■	□	□	
		提供服务和社区信息	□					■
	态度友善	态度友好	■	□	□	□		■
		移情性	■	■	□			

图 6-9　质量屋 3 的构建

为了保证有效地传递旅客所认为的很重要的需求属性，因此在第三个阶段，我们的主要任务是将第二个质量屋的相应服务特性，直接与服务过程和质量控制措施连接起来。例如，可以把建立和使用客户数据库看做是向目标旅客传递快速服务的一个重要因素。数据库的维护以及数据库的准确性是服务质量控制措施的一个关键内容。企业通过获得旅客个人信息、信用卡信息、旅客预订的房间价格、旅客离店具体日期与时间等，可以提高员工接待和结算的速度。服务企业还必须监控错误的根源以及错误发生的频率，并提供有效的质量控制。例如，如果在服务过程中出现服务失败或旅客抱怨，企业就应该将这些失败或抱怨加以整理，并为企业员工进行有效的培训，以提高他们应急处理的能力。

（二）其他服务质量设计的方法

1. 集中服务包

下面通过一个旅馆的例子来说明服务包。这是一个采用总成本领先战略的旅馆，其服务包括四个方面：

（1）支持设施。整个建筑物是由不需要维护的材料所构成的，每个房间都使用独立的空调，空调与供热系统分散化，保证一台空调的失灵仅影响到一个房间。

（2）辅助物品。房间里的家具耐用且易于清洗，使用一次性杯子、拖鞋等来代替需要洗刷的用品。

（3）显性服务。每个房间的外观都相同，使用标准化的方式来培训服务员。

（4）隐性服务。前台服务员外表友善、愉快，具有良好的人际沟通能力，通过进行标准作业程序训练，确保一致地对待每一位客人。

2. 田口式模型

这个模型是由田口的名字命名的，也称"超强设计"，保证在不利的条件下，产品或服务具有适当的功能。田口认为：产品或服务的质量可以通过持续满足设计要求而达到。对一个客户而言，产品或服务质量最有力的证明是当其被非正常使用时。

3. Poka - yoke 法

新江滋生首创了自动保险或校对差错的理念，以防止不可避免的差错发展成缺陷。Poka - yoke 来自于日文，意思是"避免"，就是一个程序中简单的嵌入式步骤，这个程序的每一步都得按顺序进行，也就是要做一个可标识差错的设备或流程。例如，医疗手术中就采用 Poka - yoke。外科手术的装置中有一个托盘，托盘上有很多缺口，对于特定的手术，其所需的全部工具都需放在这个托盘的缺口处。这样，在刀口缝合前，就能确认工具是否齐全，如果缺了某个工具，还可以确认到底少了哪个工具。

第五节　服务质量改进

案　例

曾率先倡导星级服务的上海东方商厦又推出"全方位服务"的新理念，"不购物也能享受服务”，“非营业员也必须提供服务”，即通过公司全体员工的岗位配合和协作，使每一位客户自始至终享受到周全、满意的服务。它要求对进入（或接近、路过）商厦的客户，不管购物与否，都提供服务；要求从高级管理人员到一线管理人员，从合同工到临时工，都必须直接或间接地为客户提供服务。作为上海首家中外合资零售企业，东方商厦的零售服务已走过了站立（微笑）服务、规范服务、星级服务、品牌服务等历程。在上海零售业普遍推行星级服务的情况下，东方商厦又推出了 10 项 100 条全方位服务标准，从大处着眼、小处着手，以最大限度地满足客户的需求。

一、服务质量改进的内涵

（一）服务质量改进的概念

1. 质量改进的定义

质量改进有多种定义，ISO 9004－4 中将质量改进定义为：为向本组织及其客户提供增值效益，在整个组织范围内所采取的提高活动和过程的效果与效率的措施。ISO 9000 族标准 2000 版中将质量改进定义为：致力于提高有效性和效率，企业为了不断地满足客户日益提升的市场需求和保持企业持续发展所进行的持续改进活动。我国国家标准 GB／T 6583－94 将质量改进定义为：为向本组织及其客户提供更多的实惠，在整个组织内所采取的旨在提高活动和过程的效益和效率的各种措施。质量改进具有三个特征：①质量改进能为企业和客户提供更大的效益；②提高质量管理活动和过程的有效性和效率既是质量改进的手段，又是质量改进的目标；③质量改进既可用于日常的改进活动，又可用于解决系统性质量问题的长远性改进，它适用于所有的质量管理活动。

2. 服务质量改进的定义

当然，质量改进的概念同样适用于服务质量改进。综合以上所述，我们可以把服务质量改进理解为：为提高客户满意、保持组织增益而进行的改善服务的特征和特性以及提高生产和交付服务过程的有效性和效率的活动。

（二）服务质量改进的原则

服务质量改进要遵循一定的原则，主要包括以下几项：

1. 过程改进原则

服务质量改进根本上是通过过程的质量改进而实现的。服务质量改进过程包括：改进模式的确定、改进组织和团队的建设、改进方案的制订、改进目标的评价以及改进过程的实施及监控。整个改进过程构成了一个质量改进环，质量改进环上每一过程都会影响整个服务质量的改进的结果。

2. 循环性原则

服务质量改进以已有的服务产品和服务过程为基础，对过程中涉及有关客户抱怨的问题进行原因分析，探讨解决问题的措施，征求客户意见后实施措施并评价其有效性。一个阶段的改进完成后即进入下一轮新的改进，继续寻找新的不足——新的改进——巩固……

3. 预防性原则

服务质量改进的关键应该是消除、减少服务质量隐患，防止出现服务失误、客户不满等问题，而不仅仅是事后的检查和补救。这就要求对影响服务质量的诸因素进行事前控制，如完善服务系统、提高服务人员素质、修正服务标准和制度、确立科学的、人性化的服务程序等方面来防止发生服务质量问题。

除了上面 3 点原则之外，还包括软硬件并重的原则、全员参与的原则、循序渐进的原则、持之以恒的原则、注重培训和奖励的原则等。

二、服务质量改进的意义

（一）服务质量改进可以有效地降低成本

服务业在成本方面的浪费会直接影响其利润的增加和持续发展。通过服务质量改进不仅可以减少因服务项目开发失败而造成的成本损失，而且还可以降低服务方面许多不必要的消耗。比如，通过对饭店灯光环境的改进可以节约能源耗费，通过对酒店客房的服务改进可以减少一次性物品消耗等。

（二）服务质量改进可以提高服务业市场反应能力

鼓励客户也参与到服务质量改进过程中，将客户的意见和需求作为改进开始时的因素，也可作为改进过程中的因素。确保客户的信息可到达改进过程中的每一环节，同时质量改进过程的信息也应及时反馈给客户，建立灵活迅速的市场反应机制。

（三）服务质量改进有利于重构企业的竞争力

一个具有竞争力的企业能够比其他企业更有效地向市场提供产品或服务来赢得利润。通过服务质量改进来改善服务质量，提高员工素质和能力。通过独特的设计、友好热情的服务、舒适的环境来吸引更多的忠诚客户，从而在一定程度上重新构建出区别于其他服务企业的竞争力。

（四）服务质量改进有利于提高服务质量管理体系的有效性

实施服务质量改进过程要涉及服务的各个方面、涉及服务的全过程。服务质量管理体系包括服务质量方针、服务质量目标、服务质量计划、服务过程控制、服务质量检验、服务质量审核、服务质量改进等过程。通过服务质量改进，可以测量和监控服务过程的各个方面、各过程的信息，可以发现服务质量管理体系的不足和缺陷，从而可以采取改进措施，不断完善服务质量管理体系。

三、服务质量改进模式

服务质量改进模式的构建应当结合上述所提出的改进原则。整个服务质量改进模式可分为六部分，分别为：管理者支持和承诺、客户信息、服务质量评价与分析、服务质量改进团队、服务质量改进实施和巩固及推广（如图 6 - 10 所示）。其中，客户信息为输入，效率提高和客户满意为输出，质量培训、质量体系、团队培训和奖励手段等都是支持系统。

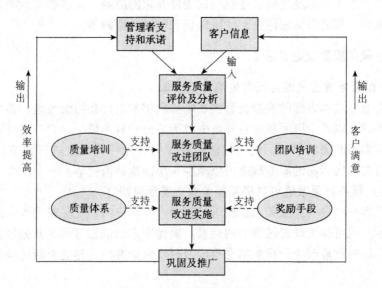

图 6 - 10　服务质量改进模式

（一）管理者支持和承诺

管理者掌握着人、财、物等资源的支配权，企业的任何一项决策和行动都需要得到管理者的支持才能实施和成功。管理者可采取多种支持和承诺行动，如建立高层团队研究、讨论；在企业的每一个层级上，与员工探讨服务质量改进；与某些服务质量改进的专家们交流。这样一来，将有助于开展服务质量改进过程。

比如，可以组成一个由总经理、总经理助理、副总经理等组成的服务质量改进团队。在该团队里，高层领导者必须要对本企业的服务质量目标、使命、价值观和关键过程达成一致。最高负责人需要取得其他成员对改进的认同。如果其他成员不支持这个项目的实施，那么这个项目也不能顺利地开展。

（二）客户信息的输入

客户需求是服务质量改进的重要输入。在传统理念中，服务质量改进与客户的需求严重脱节；而现代服务业意识到真正能促进服务质量改进的前提条件是应以满足客户需要为基础，把满足客户需求作为服务质量改进努力的重要部分。

客户满意是服务质量改进的宗旨和根本目的，同时，客户满意也是服务质量改进的主要输出（如图 6-10 所示）。服务质量改进还应强调要注重提高过程的效果和效率，实现企业自身效益的提高。在现代市场经济中，只有通过服务质量改进使客户体会到服务质量的提高，才能使其成为忠实客户并影响其他潜在客户，企业才能维持和扩大市场占有率。因此，客户满意与否是衡量一个服务企业服务质量改进的最重要的标准之一。

那么，如何获取和管理客户的需求信息呢？主要有三点：

第一，通过市场调查研究和访问客户等途径，识别客户（包括潜在客户）的需求，包括价格、可信性、可靠性、安全性、态度等要求。

第二，在服务质量改进过程中，可采用 SERVQUAL 量表测量客户对服务质量的评价，针对客户的不满意因素及时采取相应的质量改进措施。

第三，建立一个连续的客户信息反馈系统，对客户需求、客户满意程度的信息进行搜集、分析和反馈，加强与客户的联系，鼓励客户参与到服务质量改进的全过程。

（三）服务质量评价及分析

服务质量评价是进行服务质量改进的前提之一，有效的评价服务质量，可以确定问题的所在。一般服务质量评价的方式有三种：自我评价、客户评价和第三方评价。

1. 自我评价

按照已形成的服务企业质量文件并由能胜任的人员有计划地完成并记录归档称为自我评价。服务业依据服务质量标准对各个部门进行评价，同时也对服务人员进行评价。通过自我评价，可以明确服务的实际提供情况，可以不断修正以免引起客户的不满。

2. 客户评价

由服务的接受者来评价服务提供者的工作是最直接、最有效的。满足客户的需求是服务企业追求的目标。企业内各种设备设施、精美装饰、典雅气氛以及训练有素的员工，都是为了客户而设置的。服务企业应该从客户的角度出发，来发现企业所存在的服务质量问题，从而选定服务质量改进项目。

3. 第三方评价

企业服务质量的评价不仅包括自身评价和客户评价，还会受到社会和政府因素的评价，即第三方评价。第三方评价是指政府部门制定相应的服务质量政策法规，社会有关机构进行相关的评估。作为独立于供应方和需求方的评价主体，第三方评价是比较客观的，但第三方评价往往是在有限的时间内评价，因此多是注重于企业的硬件质量而非软件质量。

（四）服务质量改进团队的建立

服务质量改进团队的主要任务是改进服务质量。鉴于服务业服务质量改进受自身的特点及员工的素质和能力限制，服务质量改进团队应定位为一个为了解决某些问题而选拔和任命组成的小组。随着服务质量改进活动的不断深入，也可以采用由全体员工自主参与的非正式小组的形式。

服务质量改进团队需要有清晰的目标和明确的领导。应该设定几条规则，说明团队的日常工作内容以及如何选择成员。服务质量改进团队的运作是本模式运行过程中的关键部分。团队成员必须接受相同的质量改进教育，否则会因意见不同而争吵不休。因此，为有效地开展服务质量改进，必须加强培训。如服务意识培训、改进团队的培训等。通过培训，能使团队成员一步一步地建立起对服务质量的理解。

由于员工的流动问题，经过一段时间的改进活动之后，服务质量改进团队可能会更换新人，原来的成员也许只有有限的人员继续留任，因此会形成新的团队。所以，服务企业必须进行经常性的教育和培训，这样，新的团队才能继续进行服务质量改进，甚至发展出新的改进方式，带来更多的进步。

（五）服务质量改进项目的实施

服务质量改进团队实施具体的服务质量改进项目，可以按照 PDCA - S 循环并结合项目的具体特点而实施。在 PDCA - S 循环中，"S"是 Satisfaction（满意），PDCA 是计划、实施、检查、处理四个阶段。这四个阶段在服务质量改进项目中具体可分为八个步骤：选定项目、确定改进目标、分析各种因素、确认根本原因、制定措施、实施解决措施、检查和评价、总结与处理（如图 6 - 11 所示）。

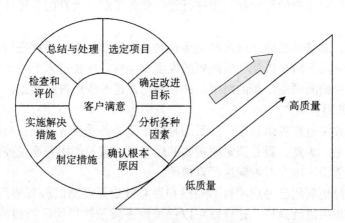

图 6 - 11　服务质量改进

第一步，选定项目。利用搜集到的客户需求和期望等信息，通过调查问卷、访谈等方法获得客户对服务质量的评价，结合自身状况，发现存在的差距，从而选定服务质量改进项目。

第二步，分析现状，发现问题，确定改进目标。要求服务质量改进团队在改进服务质量过程中，进行充分的调查研究和分析，认真了解客户的需求和层次，了解他们在消费中所碰到的具体问题，并通过改进加以解决。

第三步，分析影响服务质量问题的各种因素。同样的一项服务在不同的背景下有不同的具体表现，产生不同的服务质量。比如，客户素质的不同会影响服务质量；服务人员表现不同也会影响服务质量。因此，需要根据服务企业的实际情况确定服务质量问题的影响因素。

第四步，确认根本原因。找出影响服务质量的根本因素，结合客户对服务要素的不同重视程度进行分析。

第五步，针对根本原因制订解决措施和计划。在改进计划的制订过程中，应结合自身各种资源，与企业的相关部门进行沟通，使改进措施更利于实施。

第六步，服务质量改进措施计划具体实施。这是一个动态控制的阶段。要能够及时发现企业和客户的变化和反应，适时微调改进计划和措施，采用调查的方式来征求客户和员工的建议，保证改进计划的顺利实施。

第七步，检查和评价。改进计划实施以后，要及时记录改进过程中的反应和情况。检查改进过程中客户所提供的可用性资料以及改进计划中遇到的不利和有利因素，并且对客户的需求和期望进行进一步的了解，为新的改进计划的制订提供依据。

第八步，总结和处理。该阶段主要是对检查阶段发现的问题进行研究，提出措施并加以解决，防止以后类似问题的发生；同时，准备进入下一个循环，对于那些不能解决的问题提出新的对策，并在新的改进过程中进行实施。

（六）巩固及推广

对改进成果进行巩固和推广的目的是为了使服务质量改进项目所取得的成果能够持续下去。为此，服务质量改进团队应当设计有效的服务质量控制方法、防止差错的补偿措施以及对控制进行审核等。

为了更好地利用已完成项目的经验和更有效地开展新的服务质量改进项目，应该对项目成果进行推广。这样就可以保证服务质量改进团队所得成果的扩散，使同类问题得到有效的解决；也可以保证团队立即识别新的服务质量改进项目，促进企业的持续改进，最终达到把品质优良的服务展现给客户。

复习思考题

1. 如何理解可感知服务质量？
2. 试对服务质量差距模型进行分析。
3. 如何应用 SERVQUAL 量表？
4. 结合图形分析 QFD 质量屋的构建步骤。
5. 论述服务质量改进模式的构建。

第七章　服务补救

本章学习要求：

掌握：服务失误的相关性研究；服务补救的内涵；服务失误和服务补救的类型；服务补救与客户满意度的关系。

熟悉：服务补救模型中服务补救效益；客户服务资产与服务补救收益以及服务补救实施中的服务补救策略；实施服务补救的步骤。

了解：公平理论、期望失验理论、归因理论、社会交换理论在服务补救中的应用。

导引案例

旅客在从纽约飞往墨西哥的旅程中遭遇到的麻烦。这趟航班整整晚点 6 小时才起飞，在途中又意外地多停靠了两站，最后还在空中足足盘旋了 30 分钟才得以着陆。由于所有这些延误和不幸的意外事件，飞机的在途时间比计划长了 10 小时，机上的食品和饮料也消耗殆尽。飞机在凌晨 2 点抵达目的地时，又因着陆过急过猛，使得舱顶的氧气罩和行李纷纷震落。等到机舱门缓缓升起时，盛怒的乘客已被饥饿折磨得头昏眼花，并且认为他们的度假还没有开始就已被破坏了。

而梅德坎肯俱乐部针对服务过程中出现的失误进行了及时的补救，并最终赢得一群度假者的满意。

首先，旅客们刚刚下飞机，坎肯旅游区总经理带领一半员工就已来到机场，热烈欢迎晚点的旅客；

其次，坎肯旅游区总经理安排了一桌快餐和饮品，安装了音响设备播放轻快活泼的音乐，并在梅德俱乐部设下丰盛的宴会，加上墨西哥流浪乐队和香槟，烘托出宜人的氛围；

最后，当旅客拥向出口时，迎接他们的是亲人般的问候、行李的分担、称心如意的小车和开往度假地的客车；不仅如此，在梅德俱乐部，全体员工与其他客人一起夹道欢迎这些新入境者。

第一节　服务失误和服务补救

对于服务业而言，重复性的客户是公司重要的资产，而确保重复客户最有效的方式就是在每一次服务时提供符合或超出客户期望的产品或服务，但这通常是不易达成的。由于服务的无形性、异质性和不可储存性造成了服务提供与生产的高度不确定性，因此再好的服务公司都无法避免服务失误（service failure）的发生，追求服务零缺陷的目标是不可能实现的。然而服务失误会降低客户的忠诚度。不过，这并不表示公司就一定会失去客户，因为公司虽无法避免服务失误的发生，但即刻修复失误，一个良好的补救行动可以将生气且失落的客户转变成忠诚的客户。

一、服务失误的相关性研究

（一）服务失误的定义

服务与有形产品不同，与其说服务是一种产品，不如说服务是"一种行为，一种表现，一项努力"。因此，对服务失误的定义要比对有形产品缺陷的定义困难得多。著名的服务营销学者 Gronroos 将服务失误定义为不按客户的期望进行服务。Keaveney（1995）认为当客户对服务系统不满意时，服务失误就发生了。Smith（1998）综合了以上定义提出当服务提供者不能按照客户期望提供服务，并导致其不满意的时候，服务失误就发生了。服务失误发生与否与客户的感知密切相关，当客户对服务绩效的感知小于服务期望时，客户就会不满意，亦即发生了服务失误；若客户没有感知到绩效和期望之间存在负向差异，就不会感到不满意，也就没有发生服务失误。

（二）服务失误的原因

在整个服务过程中，服务传送与服务提供者是不可分离的，从服务传送的第一次接触到最后一次接触的过程中，都有可能发生服务失误，从而给客户产生不好的影响。

造成服务失误的原因是非常复杂的，既有服务提供者的原因，也有客户自身的原因，还有随机因素的影响。

1. 从服务提供者的角度分析

服务质量差距的变化是造成服务失误的最重要的原因。我们所说的服务质量差距包括 5 大类，蔡特哈姆尔等人将其归纳为所谓的服务质量差距模型之中：①管理者认识上的差距；②服务质量规范的差距；③服务交互的差距；④营销沟通的差距；⑤客户感知服务。造成这些差距的原因既有技术方面的，也有服务过程方面的。衡量服务质量的 5 大影响因素的变动都可以加大或缩小这些差距。例如，服务传递过程中一线员工的保证性、响应性、移情性等都会影响客户感知服务质量。当任何一个差距过大时，就形成了服务失误。当然，有些服务失误是直接面向客户的，而另一些服务则只是内部的服务失误。但我们绝对不能忽略内部失误，因为内部失误是可以向外部失误转化的。

2. 从客户的角度分析

由于服务具有生产与消费的同时性特点，所以，在很多情况下，客户对于服务失误也具有不可推卸的责任。例如，在客户的服务期望中，既有显性的，也有隐性的，还有模糊的期望。在有些情况下，客户无法正确地表述自己的服务期望，由此而形成的后果是服务结果的失误。而服务结果一旦失误，再好的服务过程都不会有任何的意义。例如，一个理发的顾客如果不能准确地说出他所期望的发型，那么，这个服务过程是注定要失误的，理发师的微笑和良好的服务不会具有任何意义。

3. 随机因素的影响

在有些情况下，随机因素也会造成服务失误。例如，货轮在海上遭遇风浪而造成货物损失、股票操作系统故障而给客户带来的经济损失等。由于随机因素，特别是不可抗力造成的服务失误是不可控因素，所以企业服务补救的重点不是在服务结果的改进上，而是如何及时、准确地将服务失误的原因等信息传递给客户，并从功能质量上予以有效的"补偿"。与有形产品不同，许多服务是不可以重新生产的。就像一个人去理发店，如果头发理得一塌糊涂，无论是服务提供者（理发师）还是服务接受者对此都是无能为力的。服务提供者所能做的只是尽量给客户从精神上和物质上予以补偿，并力争在下一个服务流程中杜绝此类事情的发生。

对于服务失误的研究，不同的学者有着不同的观点（如表 7 - 1 所示）。

表 7 - 1   不同时期学者的相关性研究

学者	年份	相关内容
Bitner	1990	研究发现当客户感觉服务失误的原因,可归因于企业,而且也可能再度发生时,客户会提高不满意的程度;而员工解释、提供补偿及实体环境等均会影响客户对服务失误的归因
Bitner, Booms and Tereault	1990	从服务接触的观点来探讨客户不满意的关键事件,并将其分成三类:(1)服务传递系统失误;(2)客户的需求或要求员工反应;(3)员工的行为
Bower	1991	服务是"品质、合理价格、良好服务"的综合体
Bitner	1992	认为服务的实体环境会对员工与客户造成影响,环境的构成包含了(1)环境状况;(2)空间;(3)标志
Goodwin and Ross	1992	服务和消费同时发生,服务传送与服务提供者不可分了,所以在传送的任何一个接触点若产生失误,均会使得客户产生负面的反应
Bitner, Booms and Mohr	1994	以 CIT 的方法从旅馆、餐厅及航空公司员工的观点做调查,将 744 项关键事件分为:(1)服务传递系统的错误;(2)客户的需要或要求员工反应;(3)员工的行为;(4)有问题的客户行为。研究显示在不满意的部分:员工的角度认为是"有问题的客户行为";客户则认为是"员工的行为"
Kelly and Davis	1994	服务失误应从时间、严重性、频率三个构面来加以深入探讨。失误会发生在客户与服务人员任何接触点;而失误的严重性,可以是微不足道或者是非常严重的
Boulder et al	1996	针对瑞典航空公司及美国航空公司,综合员工及客户观点,将服务失误事件分为:(1)在机场发生的服务失误;(2)在航空器内发生的服务失误
David and Adrian	1998	以航空乘客为研究对象发现,服务失误会加速乘客对公司的承诺信任度的急速下降。在乘客的信赖方面,初期虽不会急速下降,但若公司持续发生失误或是补救不满意情形,则在中后期还是会急速下降
Smith bolton and wagner	1999	以美国餐饮业和旅店为例:服务失误可以由两个变量来决定:服务失误的类型(过程失误与结果失误)和服务失误的严重性:根据这两个变量可以将服务失误描述为四种模式:不严重结果性失误、严重结果性失误、不严重的过程性失误和严重过程性失误

（三）服务失误与客户的反应

1. 服务失误对客户的影响

服务提供者的目标是提供完美的服务，但由于服务的特点，不可能十全十美，总是存在一些服务失误或问题。除了尽量避免服务失误外，服务提供者还应清楚地了解服务失误造成的影响和客户可能的反应，以便制定相应的对策。

服务质量是客户感知的质量。这种感知包括两部分：技术/结果要素和功能/过程要素。服务失误的结果可能是：①结果没有达到客户的期望；②过程没有达到客户的期望；③结果和过程都有让客户不满意之处。

无论哪种情况的服务失误，客户都没有享受到其所期望的服务。

当出现服务失误或服务问题时，客户感到不满意，这会给客户造成两种影响：实际问题和情感问题。

（1）服务失误对客户来说意味着经济上的损失，客户为获得服务付出了各种成本，不仅包括客户为服务所支付的费用（短期可见成本），而且包括关系成本——直接关系成本、间接关系成本和心理成本等，在有些情况下，由于服务失误，客户可能还会面临一种选择其他服务提供者的机会损失；

（2）出现服务失误后，客户可能会产生焦虑、挫折或懊悔的感觉，失望、愤怒等情感，会影响客户的服务体验或对服务质量的感知，会影响到客户原有对服务提供者的感知。例如，Maute&Dube（1999）采用心理模拟的方式，调查了客户在遇到核心服务失误后的情绪反应和购后的满意与行为意愿。通过聚类分析，他们发现客户对服务失误有 4 种不同类型的情绪反应：平静的/容忍的、敌对的/愤怒的、吃惊的/担心的、无动于衷的/没有情绪的。这 4 种不同情绪反应的客户在对满意的判断、退出行为、抱怨的表达、口碑和忠诚意愿等方面存在明显的差别。所以，在面对服务失误时，服务管理人员不仅要考虑服务失误给客户带来的经济损失，还应特别重视给客户造成的精神或心理损失，后者对客户后续行为的影响不可忽视。

除了经济和精神上的影响外，服务失误还会改变客户的期望、信任、与企业之间的关系强度等。例如，通过比较客户对初始服务和服务补救的期望，PBZ（1991）发现，服务失误会使客户对适当服务的预期提高，造成容忍区域变窄甚至消失。

2. 服务失误与客户的反应

客户对服务失误的 3 种可能反应如表 7 - 2 所示。

表 7 – 2	客户对服务失误的 3 种可能反应
1. 投诉	投诉是客户与服务的提供者或者其他人进行交流，述说自己的不满意
2. 退出	退出意味着客户不再继续与服务组织交往，停止使用服务组织的服务
3. 报复	报复是客户认真思考后，决定采取行动损害服务组织及其未来的业务

对于企业来说，客户的第二种和第三种反应都是极为不利的，这些面对不满意采取消极态度的客户更是一种潜在的威胁，因为，不采取行动的不满意客户最不可能再次光临。因此服务组织就有必要尽量诱导客户做出第一种反应，即投诉。

根据面对服务失误所引起的不满意，不同的客户的行为是不同的（如图7 –1所示）。我们可根据客户对服务失误的反应不同将客户划分为 4 种类型（如表 7 –3 所示）。

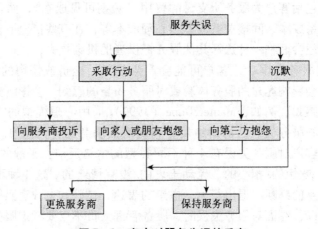

图 7 – 1　客户对服务失误的反应

表 7 – 3	客户的 4 种类型表现
（1）发言者。这类客户更愿意向服务人员投诉，但不大可能去做负面宣传或向第三方投诉，也不太可能改变服务商。对于服务组织来说，这应该算是最好的客户，他们主动投诉，使组织认识到了服务传递中存在的问题，并有加以改正的机会	（2）消极者。这类客户极少会采取行动，不大可能对工作人员或者第三方投诉。他们经常怀疑投诉的有效性，并认为花费时间与精力去投诉不值得

续表

（3）发怒者。这类客户更倾向于向亲朋好友作负面宣传并更换服务商，但一般不向第三方投诉。他们也愿极力向服务商投诉并远离市场，取而代之的是转向其竞争对手	（4）积极者。这类客户的特点是向可能投诉的各方面进行投诉，他们向服务商投诉，向亲朋好友投诉，向第三方投诉，并更有可能远离市场

3. 客户投诉（或不投诉）的原因

客户投诉（或不投诉）的原因如表 7 - 4 所示。

表 7 - 4　　　　　　　　客户投诉（或不投诉）的原因

投诉者	不投诉者
（1）投诉会有积极的结果，能获得补偿并对社会有益	（1）投诉是无效的，是时间和精力的浪费
（2）客户应该得到公平对待，有权获得良好的服务	（2）补救无效，不相信服务商的补救行动
（3）失误是可以弥补的	（3）不知道投诉的方式
（4）投诉是一种社会责任	（4）认为服务失误对自己的影响不大
（5）喜欢投诉，认为是个性	（5）感到某些失误可能是由于自己的原因造成的

4. 客户投诉时的期望

客户面对不满意花费时间和精力采取投诉行动时，他们的期望最主要的是正义和公平，即能够得到迅速而公平的补偿。这种公平主要体现为结果公平、过程公平和相互对待公平。

（1）结果公平。补救的结果或得到的赔偿能与客户的不满意水平相一致。也就是说客户希望自己遭受的损失能够至少得到对等的补偿，同时希望企业能够平等地对待每一位客户。赔偿的形式一般有：货币赔偿、正式道歉、未来的免费服务、折价等。

（2）过程公平。过程公平是指投诉渠道畅通，投诉方便，并能快速处理。

企业应设有明确的投诉受理部门和方便客户的投诉政策。客户希望第一位接受投诉的员工能够全程负责，并希望在明确的期限内得到快速处理。如果客户不知道向谁投诉或各个部门相互推卸责任或应付拖延，客户就会感到迷惑不解或受到轻视。过程公平的特点是清晰、快速、无争吵；相反，不公平的特点是含糊、缓慢、拖延、不方便或要求必须提供证据等。

（3）相互对待公平。客户希望有礼貌地和诚实地对待客户的投诉。如果客户在投诉过程中，感到企业及其员工对客户的遭遇漠不关心，并表现出勉强或不耐烦的态度，客户会感到自尊心受挫而愤怒，即使投诉已经得到迅速解决，客户也会感到强烈的不公平。

二、服务补救的内涵

（一）服务补救的内涵

服务领域中的"补救"一词，最早由英国航空公司在其"以客户为先"的活动中首次提出。他们把服务补救（Service Recovery）定义为：组织为了抵消由于服务失误或者因失误而产生负面影响的努力。Gronroos（1988）给出了一个一般性的解释："服务补救是指服务提供者应对服务失误所采取的行动。"在随后的研究文献中，不同学者对服务补救的概念有不同的表述。总体看来，对服务补救的定义大致可以分为两类：一类是基于客户抱怨的服务补救，一类是基于服务失误的服务补救。

1. 基于客户抱怨的服务补救

Hart 等人（1990）认为服务补救是企业用来解决客户抱怨，并通过抱怨处理建立对企业信赖的策略；Zeithaml 和 Bitner（1998）指出，服务补救是服务性企业在对客户提供服务出现失误的情况下，对客户的不满和抱怨当即做出的补救性反应，其目的是通过这种反应，重新建立客户满意和忠诚。

2. 基于服务失误的服务补救

Johnston（1995）强调服务补救是服务企业探寻和处理服务失误的前瞻性行为；tax 和 Brown（1998）指出服务补救是一种管理过程。它首先要发现服务失误，分析失误原因，然后在定量分析的基础上，对服务失误进行评估并采取恰当的管理措施予以解决；Smith 等人（1999）认为补救服务也包括修复那些出现了服务失误但客户没有抱怨的情形。

可见，二者的不同之处在于，第一类服务补救行为以客户抱怨为前提，在服务流程没有结束之前，对服务过程中的失误进行即时性补救；第二类定义则认为许多不满意的客户并不抱怨，而且大部分不满意客户的抱怨行为是勉强的。因此，此类服务补救强调对服务系统中可能导致服务失误或已经发生失误的环节进行补救，它不仅包括第一类服务补救，还涵盖对服务补救需求的事前预测。由此可见，对于服务补救的解释，第二类定义是广义的，而第一类则是狭义的定义。

服务补救与传统的客户抱怨处理存在本质的不同。狭义的服务补救与传统的客户抱怨处理虽然都是建立在客户抱怨的前提之下，但在处理时机上，客户抱怨处理是在服务流程结束后，由专门的部门负责解决；而基于客户抱怨的服务补救，在行为上强调抱怨处理的即时性，即在服务流程尚未结束时就立即加以解决。另一方面，广义的服务补救特别强调服务补救需求的事前预测，说明服务补救在态度上具有主动性，已经使其与客户抱怨处理得以严格区分。因此，无论广义还是狭义的服务补救都和传统的客户抱怨处理截然不同：客户抱怨处理是事后管理行为，服务补救则强调事前和事中控制，具有即时性和主动性。客户抱怨处理虽然一定程度上反映了企业的客户导向，但本质上是一种关注内部效率的管理措施；而服务补救则关注外部效率，完全建立在客户导向的基础之上，着眼于与客户建立长期关系。

服务补救的相关研究如表 7 - 5 所示。

表 7 - 5　　　　　　　　　　　　　服务补救的相关研究

学者	年份	相关内容
Firnstahl	1989	指出客户希望前缘人员即被授予解决问题的能力
Hart et al	1990	指出一半以上对于客户抱怨的努力，实际上只是增加了客户对服务的负面反应
Hart Heskettand Sasser	1990	虽然补救行动是因为服务失误而仓促进行，但这样的行动通常会对客户评价及行为有正面的影响，并可加强客户与组织间的联结；对公司而言重新解决问题对于客户满意有很高的报酬
Reichheld and Sasser	1990	客户对于服务的满意和问题之解决有密切的关系，而问题的重新解决可视为公司的正面、负面声誉及客户的保持之主要因素
Halstead and Page	1992	研究发现对于抱怨结果满意的客户有较高的再购意愿
Power	1992	提出公司增进 20% 之客户保留（customer retention）在利润上的影响和减少 10% 的成本是相同的

续表

学者	年份	相关内容
Boulding et al	1993	指出失误若发生在客户与服务组织关系的早期，会因为客户较没有之前的成功经验来抵消这个失误，将对客户对组织的整体评价有较重的影响
Blodget et al	1993	指出服务补救的效果直接与客户公平感知的水平相关
Kelley and Davis	1994	研究指出客户对于服务补救的期望会受到认知的服务品质及组织的承诺之影响
Christo	1996	以飞机乘客为研究对象，研究发现客户抱怨回应的时间与满意度成反比；服务补救对客户满意有一定的影响，但并不是客户满意的必要条件
Tax and Brown	1998	研究中提出服务补救的四个阶段为：①确认服务失误；②解决客户问题；③服务失误的沟通与分类；④整合资料与改善整体服务
Smith. Boltonand wagner	1999	在 Hart et al（1990）的基础上增添了一个维度：补救的主动
郑绍成	2000	研究发现服务补救会对客户购买意图产生影响，而给予客户实体补救之客户满意效果大于只有口头道歉
Miller et al	2000	主要提出服务补救的检视程序。程序中说明服务补救的期待会受到失误严重性、认知的服务、客户忠诚度以及服务保证的影响。补救的方式有：实质性及心理性两种，至于前缘人员的授权及补救的速度会影响补救的结果，而补救的结果则会表现在客户的忠诚度及满意度上

　　2007 年 3 月，福建福州机场边防检查站建立了一套涵盖服务承诺、服务规范、通关速度、旅客验放量、被投诉率及旅客满意度等内容的服务量化评价机制，对一线检查员服务作出客观、公正、科学的评价。这个站邀请政府部门、口岸联检单位、旅行社、外资企业代表及经常出入口岸的旅客担任社会监督员，并定期主动联系沟通，及时了解情况、听取意见，将服务工作纳入社会各界的监督范围，增强服务量化评价机制的透明度。同时设计了"服务补救"系统。当执勤人员出现服务失误时，相关责任人迅速推出补救服务，使旅客了解投诉渠道，

力争将因服务失误所带来的负面影响减少到最低限度。此外，还构建了服务质量跟踪监督机制，建立执勤人员服务态度观察表，对现场执勤人员的服务态度、礼节礼貌提出要求，对服务作出反馈。

（二）服务补救的意义

实行服务补救对于企业的生存和发展具有极其重要的意义：

1. 能使现有客户满意、争取新客户，维持并培养客户的忠诚度。企业经营的目的就是为了使客户满意，客户的抱怨投诉恰恰为公司的经营指明了方向。重视客户的抱怨，并积极探索解决客户抱怨的方式方法，进行及时的服务补救，维持客户的忠诚度，这是企业开展客户满意经营的核心和精髓。对于所购买的商品或服务持不满态度的客户当中，提出怨言并对企业进行服务补救的结果感到满意的客户，其再次购买该商品或服务的比例，比虽然感到不满却未采取任何行动的人的比例要高得多。

2. 进行服务补救能使企业发掘问题，改进缺点，促进业务合理化，达到降低成本、实现赢利的目标。客户的抱怨对企业既苦口，同时又是良药。客户抱怨是一种重要的市场信息，显示了企业的弱点。通过分析客户抱怨的原因，进行服务补救，解决客户问题，就能促进服务业务流程的合理化，提高企业运作效率，从而降低企业的经营成本，提高赢利水平。

3. 进行有效的服务补救可以避免引起更大的纠纷，树立企业良好的形象。大的纠纷往往因小的抱怨而起。当客户向企业提出抱怨时，企业如果处理不善，则很可能促使客户向消费者权益保护机构或大众传媒表达自己的不满，给企业造成重大的公共关系危机。

（三）服务补救的原则

虽然服务不可以重新生产，但恰当、及时和准确的服务补救可以减弱客户不满情绪，并部分地恢复客户满意和忠诚度，极个别情况下，甚至可以大幅度提升客户满意度和忠诚度。美国消费者办公室经过研究发现：在批量购买中，未提出批评的客户重购率为9%；抱怨未得到解决的为19%；抱怨得到解决的为54%；抱怨得到快速解决的，其重购率达到了82%。由此，在服务补救过程中，有几个原则是必须遵循的：

1. 不能与客户争执。我们的目的是为了倾听事实，进而寻求解决之道。争论只会妨碍聆听客户的观点，不利于缓和客户的不良情绪。争论的结果只会激化矛盾，让已经不满意的客户更加不满意，而我们的职责是拉回那些已经产生不满的客户。

2. 处理的时间越早，效果越好。服务失误发生后，应该在第一时间处理；时间越长，客户的伤害就越大，客户的忠诚度就会受到严重的考验。所以必须制定相应的制度，以加强管理。

3. 发现并改正服务失误是服务提供者无法推卸的责任。

4. 要使得客户能够轻松、容易地进行投诉。

5. 让客户随时了解服务补救的进展情况。

6. 建立有效的服务补救系统，要授权员工解决服务失误。

在这个系统中，得到授权的一线员工和具有客户导向的管理者的作用举足轻重。

 **案　例**

王先生帮住在深圳某三星级酒店 1202 房的住客段先生结账。酒店按惯例请客人交回钥匙，因王先生不是住客，不清楚段先生究竟有没有带走钥匙，便致电联系段先生，但是联系不上。

于是，王先生希望酒店查找一下段先生有无将钥匙存放在酒店。酒店工作人员先后两次查找，都没找到。这样，王先生只好很不情愿地付了钥匙赔偿金。

最后，经酒店仔细查找，发现 1202 房钥匙存放在酒店，客人并没有带走。

【评析】

这个案例反映出酒店有关工作人员不够细心，没有找到钥匙，同时也应该提高处理问题的技巧，做好补救措施。

有时候难免会发生工作失误，但是补救措施做得好，仍然可以使客人感到酒店的诚意。酒店应该给客人写一封致歉信，并退还赔偿金，欢迎客人下次光临，并给予一定的优惠。

在处理类似事情时，酒店可以考虑采取一些补救办法。在找不到钥匙的情况下，询问客人可不可以留下联系方法，如果住客是交回了钥匙，酒店就将钱退还给客人，客人也许就不会觉得那样不情愿了。

三、服务失误和服务补救的类型

（一）服务失误的类型

服务失误一般可以分为三种主要类型：对服务提交系统失误的反应；对客户需求和请求的反映；员工自发而多余的行动（如图 7-2 所示）。

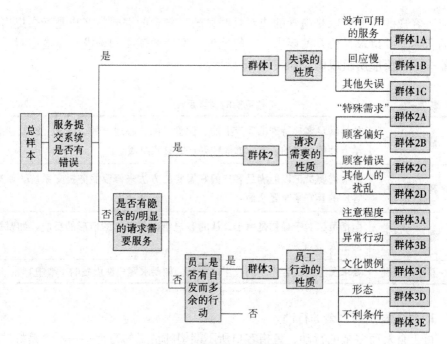

图 7 - 2 服务失误的分类过程

1. 提交的系统失误

提交的系统失误，是指公司提供的核心服务中的失误。一般的，服务提交系统的失误是由员工 3 种类型的失误所组成的（如表 7 - 6 所示）。

表 7 - 6	员工的 3 种类型失误
1. 没有可使用的服务	通常是指那些通常可用，但现在缺少或没有的服务
2. 不合理的缓慢的服务	是指那些客户认为在执行他们的职能时特别慢的服务或员工
3. 其他核心服务的失误	包括所有其他核心服务上的失误

这种分类有意地划分得比较宽，目的是反映不同行业所提供的各种核心服务。

2. 对客户的需要和请求的反应失误

对客户的需要和请求的反应失误，包括员工对个别客户的需要和特别请求的反应。客户的需要可以是隐含的或者是明显的。隐含的需要，客户是不会提出请求的；明显的请求是公开的要求。一般地说，客户的需要和请求是由员工对 4 类可能失误的反应所组成的，如表 7-7 所示。

表 7-7   **4 类可能的失误反应**

1. 特殊的需要	包括满足客户特殊的医疗上的、饮食上的、心理上的、语言上的或社会学方面等困难的请求。如照顾客户的民族习惯
2. 客户的偏好	反应需要员工以能满足客户偏好需要的方法来修改服务提交系统。如按客户的喜好来布置店面
3. 客户的错误	包括员工对于最初是由于公认的客户错误所引起的情形的反应。如票据的丢失
4. 其他的混乱	要求员工解决客户中间发生的混乱。如要求客户在就餐时不要喧哗

3. 员工自发而多余的行动

员工自发而多余的行动，是指客户所不期望的员工的行为——不论是好的还是坏的。这些行动既不是客户通过请求提出来的，也不是核心的提交系统的一部分。这类失误中还可以分为 5 类：①注意程度；②异常行动；③文化惯例；④形态；⑤不利条件。

（二）服务补救的方式

服务补救方式可以按选择时机的不同分为三种，即属于被动的服务补救方式的管理角度的服务补救、属于主动的服务补救方式的防御性服务补救和属于超前的服务补救方式的进攻性服务补救。我们可以利用机场中行李丢失的例子来说明这个问题。一个三口之家乘飞机到海边度假，到达目的地后发现行李丢失了，他们随身携带的只有一些换洗衣服，在这种情况下企业显然应当对其进行补救。

1. 管理角度的服务补救方式

机场管理人员为客户填写行李丢失单，然后象征性地给客户一点补偿金，然而这个家庭认为这点钱连支付度假费用的零头都不够。管理人员告诉客户他们只能在度假结束后向航空公司正式提出意见。从例中可以看出，这种方式不是在服务失误发生后立即在服务流程尚未结束时加以解决，服务补救被作为一个单独的服务片断，列在主服务片段之后。这种服务补救方式与传统的客户抱怨处理是基本相同的，忽略了由服务失误所造成的客户情绪问题，这直接影响到客户感知服务质量，即使客户在事后得到了完全和合理的赔偿，也难以轻易消除该事件给客户感知服务质量造成的负面影响。

2. 防御性服务补救方式

机场管理人员会告知客户他们可以自己先垫钱购买所需之物，等假期结束后机场有关部门会予以报销和补偿。在服务流程设计中，服务补救仍然是一个独立的情景，但是被纳入到服务情景之中。出现服务失误后，不等整个服务流程结束，客户也不必到规定的部门去提出正式的意见，问题就会得到解决。但是，这种模式之所以称其为主动服务补救方式，是因为它要求客户自己解决问题，而正式补救措施只能以后实施，尽管这个流程也被列入到总的服务片段之中。

这种模式与前一种模式有相同的弊端：没有充分考虑客户的情绪。应让客户从一开始就清楚，他们能够放心地去购买自己所需之物。通过这种补救，也许可以挽回服务失误对客户感知服务质量的不良影响。

3. 进攻性服务补救方式

航空公司会在出现服务失误的现场立即解决问题。管理人员可以提出各种不同的补偿方案，如在该度假地的一些指定商店中购买他们的所需之物，费用由航空公司支付。服务失误在出现后立即被解决，而不是等到服务过程结束之后。服务补救已经成为服务流程中一个不可分割的组成部分。

按照这种补救方式，客户的情绪问题可以得到较好的解决。客户会为服务提供者的补救行为感到惊喜，客户感知服务质量很可能比没有遭遇到服务失误时还要高。

这3种不同的服务补救方式对客户感知服务质量产生了负面或正面的影响。当客户感知服务质量低于期望水平时，客户就会不满意；良好的服务质量应至少等于或大于客户期望的服务质量水平，只有这样才能满足客户的期望。可接受的服务质量是最起码的要求，如果企业想让客户满意甚至愉悦，这就远远不够了。由于客户满意水平和客户忠诚之间并不总是强相关关系，它们之间存在着一段质量不敏感区，在此区域尽管客户的满意水平较高，但客户不一定再次接受企业的服务，只有当客户的满意水平非常高时，客户忠诚才会出现。根据日本的一项小问题补救的调查显示，在声称对公司的服务补救感到"非常满意"的客户中继续购买该公司产品的有95.8%；而对服务补救感到"一般"的人，其再次购买的比率为86.2%。因此，服务补救仅仅使客户满意是不够的，应该为客户提供超越其期望的客户价值，使他们感到"惊喜"，才可以提高客户的忠诚度。

四、服务补救与客户满意度的关系

（一）客户满意度

根据 ISO 国际标准化组织 TC176 的定义，客户满意（Customer Satisfaction，CS）是客户对其要求已被满足的程度的感受。客户满意度是一个综合的概念，它包括了客户对企业所提供产品的实现过程、使用过程乃至产品生命周期结束时处理过程的各个方面的综合感知，如对产品的品牌形象、包装、功能特性、价格、交货期、质量、售后服务、所接触企业人员的态度等过程的综合印象。它取决于消费者所理解的一件产品的性能（服务过程的规范化）与其期望值的比较。如果低于客户的期望，客户便不会感到满意；如果性能符合期望，购买者便会感到满意。

（二）服务补救与客户满意度的关系

虽然服务失误会造成客户不满，但很多研究表明，合适的服务补救能够重拾客户的满意度水平（Goodwin and Ross，1992）。出色的服务补救努力甚至能引起"服务补救悖论"，即使经历了服务补救的客户获得了比遭遇服务失误之前更大的满意度；而与此相反，糟糕的服务补救不仅不能提高客户满意度，还能造成客户的"双倍震荡"，使客户的满意度比没有实施补救前更低。

在服务补救情境下，公平理论视角似乎尤其适合解释满意度感知是如何形成的。因为客户通常在经历服务失误时都会感知到某种程度的不公平。与公平理论观点一致，几位学者也曾指出过公平和满意度之间存在正向关系（Oliver and Swan，1989；Seiders and Berry，1998）。也就是说，企业以公平的方式补救它们的失误会提高客户的满意度感知。客户在服务失误和补救后的满意度在某种程度上依赖他们在补救过程中对公平的感知。服务补救水平影响客户对公平的感知，因此，客户的满意度会随着服务补救努力的水平而改变。

第二节　服务补救模型

测算服务补救的成本与收益是服务补救系统的一项重要功能，它可以帮助服务的提供者决定是否采取服务补救措施以及进行服务补救的强度。计算客户的终生价值和客户资产有利于服务的提供者在服务失误发生时，作出迅速准确的判断。

一、服务补救的效益

客户是企业尤其是服务企业的赖以生存和发展的源泉。有效的服务补救可以降低客户流失率，提升客户满意度，从而为企业提高经济效益。

（一）服务补救的收益

客户的维系率是服务补救成功的一个重要标志。服务补救的收益是指由于采取服务补救的措施，减少了客户的流失率，而为企业赢得的收益。服务补救的收益主要包括：老客户购买企业的服务而为企业带来的效益；同时，它还包括企业为了获取新客户或潜在客户而付出的成本。通常来说，服务补救的收益主要包括以下几个方面（如表7-8所示）：

表7-8	服务补救的收益主要包括的方面
基本利润 R_1（base profit）	利润是客户支付每次购买产品或者服务的价格与企业成本的差额。客户维系的时间越长，获取利润的时间也越长，企业为获取该客户的投入自然就值得
营业成本节约收益 R_2（cost saving）	企业的老客户会参与到企业的运营与管理中，可以为企业减少服务支出，降低企业的成本。在逐渐熟悉了公司的各种产品之后，客户便不再过多地依靠公司员工来了解情况、获得咨询
推荐购买利润 R_3（referral）	企业的忠实的客户在对企业提供的服务满意时，会向他人推荐企业的服务，这样不仅给企业带来了新的客户收入，同时又节约了企业的营销成本
关联销售收益 R_4（cross selling）	随着企业与客户关系的建立，客户对企业利润的贡献会逐渐加大。忠诚的客户常常能附带购买企业所提供的其他产品或服务，也会从购买廉价产品转到购买高档产品，从而使企业的收入不断增加
客户获取成本 R_5（acquisition cost）	获取一位新客户的成本是维系一位老客户成本的5~6倍。由于服务补救降低客户的流失率，因此所节约的客户获取成本即是服务补救的收益之一。客户获取成本包括针对新客户展开的广告宣传费用、向新客户推销所需的佣金、价格优惠折让损失、销售人员的管理费用等，还有时间与精力的投入

溢价收益 R_6 （premium price）	所谓溢价是指与正常竞争条件下所确定的市场价格相比所高出的那部分价格，企业可以通过影响客户的质量服务期望来获得溢价。在许多行业，老客户比新客户更愿意以较高的价格来接受企业的服务，因为，对于老客户来说，良好的价值足以弥补由较高价格所增加的支出。服务补救有可能将流失的客户维系，进而使其转变成忠诚的客户，从而获得溢价收益

从总体上分析，服务补救的收益即为以上六个方面的收益之和：

$$R = R_1 + R_2 + R_3 + R_4 + R_5 + R_6$$

（二）服务补救的成本

服务补救的主要产出是客户满意度、忠诚度及客户的维系率。服务补救的成本与较低的不满意客户流失率有密切的关系。评估和了解服务补救的成本最有效的办法即是建立服务补救管理的质量成本模式，对服务补救质量成本的进一步细分，有利于分析各成本项目对服务补救措施的贡献程度。

Julan 于 1980 年首先提出了质量成本的概念，他认为质量成本是指为了保证质量所花的费用与质量不合格造成的损失之和，并将质量成本划分为 4 类：预防成本、检查成本、内部失误成本及外部失误成本。服务补救属于服务质量管理中的一个重要环节，因此，服务补救的成本可以按照如图 7 - 3 所示的方式进行划分。

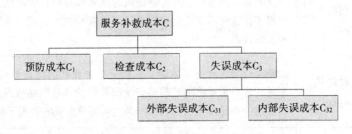

图 7 - 3　服务补救成本的划分

1. 服务补救预防成本 C_1

为防止因再度发生服务失误或客户对服务再次不满意，而产生的客户退货、抱怨、负面口碑等有形或无形的损失，因此，在采取服务补救措施前，服务的提供者为了确保服务补救工作的质量，需要采取的一些预防措施而付出相应的成本。

2. 服务补救检查成本 C_2

检查成本主要是用于确保服务补救过程中，能够按照有关的计划或满足客户的需求而发生的有关费用支出。

3. 服务补救失误成本 C_3

由于服务失误或客户再度不满意，而产生的内部失误与外部失误成本，如再补救、再次重新提供服务、客户抱怨及负面口碑宣传等成本。所谓外部失误成本是指产品已经售出后或服务已经提供给客户后，由于发现了失误而发生的成本；而内部失误成本是指在服务让渡过程中发现了失误而导致的成本。

服务补救成本中具体支出如表 7-9 所示。

表 7-9　　　　　　　　　　　　　服务补救成本中具体支出

服务补救 预防成本 C_1	服务补救系统书面文件的制作、交流与分发
	服务部门主管或更高层管理人员在预防工作之上的额外投入
	服务补救质量稽查工作
	服务人员工作现场有关服务运作方面的培训
	服务补救质量保证工作，如绩效衡量、服务流程控制等
服务补救 检查成本 C_2	验证供应商所提供服务的服务用品质量
	检查及确保服务补救过程中所形成的服务质量是否符合原先指定的标准
	分析服务补救过程中服务工作是否符合质量标准的报告
	搜集、整理相关信息的成本，如客户抱怨记录、服务质量工作记录等
服务补救 失误成本 C_3	处理客户再次抱怨以及再次重新提供服务所发生的成本
	对不合格的服务进行补偿的成本
	服务（产品）的可靠性成本，如保险和赔偿等
	客户因不满意导致愿意再次购买本企业服务而形成的需要其他的营销手段以重新改变其印象的成本
	若与客户发生有关法律方面的纠纷，因此所造成的司法成本
	由于客户不满意导致的负面宣传而造成的丧失获取潜在客户的机会收益
	服务系统设计不合理所造成的成本

二、客户资产与服务补救收益

服务补救活动的实质是为了挽回企业的损失，增加企业的利润。决定是否需要进行服务补救以及服务补救的投入强度，就必须计算服务补救措施采取后，该客户能为企业带来的净收益。如果收益大于或等于零，就可以决定采取相应的服务补救措施。在进行服务补救效益评估时，是否需要进行服务补救与服务补救的投入强度，是需要解决的两个基本问题。

（一）客户生命周期

客户关系具有周期性，在整个过程中，企业与客户建立关系总会经历开拓期、基础期而建立业务关系，经过成长、成熟、衰退以致终止业务关系。一般来说，客户生命周期的示意图如图 7－4 所示。

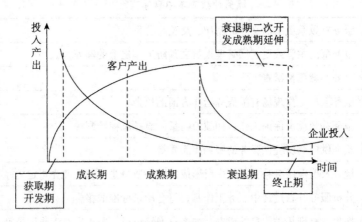

图 7－4　客户生命周期

客户生命周期是与客户资产、客户终生价值密切相关的概念。客户生命周期概念是从产品生命周期演变而来的，但对企业来讲，客户的生命周期要比产品的生命周期重要得多。客户生命周期是客户关系生命周期的简称，指客户关系水平随时间变化的发展轨迹，它描述了客户关系从一种状态（一个阶段）向另一种状态（另一阶段）运动的总体特征。

客户生命周期是指从客户开始对企业进行了解或企业想要吸引客户开始，直到客户与企业的业务关系完全终止且与之相关的事宜完全处理完毕的这段时间。客户的生命周期可分为潜在客户期、客户开发期、客户成长期、客户成熟期、客户衰退期、客户终止期共 6 个阶段。在客户生命周期不同阶段，企业对客户的投入、客户对企业的贡献是不相同的。

1. 潜在客户期

当客户对企业的业务进行了解，或企业欲对某一区域的客户进行开发时，企业与客户开始交流并建立联系，此时客户已进入潜在客户期。这是一个探索和试验阶段。在这一阶段，双方考察和测试目标的相容性、对方的诚意、对方的绩效，考虑如果建立长期关系双方潜在的职责、权利和义务。双方相互了解不足、不确定性大是这一时期的基本特征，评估对方的潜在价值和降低不确定性是这一阶段的中心目标。因客户对企业的业务进行了解，企业要对其进行相应的解答，某一特定区域内的所有客户均是潜在客户，企业投入是对所有客户进行调研，以便确定出可开发的目标客户。此时企业有一定的投入成本，但客户尚未对企业做出任何贡献。

2. 客户开发期

当企业对潜在客户进行了解后，对已选择的目标客户进行开发时，便进入客户开发期。此时企业要进行大量的投入，但客户对企业的贡献很小甚至没有。

3. 客户成长期

形成期关系的快速发展阶段。双方关系能进入这一阶段，表明双方相互满意，并建立了一定的相互信任和交互依赖。在这一阶段，双方从关系中获得的回报日趋增多，交互依赖的范围和深度也日益增加，逐渐认识到对方有能力提供令自己满意的价值（或利益）和履行其在关系中担负的职责，因此愿意承诺一种长期关系。在这一阶段，随着双方了解和信任的不断加深，关系日趋成熟，双方的风险承受意愿增加，由此双方交易不断增加。此时客户已经开始为企业做贡献，企业从客户交易获得的收入已经大于投入，开始赢利。

4. 客户成熟期

稳定期关系发展的最高阶段。在这一阶段，双方或含蓄或明确地对持续长期关系作了保证。这一阶段有如下明显特征：①双方对对方提供的价值高度满意；②大量的交易。此时企业的投入较少，客户为企业做出较大的贡献，企业与客户交易量处于较高的赢利时期。

5. 客户衰退期

当客户与企业的业务交易量逐渐下降或急剧下降，客户自身的总业务量并未下降时，说明客户已进入衰退期。此时，企业有两种选择，一种是加大对客户的投入，重新恢复与客户的关系，确保忠诚度；另一种做法便是不再做过多的投人，渐渐放弃这些客户。企业两种不同做法自然就会有不同的投入产出效益。

6. 客户终止期

当企业的客户不再与企业发生业务关系，且企业与客户之间的关系已经理清时，意味客户生命周期的完全终止。此时企业有少许成本支出而无收益。

定义客户生命周期的长度为 T，潜在客户期、客户开发期、客户维系期、客户成熟期、客户衰退期、客户终止期的长度分别为 T_1、T_2、T_3、T_4、T_5、T_6；相应地，企业的投入与客户对企业的贡献即企业的收益分别为 C_i、R_i（$i \in \{1, 2, \cdots, 6\}$）。

为了便于计算，将服务成本做了区分（如表 7 – 10 所示）。

表 7 – 10　　　　　　　　　　服务成本的区分

客户获取成本（Acquisition Cost）	企业进行的投资，以便吸引客户并使之满意，包括市场营销、广告宣传以及为了获取新客户而进行的投资的支出等
客户发展成本（Development Cost）	企业用来加强或维持现有客户关系价值的支出
客户维系成本（Retention Cost）	为延长客户关系持续的时间，降低客户不满意度，或重新激活客户等支出

上述成本指标间的关系可用表 7 – 11 表示。

表 7 – 11　　　　　　　　　　成本指标的关系

客户资产（CE）	客户每期购买量（Q）
	客户每单位购买的税后利润（π）
	客户生命周期（购买流的持续期）（$t = 1, 2, \cdots, n$）
	客户获取、发展、维系的成本（A, D, R）
	贴现率或资金成本（i）

一般来说，客户资产 = 客户终生价值 – 客户获取成本 – 客户发展成本 – 客户维系成本。

用公式表示为：

$$CE = \sum_{t=1}^{n} Q_t \pi_t d^t - \sum_{t=1}^{n} (D_t + R_t) d^t - A (5-1)$$

式中：$d = 1 / (1+i)$

如果考虑客户在其生命周期内购买或再购买的概率，则上式将变为：

$$CE = \sum_{t=1}^{n} P_t Q_t \pi_t d^t - \sum_{t=1}^{n} (D_t + R_t) d^t - A (5-2)$$

式中：P_t 表示客户购买（再购买）的概率

从上述模型中，可以得出客户资产最大化的一些基本原则：①如果从某个客户那里得到的现金流的预期净现值大于或等于获取成本，那么就投资去获取这个客户；②可以通过提高购买量、购买利润和延长购买流的持续期来增加客户资产；③对发展和保有客户进行投资，直到购买量、利润和持续期的改变所引起的客户资产增加的边际值等于为此而支出的成本。

在计算客户资产时，需要注意以下三点：

第一，所有的客户生命周期是等长的，不同类别的客户生命周期 t 单位时间的收益是均等的。

第二，就服务补救而言，在实际操作过程中，与客户接触的一线员工主要根据客户的类别决定是否采取服务补救措施。

第三，根据企业单个客户生命周期 t 时间内的终生价值来计算企业的客户资产是所有客户在其生命周期£ 时间内（如某一年）的收益，所需的计算工作量较庞大；但对某一类客户而言，其生命周期£ 时间内的平均收益的相关数据是容易取得的。

（二）客户终生价值的计算

1. 客户终生价值（CLV）的定义

传统的营销模式中，企业注重以产品为中心，目的是销售产品，其营销过程是一个静态的过程，客户价值就等于销售额。而以客户为中心的营销模式，是一种动态的营销过程，不单单是为了实现产品的销售，更看重的是客户关系的建立和巩固。此时的客户价值不仅包括销售额，也包括其对需求的贡献，可以看做是当前销售、终生潜在销售预期、需求贡献、信用等级、利润贡献的总和。当然，企业为了吸引客户，保持与客户之间长期稳定的关系，同样需要花费成本，这样两者之间就存在差值。目前，CLV 正越来越多地被应用到一般营销领域，因为随着 IT 技术的迅速发展，许多公司开始拥有愈来愈完整的包括交易数据在内的客户数据，过去不可能实现的对客户行为的追踪和理解现在变得可能和容易。综观有关客户终生价值的文献，发现当前对于它有各种不同表述的定义（如表7-12 所示）。

表7-12 对客户终生价值的不同理解

年份	作者	对客户终生价值的理解
1985	Barbara	客户当前以及将来所产生的货币利益的净现值
1989	Dwyer	客户在与企业保持客户关系的全过程中为企业创造的全部利润的现值
1994	Jackson	企业期望未来从客户身上用全部费用获得的收益和利润的净现值，他强调了企业客户价值的成本和费用问题
1994	Pearson	企业在向消费者进行产品和服务的提供以及对消费者的承诺及履行的过程中，所产生的成本和费用带来的未来收益和利润流入的净现值
2000	Hughes Arthur Kotler	企业在客户生命周期内在同客户连续交易中获得的全部收益的净现值之和；或者是在一定时期内，企业在同某个特定客户的一系列的交易中获得的全部收益减去全部成本后的总剩余

可以看出在客户终生价值的具体含义上，一种观点是将收益定义为利润流，一种观点是将收益定义为客户在企业降低经营费用和增加利润上的收益，这两种看法其实并无太多的差异。

2. 客户终生价值的计算

对企业而言，测算客户的终生价值不仅可以帮助企业识别有价值的客户并与之建立长期稳定的关系，更主要的是，它是衡量企业通过实施客户关系管理吸引客户的投资回报率的有效方法。

客户终生价值（CLV）的测算采用了依据未来收益计算当前价值的方法。这一方法类似于财务分析中的年金现值的计算。为了简化，假设一个客户每个阶段给企业带来同样的收益，并持续到未来的某个时间。因此，一个客户的终生价值可表示为：

$$CLV = CPCV + CPAV = R \times [1 - 1/(1+i)^n]/i$$

式中：

CPCV——企业提供给客户的核心产品（或服务）为企业所带来收益的当前值；

CPAV——企业提供给客户的附加产品（或服务）为企业所带来收益的当前值；

R——每一时间单位（一般以年计）从客户那里获取的收益；

i——贴现率；

n——客户生命周期。

例：假设客户与公司保持交易的时间：$n = 6$ 年；客户第一次购买的产品（服务）价格：$P_0 = 4000$ 元；公司期望每年从每个客户处增加的收益：$r = 600$ 元；利率（一般指贷款利率）：$i = 10\%$；根据公式有：

$$CPCV = P_0 + r \times [1 - 1/(1 + i)^n]/i$$
$$= 4000 + 600 \times [1 - 1/(1 + 10\%)^6]/10\%$$
$$= 6643$$

又如，客户初次消费后，又购买了 300 元的商品或服务，企业希望每年客户都花这 300 元。这时，所增加的客户附加价值为：

$$CPAV = 300 \times [1 - 1 \backslash (1 + 10\%)^6]/10\% = 1307$$

所以，该客户的终生价值（CLV）就是：

$$CLV = CPCV + CPAV = 6643 + 1037 = 7680$$

从以上计算中可以知道，该客户的终生价值是 7680 元。如果这个客户不再和企业发生交易，企业首先损失 7680 元；其次，因为不满意，这个客户会使企业的商誉受到损害。如果损害系数仅为 10% 的话，企业的附加损失为 7680 × 10%。这样，企业每失去一个客户，就直接损失 7680 ×（1 + 10%）= 8448 元。

实际上，企业的损失远不止如此。正常情况下，这个客户离开企业不是无缘无故的，原因是企业的产品或服务出现了问题；客户也不是很随意就离开企业，他们是在寻求解决方案却没有得到企业满意的处理之后，终于失去了耐心。假定客户不满意时的投诉率为 5%，如果企业收到了 25 次投诉，说明共有 500 个客户不满意。这 475 个不满意的客户给企业的市场带来了损害，它们给企业带来的损失是 8448 × 475 = 4012800。再假定 25 个投诉的客户中，有 80% 得到了满意的答复，则剩下的未得到满意答复的客户给企业带来的损失是 8448 × 25 ×（1 - 80%）= 42240。两项之和，即企业的市场预期损失为 4017020 元。

（三）客户的识别与分类管理

1. 基于客户终生价值的客户价值细分

经过对现有客户数据的分析、整理，基本上可以做到识别每一个具体的客户，可以从客户信息中找到有多个方面相同或相似的客户群体，而且这些不同的客户群体对企业的重要程度、对企业的价值是不同的。所以对客户加以分类管理是非常重要的。

客户细分（Customer Segmentation）是指按照一定的标准将企业的现有客户划分为不同的客户群。Sunzaane Dormer 认为：正确的客户细分能够有效地降低成本，同时获得更强、更有利可图的市场渗透。

客户对公司的价值（简称客户价值）是客户细分的首要依据。因为客户保持是需要付出代价的，公司必须首先根据客户价值分配公司有限的资源，然后才能在一定资源预算的范围内根据客户的不同特点，设计和实施不同的客户保持策略。客户终生价值（CLV）是判别客户对公司价值大小的标准。基于 CLV 的客户细分称为客户价值细分。构成 CLV 的客户当前价值和客户增值潜力是客户价值细分的两个具体维度，每个维度分成高、低两档，由此可将整个客户群分成四组，细分的结果用一个矩阵表示，称为客户价值矩阵（Customer Value Matrix）（如图 7 - 5 所示）。

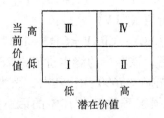

图 7 - 5　客户价值矩阵

上述 4 类客户中，Ⅳ类客户对公司最有价值，为公司创造的利润最多；Ⅲ类客户对公司的价值次之，也是公司的利润大户。根据 Pareto 原理，Ⅲ、Ⅳ两类客户在数量上不大，约占 20%，但为公司创造的利润却要占总利润的大约 80%，常说的"最有价值客户"指的就是这两类客户。Ⅱ类客户属于有潜力的客户，未来有可能转化为Ⅲ类客户或Ⅳ类客户，但就当前来说带给公司的利润很薄；Ⅰ类客户对公司价值最小，是公司的微利或无利客户。Ⅱ、Ⅰ两类客户在数量上占了绝大多数，约占公司客户的 80%，但它们为公司创造的利润大约只占公司总利润的 20%。

2. 客户资源配置和保持策略

价值细分将公司的客户群分成 4 种类型。作为客户价值细分的应用，下面将讨论针对每类客户的相应的客户价值管理策略。

（1）Ⅰ类客户：该类客户的特点是当前价值和潜在价值都很低，不具备赢利可能，因此该类客户对公司最没有吸引力。以下客户可能属于这一类：

①偶尔下一些小额订单的客户；

②经常延期付款甚至不付款的客户（高信用风险客户）；

③提出苛刻客户服务要求的客户；

④定制化要求过高的客户。

对这类客户，公司不投入任何资源，宜采用"关系解除"策略。比如，采用高于市场价格的定价策略、拒绝不正当要求等，任其流失，甚至鼓励其转向竞争对手。

（2）Ⅱ类客户：该类客户的特点是低当前价值，但具有高增值潜力。一个业务总量很大，但本公司目前只能获得其很小业务份额的客户就属于这一类。从客户生命周期的角度看，这类客户与公司的关系可能一直徘徊在潜在期或开发期前期，双方都没有建立足够的信任和相互依赖关系。如果改善与这些客户的关系的话，在未来这些客户将有潜力为公司创造可观的利润。对这类客户，公司应当投入适当的资源再造双方关系。如通过不断向客户提供高质量的产品、有价值的信息、优质服务甚至个性化解决方案等，提高对客户的价值，让客户持续满意，并形成对公司的高度信任，从而促进客户关系顺利进入成熟期，进而获得客户的增量购买、交叉购买和新客户推荐。

（3）Ⅲ类客户：该类客户的特点是具有高的当前价值和低的增值潜力。从客户生命周期的角度看，这类客户可能是客户关系已进入成熟期的高度忠诚客户，它们几乎已将其100%的业务给了本公司，并一直真诚、积极地为本公司推荐新客户，因此未来在增值销售、交叉销售和新客户推荐等方面已没有多少潜力可供进一步挖掘。但是，这类客户对公司十分重要，是仅次于下面第Ⅳ类客户的一类最有价值客户。公司花了很大代价才使客户关系进入成熟期，现在正是公司从它们身上获取回报的黄金季节（根据生命周期经济学的分析结果，成熟期客户创造的单位时间利润是最高的），因此公司应保证足够的资源投入，千方百计地保持这类客户，绝不能让它们转向竞争对手。当然要保持住这类客户并非轻而易举，公司必须持续不断地向它们提供超期望值，让它们始终坚信本公司是它们最好的服务提供商。

（4）Ⅳ类客户：该类客户既有很高的当前价值又有巨大的增值潜力，是最有吸引力的一类客户。如上面第Ⅲ类客户一样，这类客户对公司高度忠诚，已将其当前业务几乎 100% 地给了本公司。与第Ⅲ类客户不同的是，这类客户本身具有巨大的发展潜力，它们的业务总量在不断地增大，因此这类客户未来在增量销售、交叉销售等方面尚有巨大的潜力可挖。第Ⅳ类客户是公司利润的基石，如果失去这类客户将伤及公司的元气，因此公司需要将主要资源投入到保持和发展与这类客户的关系上，对每个客户设计和实施一对一的客户保持策略，不遗余力地做出各种努力保持住它们。如，充分利用包括网络在内的各种沟通手段不断主动地与这类客户进行有效沟通，真正了解它们的需求，甚至它们的客户的需求，进而不仅为它们优先安排生产、定制化产品和服务、提供灵活的支付条件、安排最好的服务人员，而且为它们提供能为其带来增益的全套解决方案。总而言之，公司必须持续不断地向它们提供超期望价值，不仅让它们始终坚信本公司是它们最好的供应商，而且要让它们认识到双方的关系是一种建立在公平基础上的双赢关系。表 7 – 13 给出了 4 类客户的资源配置和保持策略。

表 7 – 13　　　　　　　　　　　**4 类客户的资源配置和保持策略**

客户类型	客户对公司的价值	资源配置策略	客户保持策略
Ⅰ	低当前价值，低增值潜力	不投入	关系解除
Ⅱ	低当前价值，高增值潜力	适当投入	关系再造
Ⅲ	高当前价值，低增值潜力	重点投入	全力维持高水平的客户关系
Ⅳ	高当前价值，高增值潜力	重中之重投入	不遗余力保持、增强客户关系

客户是公司最重要的资产，是市场竞争的焦点，客户保持对公司的利润有着惊人的影响，客户保持率一个小小的提高就能导致利润可观的改善。消费者忠诚度方面的专家 Frederik F. Reicheld 的研究表明，客户保持率每增加 5%，利润将会提高 25% 以上。由此可见，客户保持对公司的赢利能力有着惊人的影响。然而，客户保持的目标不是追求零流失，也不是说最大化客户保持率就等同于最大化企业的利润。布雷托法则认为 20% 的客户创造了企业的 80% 的利润。当一个组织开始关注客户给自己带来的利润情况时，很多人意识到布雷托法则应该改为：80% 的客户带来 120% 的利润。而另外的客户非但没有带来利润，并且是在吞噬着企业宝贵的资源。如果没有这部分客户，公司的赢利会更好一些，或者至少可以进一步加强与更有利可图的客户的联系。确定哪些是企业应该保持的客户，对有效地开展客户保持、增强赢利能力有着重要意义。

因此，客户细分是保证企业成功实施客户保持的关键，根据客户价值细分的结果，公司必须首先确定每类客户的资源配置策略，然后在预算的资源范围内针对每类客户的不同特点，设计和实施不同的客户保持策略。只有这样，才能牢牢留住那部分对公司最有价值的客户，并把那些有潜力的当前低价值客户在未来转化为高价值客户；而对那些不论是现在还是将来都对公司无利可图的客户则鼓励其转向竞争对手，从而最终达到以合理的代价实现公司利润的最大化。

（四）服务补救的客户资产风险

计算客户资产时往往会带来一些风险，主要包括以下三类：

1. 模式识别错误，包括把优质客户误识为低价值客户或者相反。一般来说，出现前者时企业将损失客户资产，出现后者可能带来业务上的严重损失。当我们把一个风险客户引入时将会造成严重的资产风险。

2. 客户流失，即客户转化为对竞争性品牌的购买。

3. 客户欺诈。

第三节 服务补救实施

一、服务补救策略

策略是为了达到某种目的，对可运用的资源加以调配所采取的一种手段。由于服务的无形性的特点，使得服务管理工作不易进行，需要通过服务补救来补偿服务失误造成的影响，一个有效的服务补救策略可以提高客户的满意度和忠诚度。

服务补救作为企业整体策略中的一部分，是围绕建立客户关系过程中对服务失败和服务问题的处理而进行的，是服务提供者在面对服务发生缺陷及错误时所采取的措施。

在服务系统中，即使是最全面、有效的服务作业，也无法消除服务传递过程中出现的错误。因此，服务提供者应建立一套完善的服务补救策略。

许多研究也表明：正式、规范的服务补救的整体效果要远远强于随意、不规范的服务补救。因此，服务企业有必要形成自己的正式、规范的服务补救策略。虽然各类服务企业的性质各不相同，但仍然可以归纳出普遍使用的补救策略。

（一）普遍适用的服务补救策略

1. 服务补救策略"链"

针对服务补救中的复杂状况，Zeithaml 和 Bitner（2000）总结了若干企业成功的服务补救策略。沿着服务补救的过程，他们归纳了一条服务补救策略"链"，包括：

（1）避免服务失败，尽量一次做好。可靠性是服务中的重要因素，不必补救就是最好的补救策略。争取首次做好，这是服务质量最重要的量度标准。让每个员工都了解服务可靠性的意义，并激励和培训员工在每个关键时刻和每个微小细节为客户提供可靠的、优质的服务。企业应通过统计分析控制服务过程，降低服务失误出现的概率。

（2）欢迎并鼓励客户投诉。将客户纳入服务质量监测系统非常必要，客户的投诉可以帮助企业改进服务质量，并提供更多有价值的信息。企业应该利用各种渠道主动搜集客户投诉信息，并采取措施鼓励和方便客户的投诉，降低客户投诉成本。

（3）出现服务失败或问题时快速行动。服务失败后，企业反应越快，传递给客户的信息越早，越可能成功挽回失败。

研究表明，如果立刻处理客户的投诉，企业可以留住 95% 的客户；相反，如果企业不理睬客户的投诉，会有 50% 的客户离去。反应速度和时间是挽回失败的关键。这要求服务组织建立合适的快速行动系统和程序，并向员工授权。

第一个接受客户抱怨的员工要对客户负责到底，直到解决问题。最好是直接和客户会晤或通电话，这样可以有效地得到客户的反馈。需要对员工进行培训和授权，主要是授权一线员工，并培训其补救技巧。

（4）服务补救中，公平地对待客户。这是有效补救的必不可少的部分。为了使客户在服务补救中感到公平，就必须采取一系列具体措施处理服务失败（如表 7 - 14 所示）。

（5）从服务补救的过程中学习。从补救过程中学习，消除服务失误。通过分析识别服务传递系统中存在的缺陷，改进服务系统，减少服务失误的隐患。

（6）从失去的客户身上学习。有效补救的一个重点是弄清楚有多少客户离去，离去的真正原因是什么，客户转移到了哪里。这有助于避免未来失误的发生，防止更多的客户离去。

表 7 - 14　　　　　　　　　具体处理服务失败的措施

道歉	服务补救开始于向客户道歉。道歉表示服务组织意识到自己的失误可能给客户造成的损失，这对客户意味着过程公平。向客户表达歉意的方式可以是口头的、书面的、私下的、公开的，等等
纠正	在大多数情况下，客户提出投诉意见时，企业马上给予纠正即可。有时要进行超值纠正，即企业不仅纠正服务缺陷，而且采用其他方式给予客户奖励或补偿
移情	应该对客户的失望和愤怒表现出理解，这是成功的服务补救的必要因素，它可使客户认识到服务组织对他的处境十分敏感和关心。适当地移情对于客户来说意味着一种相互对待的公平，有助于为双方的相互尊重打下良好的基础
象征性赎罪	即以一种有形的方式对客户做出补偿。具体可以是：替换服务（适用于那些能保留、能调换的情况）；给予价格折扣，以补偿因服务失败给客户带来的损失和不方便；退款，这也是一种比较常用的方式；赠与优惠卡，许诺在以后的服务中给客户优惠，发给客户优惠卡作为凭证

2. 服务补救策略

Kelley 和 Davis（1994）在研究中提出了企业可采用的 6 种不同的服务补救策略。

（1）被动补救策略。被动补救的怀柔安抚策略对服务补救不做整体的规划，采取一事一议的解决方法。该策略的优点是比较容易实施，所需的成本较少；其缺点是每件事都是突发的，让客户感觉不正式，处理结果的信度太低，难以推广。

（2）系统的响应策略。有系统的回应策略，建立制度化的服务补救机制，事先模拟可能出现的抱怨种类，并分别制定标准的作业程序。优点是这种策略建立了标准的反应机制，可以迅速响应客户的抱怨并有序地进行处理；缺点是有突发事件产生或意想不到的抱怨产生时，具体作业人员可能无法应对。

（3）早期预警机制。建立早期的预警机制，在服务失败发生之前，采取预防措施。其优点是可以降低因服务失误对客户所造成的不良影响；缺点是该策略会提高服务提供者用于分析和监控服务传递过程的成本。

（4）零缺陷服务系统。建立零缺陷服务系统，尽量完善服务系统，消除服务过程中出现失败的可能。优点是可以有效地降低服务失误的发生，缺点是成本高、实际操作困难。这实际上完全是一种理想状况，企业实际操作上都希望达到这一目标，但非常困难。

（5）逆向操作策略。有意造成服务失败，然后展现服务提供者的服务补救能力。优点是成功的服务补救显然会提高客户的满意度和忠诚度，但采用这种方法可能会使操作失误甚至弄巧成拙。

（6）正向证明方式。表达了服务商的补救决心，当竞争者出现服务失败时，积极争取为客户服务的机会。这种方法的优点是能获得新客户，但在实施中，竞争者服务失败的信息不易获取。

在实际操作中，企业可以根据自身的实际情况，整合其中几个策略来进行，优秀的服务补救是各种策略在一起发挥作用的综合体。

（二）服务补救策略的 PDCA 循环

在服务业的质量管理工作中，服务补救对应于管理工作循环中的检查（Check）和修正处理（Act）阶段。当服务的过程中发生不满意（服务失误）时，服务的提供者应对其提供的服务进行检查，并采取相应的服务补救措施，以不断提升服务的质量。

服务补救作为服务质量管理工作中的一个重要环节，同样遵循 PDCA 循环这一机制的特点。服务补救的管理工作可以划分为如下 4 个阶段：

1. 服务补救策略的制定阶段（P）

这一阶段主要是分析服务运作系统的现状，发现问题。包括分析质量问题中的各种影响因素以及分析影响质量问题的主要原因，发现可能造成服务失误的重点环节。在分析现状和问题的基础上，结合企业实际，制定相应的服务补救策略。

2. 服务补救策略的实施阶段（D）

这一阶段的任务主要是针对服务失误，执行相应的服务补救策略。

3. 服务补救策略的效益评估阶段（C）

在实施服务补救策略后，应及时对服务补救的效益进行测算和分析。

4. 服务补救策略的动态调整阶段（A）

这一阶段主要是对原有的服务补救策略进行修正和完善。对成功的服务补救经历加以总结，并制定相应的服务标准；没有解决的或出现的服务失误与服务补救问题则可以转入下一个 PDCA 循环中去解决。

 **案例启示**

服务补救已逐步应用到医院的服务实践中，并被医院管理者所重视。在医疗活动中，难免会出现服务失误，而服务失误的最终结果会使医院的声誉和利益受损。面对服务失误和医患矛盾的产生，如何进行有效的服务补救，是解决医患纠纷的法宝。

服务补救是在出现服务失误时所作的即时性和主动性的反应，其目的是通过这种反应，将服务失误带来的负面影响降低到最低程度。

（1）衡量护理服务质量，进行不合格服务的判断。

可知性：是指服务产品的有形部分，如各种设施、设备以及服务人员的语言、行为、仪表、素质等。

可靠性：是指企业准确无误的完成所承诺的服务。在临床护理服务过程中最令患者恼火的，莫过于医院的失信。

反应性：随时准备为病人提供便捷、有效的服务，对于患者的各种要求能否给予及时的满足，将表明医院的服务导向，即是否把患者的利益放在第一位。同时，服务传递的效率则从一个侧面反映了服务质量。

保证性：是指服务人员的友好态度与胜任工作的能力，它能增强病人对医院服务质量的信心和安全感。医护人员的友好态度和胜任能力二者缺一不可，医务人员缺乏友善的态度自然会让患者感到不快，但如果他们对专业知识了解得太少也会令患者失望，尤其是在健康保健服务不断推陈出新的今天，医务人员更应该具备较高的知识水平。

移情性：要真诚地关心患者，了解他们的实际需要，并给予满足，使整个服务过程充满"人情味"。

如果以上几点不能满足病人的需要，说明护理服务不到位，护理质量不高，应寻求改进。

（2）服务补救应采取的策略（如图7-6所示）。

按照P（策划）——D（实施）——C（检查）——A（处置）循环的要求，不断更新该程序，使其常用常新。建立护理补救程序是非常必要的，按照PDCA循环的要求，不断改进护理工作质量。在积极采取补救措施的同时，培养护理人员的服务意识，营造团结协作的科室氛围，将护理服务中不合格服务降低到最低限度，以增强医院的核心竞争力。

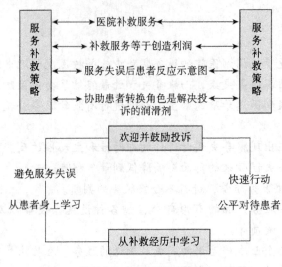

图 7 − 6　服务补救策略图

二、实施服务补救的步骤

　　成功的服务补救应该是迅速且有条不紊地进行的，因此，企业应通过服务补救实践，提炼出适合自己的服务补救程序或步骤，确保服务补救的顺利实施。

　　在对服务补救步骤的总结、归纳的研究中，研究者针对不同的行业、情况提出了相关的实施服务补救步骤（如表 7 − 15 所示）。

表 7 − 15　研究者针对不同的行业、情况提出的相关的实施服务补救步骤

学者	年份	相关内容
Cathy& Ross	1992	对汽车修理、航空旅游、牙医、餐饮四个行业的研究发现，有效的服务补救步骤是：先道歉承认是自己的过失；其次是倾听、了解事情的前因后果；最后是给予实质补偿
Kelley& Davis	1994	最有效的服务补救是：给予未来服务的优先权、赔偿、VIP 卡、提升道歉层次等方法，并认为首先应考虑服务补救的需求，行动要快速，注意员工的培训、一线员工授权等

续表

学者	年份	相关内容
Tax & Brown	1998	提出服务补救的实施共有 4 个步骤如图 7 - 7 所示。前两个步骤是针对个别客户的问题确认和解决；后两个步骤则是将服务补救资料与公司内部其他资料一起分类、整合，以确定收益最高的服务改进投资。①确认客户的不满意和服务失败的原因。②解决客户问题。他们不仅希望得到有形的补偿，更重要的是恢复他们的公平感。③将服务失误或问题的相关原因进行整理、分类，并分送到相关的部门、人员。④将服务补救中的相关信息作为改进服务的重要信息，确定对企业有最高收益的改进措施，不断地循环、持续地改进
Miller Craighead, & Kerman	2000	提出了一个包含整个服务补救过程的框架。整个服务补救过程被分为 3 个阶段：①前服务补救阶段：它是指从服务失误到服务提供者意识到失误的发生为止。这个阶段的时间长短取决于服务提供者意识到服务失误的能力。②即时服务补救阶段：它是指从服务提供者意识到失误到客户得到公正的补偿，这个阶段应该越短越好。③后服务补救阶段：它是指客户得到公正的补偿之后的阶段，时间长短取决于补救的效果和领先因素的情况

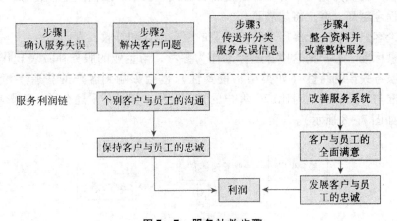

图 7 - 7　服务补救步骤

综合上述研究，实施服务补救的基本步骤如下：

第一步：倾听和判断。确认客户不满意和服务失误的原因，判断客户对服务补救的期望。

第二步：移情和道歉。站在客户的立场上，理解客户的抱怨，道歉并展现企业解决问题的诚意。

第三步：赔偿和增值。给予客户公平的补偿，并通过心理的和有形的补偿让客户感到增值。

第四步：追踪和关心。对服务补救的效果进行追踪，并进一步表现出对客户的关心，提升服务补救的长期效果。

第四节 各种理论在服务补救中的应用

一、公平理论在服务补救中的应用

公平理论（Justice Theory）强调客户感受到的服务补救的过程和结果的公平性。它的主要假设是客户的满意程度取决于客户知觉的公平程度。客户在接受服务时处于一种交换的关系中，他们将自己的投入，如花费的金钱、时间等与从消费经验中所获得的价值、心理上的满足等作比较，并且也与其他参考群体作比较。若客户自认为比率不协调，心理就会感到不公平，从而产生不满意；如果知觉公平程度越高，客户将越满意。

无论客户以前有无经历过特定企业的服务失误和补救，人们都有一个普遍公认的衡量标准。客户把这些普遍标准作为参考，与企业的服务补救表现作比较。另外，服务失误的特性（如类型、重要性）也会影响到客户的普遍参考标准。普遍标准与补救表现的对比产生客户的知觉公平。知觉公平还会进一步影响客户满意（如图7-8所示）。

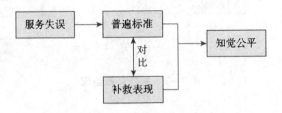

图7-8 服务失误、补救与知觉公平

知觉公平可以分为3个层面：补偿公平、过程公平、互动关系公平（Steve

Brown, Steve Tax, 1998)。

（一）补偿公平

Goodwin 与 Ross（1992）研究表明，企业的道歉可以提高客户公平和满意的感受，但如果再加上有形补偿，则服务补救的效果将会更好。客户通常从补偿是否满足自己的需求、自己与同等情况下别人获得的补偿是否相似、自己的损失与补偿的结果是否相当等方面来判断补偿是否公平。

（二）程序公平

客户不仅要求补偿公平，而且还关心整个服务补救过程的公平性。程序公平包括客户能否在补偿决策中自由地与企业交换意见、客户对决策结果是否拥有自由的选择权、整个补救过程开放程度是否够高、企业完成服务补救的速度等。

（三）互动公平

除对公平赔偿、快速补救等期望之外，客户希望在服务补救过程中能够得到礼貌、细心和诚实的对待。同时，企业在解决问题过程中的努力程度以及在服务失误发生后提供解释的意愿都影响到客户对互动公平的感知。

学者们将公平理论运用到企业的服务补救中，并得到一些结论。Hui and Au（2001）研究了跨文化背景下企业客户的知觉公平。他们调查了 3 种补救策略，分别是实物补偿、道歉以及给予发言权。研究结果显示，给予客户充分的发言权在客户知觉公平上的影响对中国人要比对加拿大人更大。这是因为中国客人对地位、尊重更为看重；相反，对加拿大客人来讲，补偿对知觉公平的影响更为重要。

Schoefer and Ennew（2003）用知觉公平框架来测定客户对旅游供应商服务补救的评价，发现了客户用知觉公平 3 个方面来评价服务补救的证据结果同样显示客户得到的补偿结果（补偿公平）显然很重要，但整个服务补救过程（程序公平）和员工行为（互动公平）也起到非常重要的作用。

二、期望失验理论在服务补救中的应用

所谓失验（Disconfirmation），指将预期与实际发生情况的对比所感知到的不一致（Cardozo 1965；Oliver 1980）。期望失验理论（Expectancy Disconfirmation）认为，客户在消费后会将实际所感受到的绩效（即服务达成消费者想要的程度）与先前的购买期望相比较，当绩效与期望一致，即无失验产生；当绩效比期望差，即产生负面失验；当绩效比期望好，即产生正面失验。

期望失验理论在服务补救中也得以应用。研究指出，如果服务补救表现比预期的好，客户经历了正面失验；如果服务补救表现比预期的差，客户经历了负面失验。如果补救表现与预期的相同，则无失验产生。正面失验的喜悦提高了客户对满意的判断，而负面失验的失望减低了客户满意。

三、归因理论在服务补救中的应用

服务失误发生后，客户会对服务失误发生背后的原因进行分析判断，以此来决定采取什么样的行动。服务失误的发生会对企业造成许多不利影响，如导致客户离开、进行负面口头宣传等行为。研究服务失误的归因的目的就是为了更好地了解客户行为背后的原因，从而为服务补救提供建议和指导。

美国心理学家海德（F. Heider）在 1958 年最早提出了归因问题，运用于心理学领域。归因理论（Attribution effect）是一种帮助人们判断他人行为背后的原因及其性质的理论。这一理论出现后迅速被管理者运用于管理实践。

自 20 世纪 80 年代，Valerie S. Folkes 等学者就开始研究客户对服务失误的归因，因为服务失误发生后，不管企业是否对失误原因主动作出解释，客户总是努力寻求服务失误发生的原因。研究发现，客户对服务失误的归因结果可分为 3 个层面：一是归属性（Locus），二是稳定性（Stability），三是可控制性（Controllability）。

（一）判断服务失误原因的归属性

归属性判断是归因的首要工作，意在识别服务失误发生原因是企业外部原因还是企业内部原因。在对服务失误进行归属性判断时，客户往往不把自身原因考虑在内。他们多依据服务失误原因所表现出的区别性、一贯性和一致性来断定服务失败原因的责任方是企业内部因素还是外部因素。

1. 区别性（Distinctiveness）

区别性是指除了业已发生在客户身上的服务失误外，企业在其他方面是否也有较差的表现。区别性低说明企业在其他方面也出现服务失误。对区别性低的服务失误，客户倾向于归因于企业自身；而对区别性高的服务失误，客户有可能认同于是由外部因素所导致。

2. 一贯性（Consistency）

一贯性是指同一类服务失误的发生概率。一贯性高则同一类服务失误的发生概率也高。对于一贯性高的服务失误，客户倾向于归因于企业自身。比如当客户在企业遇到了结账错误时，若忽然想起上次也在这家企业遇到此事，好像也听朋友抱怨过此事，那么客户将众多例证组合在一起，就会得出企业管理混乱、员工素质太低等结论。

3. 一致性（Consensus）

一致性是指客户除了在某一企业遇到过某项服务失误外，在其他企业是否也遇到过。如果在其他企业很少遇到，则一致性低，对一致性低的服务失误原因，客户倾向于认为是由企业自身不完善所引发的。

经由以上归因过程，客户对服务失误原因的责任方是企业还是外部因素得出了一个初步判断，结果整理如图 7 - 9 所示。

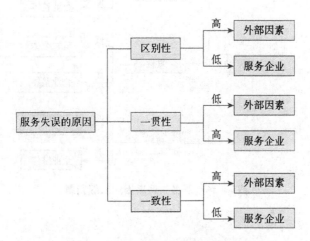

图 7 - 9　服务失误原因的一级归属

在得出服务失误原因的一级归属后，多数客户还会进一步区分服务失误的责任方是企业整体还是员工个体。这也是基于区别性、一贯性和一致性三准则。如企业某员工对客户不礼貌，客户若发现该员工还有诸多其他不合理言行，就容易得出企业缺乏对员工培训的结论（区别性）；若在再次消费时发现该员工仍然不礼貌，客户就会得出企业缺乏不断完善员工再教育机制的结论（一贯性）；若发现该名员工的表现并不是一个特例，而是企业大部分员工的行为时，则客户就会认为企业管理存在很大问题（一致性）。对服务失误原因归属问题的再次明确，就得到了服务失误原因的二级归属（如图 7 - 10 所示）。

（二）判断服务失误原因的稳定性

稳定性是指服务失误的发生是经常出现的还是偶尔出现的，它的程度决定着是否有必要和值得采取措施，以对失误的发生施加影响。客户对服务失误稳定性的判断，主要是依据可获得的一些直接或间接经验。一般而言，客户认为由外部因素而引发的服务失误原因稳定性较低，即不会经常发生；认为由企业整体表现较差所引发的服务失误原因稳定性较高，而由员工个体表现较差所引发的服务失误稳定性较低（如图7-11所示）。

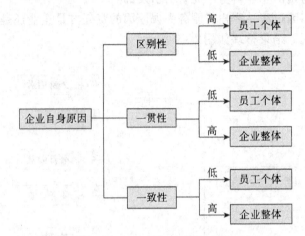

图7-10　服务失误原因的二级归属

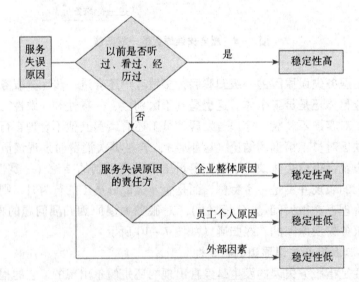

图7-11　服务失误原因的稳定性

（三）判断服务失误原因的控制性

控制性是指失误的原因是可以控制的还是不可以控制的，它的程度决定着采取的措施是否能取得效果。

经过服务失误原因归属性的判断，客户基本对服务失败原因的可控制性有了一个初步的判断，即由外部因素所引发的服务失误原因可控性较低，而由企业内部因素所引发的服务失误原因一般可控性高。由外部因素引发的服务失误原因，客户也有进一步划分为可控性低和完全不可控原因的倾向。客户对何为不可控外部原因的认定，也经常受企业竞争对手的影响。企业内部的服务失误原因虽为可以控制的，但控制起来的难度也不尽相同。

一般而言，个别员工所导致的服务失误原因比较容易控制，而由企业系统原因所导致的服务失误原因比较难控制（如图 7－12 所示）。

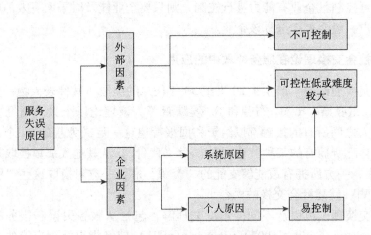

图 7－12　服务失误原因的控制性

对服务失误归因的研究是为了更好地了解企业如何进行服务补救。对归属性判断过程的研究说明，最不利的情况是客户将服务失败归咎于企业，其次是归咎于员工个人，归咎于外部原因居第三位，若客户能够承认错误对企业最为有利。但客户一般不会主动承认错误。当客户认为服务失误由外部原因引发时，他们除了希望企业解决问题外，一般别无所求。当客户认为服务失误由员工个人原因引致时，客户或者会信心十足地找企业进行抱怨和要求立即解决问题；或者会不声不响地继续来消费，因为他们确信问题员工可以通过培训教育等方法得到解决。如果客户认为服务失误是企业系统原因时，如将个别员工的服务态度不好归咎于企业整体服务意识不强、员工培训不力等，则客户会认为再来此消费风险很大。

因此，我们可以得到关于服务补救的一些结论。如企业应当及时准确地向客户解释服务失误的真正原因，必要时应当客观准确地指出客户在服务过程中的错误；企业应及时将引发服务失误的外部原因通报给客户，避免客户对企业不利的归因倾向；鼓励一线员工勇于承担责任，避免员工将问题推到企业身上。

对稳定性判断过程的研究说明，一再发生的服务失误和由企业系统原因导致的服务失误，易促发客户得出其将稳定地再次发生的结论。因此企业应极力避免同一类服务失误的一再发生，尤其是同一类服务失误发生在同一客户身上。

对控制性判断过程的研究说明，对不可控制原因导致的服务失误，客户不会产生太多不满；对可控制但因企业疏于控制而引发的服务失误，客户的不满较为强烈，并希望企业为此承担责任，否则客户流失的可能性较大；若客户认为服务失误原因可控制且企业有能力进行控制，则只要企业能及时采取有效的服务补救措施，客户一般会再次选择该企业。

四、社会交换理论在服务补救中的应用

社会交换理论最早产生于 20 世纪 50 年代末的美国，其代表人物是美国社会学家 G. C. 霍曼斯、R. M. 布劳和 R. 埃默森等。该理论以个人为研究主体，认为"人与人之间所有的接触都以给予和回报等值这一范式为基础"。个人在社会交往中以自己所拥有的某种"资源"作为"代价"，从其他人那里换取某种"报酬"。其中，一方所拥有或能够支配的"资源"和另一方对换取这些"资源"所付的"报酬"就是社会交换的内容。

社会交换理论可以从不同的角度去理解，包括从服务失误和服务补救的角度。（Amy Kyper Smith，1997）、Bagozzi（1975）曾经指出社会交换的基本过程和动因包括市场交易中普遍的紧张关系和冲突。在服务业，服务失误是服务补救的动因，服务补救可以认为是解决由于服务失误造成的紧张的交换关系，即是用来重建关系的。服务补救努力改正服务失误，以使客户判断所经历的服务是正面的，并愿意继续这种交换关系。

在服务过程中，可以将服务失误看做是客户时间、金钱形式的"成本"或"损失"；企业随后的服务补救行动可看做是客户全部效用功能的"价值"或"获得"。在一次服务失误与补救中，多种形式的资源进行了交换，客户和企业既相互交换了经济资源，如客户支付了最初的服务费用，企业给客户一定的折扣或免费服务等，又交换了非经济资源，如服务失误后企业向客户道歉、表示同情

等使客户感觉到被尊重。

作为交换的服务失误和服务补救有以下的特点：

（一）　客户喜欢"同类型"的交换

客户在服务失误中感受到了损失，企业随后努力以服务补救的方式弥补客户损失并力图继续维持彼此的交易。客户能够重新感受到收益（以补救努力的形式）的途径依赖于损失的类型和大小。研究指出个人喜欢交换的资源在类型上相似、在数量上"平衡"。因此，客户对企业的服务补救努力是否满意依赖于服务失误的类型和数量。在服务失误和补救中，服务失误或客户损失分为两类：结果失误（如核心失误）和过程失误（如服务传输失误）。研究表明26%交易转换是因为结果（核心）失误造成的，21%是由于过程（传输）失误造成的（Keaveney）。当客户不能得到他需要的服务结果，他将以时间机会成本，浪费的努力等来评价其经济损失。这时如果客户认为得到了以经济资源为形式的补偿，如折扣、赠券，他们会比较满意。如果发生了过程失误，客户认为损失了心理资源（如身份），他们会对能弥补这种损失的资源感到满意，如道歉。即过程失误更需要心理补偿。

（二）　客户喜欢"平衡"的交换

客户不仅喜欢"同类型"交换，也希望交换是"平衡"的。"平衡"指客户在服务失误和补救中体验到的损失和获得的数量大小相当。当服务失误发生时，平衡被破坏，为了重建平衡，服务提供者必须决定补偿的大小。即损失的大小和随之而来的补救大小都是由失误的大小决定的。而客户希望能够得到与他们经历的损失/失误等量的赔偿。客户起初并不期望经历服务失误——也就是说，他们起先假设将要经历的服务是没有失误的。所以客户对服务失误带来的损失要比他们得到预料中的服务更加敏感，这往往需要企业给予客户"额外补偿"才能使客户的平衡感重新建立。

通过交换理论研究我们得知，既然客户喜欢"同类型"的交换，企业就应当努力提供与失误类型相匹配的补救资源。经济方面的损失应提供实物补偿，情感上的损失应当提供心理补偿。另外，心理价值模型也证明了额外补偿对客户平衡感建立的重要性。但是由于用来抵消客户损失的费用可能会比较高，一般企业不愿这么做。毫无疑问，如果企业的确可以给予额外补偿，客户将更愿意再次惠顾并建立忠诚，因为客户感觉有义务"回报"企业，以重建交换关系中的平衡。

复习思考题

1. 服务失误产生的原因以及服务失误对客户产生的影响有哪些?
2. 服务补救的意义、服务补救的原则是什么?
3. 服务生命周期由哪几个阶段构成?
4. 服务补救的策略有哪些?
5. 举例说明公平理论在服务补救中的应用。
6. 服务补救的收益主要包括哪几个方面,分别说明。

第八章　客户服务管理

导引案例

　　王永庆是著名的台商大王、华人首富，被誉为华人的经营之神，他一生之所以能够取得如此辉煌的成就，其中一个重要的原因就是他能够提供比别人更多更卓越的服务。15 岁的时候，王永庆在台南一个小镇上的米店里做伙计，只要王永庆送过米的客户都会成为米店的回头客。他是怎样送米的呢？到客户的家里，王永庆不像一般伙计那样把米放下就走，而是找到米缸，先把里面的陈米倒出来，然后把米缸擦干净，把新米倒进去，再把陈米放在上面，盖上盖子。他还随身携带两大法宝：第一个是一把软尺，当他给客户送米的时候，他就量出米缸的宽度和高度，计算它的体积，从而知道这个米缸能装多少米；第二个是一个小本子，上面记录了客户的资料，包括人口、地址、生活习惯、对米的需求和喜好等。到了晚上，其他伙计都已呼呼大睡，只有王永庆一个人在挑灯夜战，整理所有的资料，把客户资料档案转化为服务行动计划。所以经常有客户打开门看到王永庆笑眯眯地背着一袋米站在门口说："你们家的米快吃完了，给你送来。"然后客户才发现原来自己家真的快没米了。这时王永庆说："我在这个本子上记着你们家吃米的情况，以后你们不用亲自跑到米店买米，我们店里会提前送到府上，你看好不好？"客户当然说太好了。于是这家客户就成为米店的忠诚客户。后来，王永庆自己开了一个米店，因为他重视服务，善于经营，生意非常的好，后来生意越做越大，成为著名的企业家。

第一节　客户服务管理基础理论

一、客户

（一）客户的内涵

客户对于企业的重要性是不言而喻，水可载舟亦可覆舟。满意的客户可以为企业带来利益和发展的机会；不满意的客户则会变成企业的危机。客户对企业满意度的高低，一方面关系着企业未来市场竞争力的高低，另一方面也是对企业产品策略的最佳评判准则。企业的客户涵盖了各种行业和商业的形态，企业又每时每刻都在和客户打交道。现在，客户已经成了企业最重要的组成部分，每个企业都在竭力为客户提供服务。

关于客户的定义有很多。如，客户是企业存在的理由；客户是企业的根本资源；客户是我们的衣食父母……这些定义较多谈论的是企业与客户的本质关系。而在营销时代，我们需更深层次地理解客户的定义。一是客户不一定是产品或服务的最终接受者，对于下游企业来说，它们可能是上游企业的客户；二是客户也不一定是用户，只有当它们直接消费产品或服务时，才能称得上是用户；三是客户不一定在公司之外，企业内部的工作人员也应看做客户。因此，从广义上讲，在工作领域任何依赖某一企业的人都可能是该企业的客户；从狭义上讲，客户是所有接受产品或服务的组织和个人的统称。

（二）客户的分类

按照不同的分类方法，客户群可以划分为不同的类型，下面介绍几种常见的分类方法（如图8-1所示）。

1. 按照客户来源分类

（1）内部客户。内部客户即企业的员工。只有先服务好内部客户，使员工满意，才能让他更愉快地为外部客户服务，使外部客户更满意，最终为企业带来良好的经济效益。

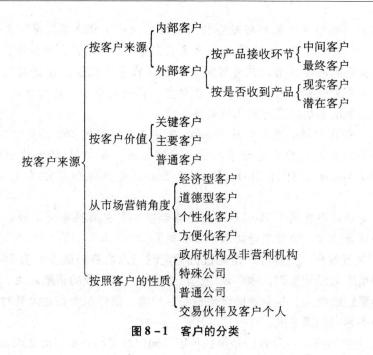

图8－1　客户的分类

（2）外部客户。外部客户是指组织之外的组织或个人。通常情况下我们所说的客户满意其立足点是针对外部客户的，是外部客户满意的管理战略。按产品接收环节，外部客户可以分为中间客户与最终客户；按是否已经接收产品，可以分为现实客户与潜在客户。

中间客户是处于产品或服务流通链中间的客户，主要包括批发商、零售商、租赁公司和代理商等。

最终客户是指产品或服务的最终使用者。

现实客户是指已经成为客户的组织或个人。分为两类，一类是正在成为客户的组织或个人，如正在购买/接受本企业产品/服务的组织或个人；另一类是已经成为客户的组织或个人，如已经购买过/接受过本企业产品/服务的组织或个人。

潜在客户是指尚未成为但可能成为客户的组织或个人。

2. 按照客户价值分类

　案　例

Wallace Hawkes 三世是一家位于洛杉矶的工程公司 URS Greiner 的董事。自

1993 年以来，已经乘坐德尔塔航空公司的班机飞行了 970 万英里。为此，他得到了最好的礼物和服务：一位私人代表亲自在舱门口迎接他，帮他拎行李并将他领到他在头等舱的座位上，并为可能会有几位乘客坐在他前面而向他道歉。每年，他都会得到航空公司送给他的飞机模型、机长的帽子、电动地球仪等礼物，他还能带上他所有朋友免费乘飞机到香港。

但是，与德尔塔航空公司从 Hawkes 先生身上赚取的 260 万美元收入相比，航空公司的这点儿花费真是微乎其微。遗憾的是，今年 Hawkes 将他的荣誉输给了 Ernst&Young 公司的 CEO，David L Shafer 成为德尔塔航空公司的头号客户。

一旦竞争对手发现了 Hawkes，德尔塔航空公司将有可能失去他。如果德尔塔能成功地留住他，公司还能赚取 140 万美元。

（1）关键客户。关键客户是在过去特定时间内消费额最多的前 5% 的客户。这类客户由于其经营稳健，做事规矩，信誉度好，对企业的贡献最大，能给企业带来长期稳定的收入，是企业的优质核心客户群，值得企业花费大量时间和精力来提高该类客户的满意度。

（2）主要客户。主要客户是指在特定时间内消费额最多的前 20% 的客户中，扣除关键客户后的客户。这类客户对企业经济指标完成的好坏构成直接影响，不容忽视，企业应倾注相当的时间和精力关注这类客户的生产经营状况，并有针对性地提供服务。

（3）普通客户。普通客户是指除了上述两种客户外，剩下的 80% 客户。此类客户的消费额占企业总消费额的 20% 左右，对企业完成经济指标贡献甚微。由于他们数量众多，具有"点滴汇集成大海"的增长潜力，企业应控制在这方面的服务投入，按照"方便、及时"的原则，为他们提供大众化的基础性服务。

3. 从市场营销角度分类

（1）经济型客户。这类客户希望投入较少的时间和金钱得到最大的价值。因此，他们往往只关心价格，而不关心购买的地点或品牌，他们往往是"便宜"的忠诚客户。

（2）道德型客户。这类客户觉得在道义上有义务光顾社会责任感强的企业，他们通常是那些在社区服务方面具有良好声誉的企业的忠诚客户。

（3）个性化客户。这类客户需要人际间的满足感，诸如认可和交谈。

（4）方便化客户。方便是吸引这类客户的重要因素，他们对反复比较后再选购不感兴趣，常常愿意为个性化的服务额外付费。

此外，按照客户的性质，还可以划分为政府机构及非营利机构、特殊公司、普通公司和交易伙伴及客户个人。

二、客户服务

（一）客户服务的定义

目前，随着市场经济的发展和竞争日趋激烈，企业已开始从产品上寻求某种竞争优势转变到客户服务的竞争上来。简言之，客户服务即为客户提供服务。对此，目前对客户服务有 3 种不同的定义。

科特勒认为，"服务是一方能够向另一方提供的基本上是无形的任何行为或绩效，并且不导致任何所有权的产生。它的生产可能与某种物质产品相联系，也可能毫无联系"。从这句话里，我们可得出三点：首先，服务可能与实体产品有关，也可能无关，而只是一种技术或智力付出；其次，服务是一方向另一方的付出，这种付出可以使接受者获得满意；最后，服务不会产生物权，但会产生债权。

莱维特认为，客户服务是"能够使客户更加了解核心产品或服务的潜在价值的各种行为和信息"。从这句话里我们也可得出三点：首先，客户服务是以客户为对象，以产品或服务为依托的行为；其次，客户服务的目标是挖掘和开发客户的潜在价值；最后，客户服务的方式可以是具体行为，也可以是价值导向或者信息支持。

有关管理专家认为，"客户服务是一个过程，它以费用低廉的方法给供应链提供重大的增值利益。客户服务是一种活动、绩效水平和管理观念"。把客户服务看做是一种活动，表明客户服务是企业与客户之间的一种互动，在这种互动中，企业要有管理控制能力；把客户服务看做是绩效水平，意味着客户服务不仅可以精确衡量，并且可以作为评价企业的一个标准；把客户服务看做是管理理念，则是强调营销以客户为核心的重要性和客户服务的战略性，其运行的基础就是供应链一体化。

由此可见，客户服务就是在合理的时间和合理的地点，以合理的价格和合理的方式向合理的客户提供合理的服务和产品，以满足客户合理的需求，价值得到提高的活动过程。所有跟客户接触的方式可能是面对面，也可能是电话、通信或电传等方式；其相互作用的活动包括对客户介绍及说明产品或服务、提供相关的资信、接受客户的询问、接受订单或预订、运送商品给客户、商品的安装及使用说明、接受并处理客户抱怨及改进意见、商品的退货或修理、服务的补救、客户资料的建档及追踪服务、客户的满意度调查及分析等。

（二）客户服务的分类

客户服务有多种分类方式，几种常见的分类如表 8 - 1 所示。

表 8 - 1 　　　　　　　　　　　　客户服务常见分类

分类依据	类别	内容
服务的性质	技术性服务	安装、调试、维修以及技术咨询、技术指导、技术培训等
	非技术性服务	广告宣传、送货上门、提供信息、分期付款等
服务的地点	定点服务	维修服务网点、零售门市部等
	巡回服务	流动货车、上门销售、巡回检修等
服务的费用	免费服务	售前服务、售中服务、售后服务
	收费服务	极少数
服务的次数	一次性服务	送货上门、产品安装等
	经常性服务	产品的检修服务等

1. 按服务的性质分类

（1）技术性服务。技术性服务是指提供与产品的技术和效用有关的服务，一般由专门的技术人员提供。通常主要包括产品的安装、调试、维修以及技术咨询、技术指导、技术培训等。

（2）非技术性服务。非技术性服务是指提供与产品的技术和效用无直接关系的服务。其包含的内容比较广泛，如广告宣传、送货上门、提供信息、分期付款等都属于非技术性服务。

2. 按服务的地点分类

（1）定点服务。定点服务是指通过在固定地点建立或委托其他部门设立服务点来提供服务。如生产企业在全国各地设立维修服务网点、设立的零售门市部等。

（2）非定点服务。又称巡回服务，是指未设固定地点，由销售人员或专门派出的维修人员定期或不定期地按客户分布的区域巡回提供服务，这种服务适用于在企业的销售市场和客户分布区域比较分散的情况下采用。如流动货车、上门销售、巡回检修等。

3. 按服务的费用分类

(1) 免费服务。免费服务是指提供不收取费用的服务，一般是附加的、义务性的服务。如售前服务、售中服务、售后服务的大部分工作都是免费的。

(2) 收费服务。收费服务是除产品价值之外再加的价，只有少数大宗服务项目才收取费用。这类服务收取的费用一般较合理，因为其不以赢利为目的，只为方便客户。

4. 按服务的次数分类

(1) 一次性服务。一次性服务是指一次提供完毕的服务，如送货上门、产品安装等。

(2) 经常性服务。经常性服务即需多次提供的服务，如产品的检修服务等。

除以上几种分类方法，还有按服务的时间长短，可分为长期服务、中期服务和短期服务；按服务的时序，又可分为售前服务、售中服务和售后服务。详细内容请参考本章第三节"售后服务"。

(三) 客户服务的目标

1. 总体目标

明确客户服务的总体目标，以尽可能低的总成本支出来满足既定的客户服务水平，在提高效率的同时也提高企业的利润率。

2. 分解目标

(1) 提高客户满意度。将企业的销售与售后服务积极配合，提高客户满意度，建立客户忠诚，为提高企业利润水平、塑造企业形象、提高企业竞争力能起到良好的支持和服务作用。

(2) 提高客户忠诚度。客户忠诚是客户对某一企业、某一品牌的产品或服务认同和信赖，是客户满意不断强化的结果。提高客户忠诚度，赢得客户的支持和信赖，为销售活动打下良好的基础。

(3) 提高服务质量标准。建立先进的呼叫中心系统，有效地为客户提供高质量、高效率、全方位的服务。建立服务质量衡量标准和服务质量评价标准，进一步协调企业的内部管理，提高服务工作效率。

(4) 巩固企业与客户关系。维护并巩固企业与客户关系，不断提高企业的客户水平。运用巧妙的客户投诉处理技巧来消除企业与客户之间的误会，让客户关怀贯穿于市场营销的所有环节。

(四) 客户服务的作用

 **案例启示**

据国际权威机构调查:

对客户服务不好,造成94%客户离去!

因为没有解决客户的问题,造成89%客户离去!

每个不满意的客户,平均会向9个亲友叙述不愉快的经历。

在不满意的客户中有67%的客户要投诉。

通过较好的解决客户投诉,可挽回75%的客户。

及时、高效且表示出特别重视他,尽最大努力去解决了客户的投诉的,将有95%的客户还会继续接受你的服务。

吸引一个新客户是保持一个老客户所要花费费用的6倍。

服务已取代产品价格成为竞争的新焦点,如何在客户服务中提高客户的满意度、提升品牌的忠诚度已成为现代企业面临的一项紧迫的重要课题。那些较早重视客户服务的企业,而今大都成了成功的企业。那些仍沉湎于单纯追求产品质量的企业,由于忽视了企业的服务质量,对市场的发展趋势缺乏及时有效的了解,有的已陷入了困境。对企业来说,谁在客户服务方面做得好,谁就能拥有更多的客户,拥有更多的市场份额,也就有了较强的竞争实力,企业就会更好更快地发展壮大。因此就要求企业在服务上下大力气,大胆改革、勇于创新,为社会提供更好、更加优质的服务。

如今客户服务很流行,它已不仅仅是售后服务人员或服务型企业关心的事。人们都在谈论它的作用,都希望在市场上获得服务。在许多情况下,正是客户服务使得当前的商业活动能够顺利地进行,客户服务人员还经常起到扭转局面的作用。

总的来说,客户服务的作用具体体现在以下几个方面。

1. 客户服务有利于满足客户需求

从根本来看,企业的利润是从客户那里得来的。企业的生存本身是靠满足客户需求、提供客户所需的产品和服务并获得合理的回报来支撑。客户决定企业的命运,为企业提供生存的价值,因此,企业必须为客户服务。现代企业竞争的重点已不在于产品的竞争,而在于服务的竞争。只有加强合作,关注客户、合作者的利益,追求多赢,企业才能活得长久。因为,只有真正了解客户需求,了解客户的压力与挑战，并为其提升竞争力提供满意的服务，客户才能与企业长期共同成长与合作，企业才能发展得更长久。

2. 客户服务有利于扩大产品销售

客户服务直接关系到企业的市场营销，一般来说，提高客户服务水平可以增加企业的销售收入，提高市场占有率。目前，存在这样一种趋势，即期望通过服务使产品差异化，通过为客户提供增值服务从而有效地使自己与竞争对手有所区别。在许多情况下，客户对企业所提供的服务水平的变化与对产品价格的变化一样敏感。

3. 客户服务有利于塑造企业品牌

如果市场上的所有企业都提供同样高质量的产品，又提供同样的让利折扣，都是同样的广告投入，那么一家企业如何才能脱颖而出呢？答案在于塑造一个强势品牌并长久管理它。塑造并管理好一个品牌的薄弱环节在于客户服务，对于购买周期较长的产品来讲，更是如此。因此，可以说客户服务是企业塑造强势品牌，从而获得竞争优势，保持长期发展的最有效手段。

4. 客户服务有利于提高企业竞争力

有一个成功的企业家曾写下这样一个颇具哲理的等式：$100 - 1 = 0$。其意是：尽管有 100 个客户对你的企业感到满意，可如果仅有一个客户说不，你的企业的知名度马上就会变成零。类似这样的例子不胜枚举。在传统的卖方市场条件下，交易双方对平庸的客户服务司空见惯。然而，在现在这个以服务经济为导向的时代，消费者变得越来越挑剔、精明，其消费行为也日趋成熟，越来越重视所接受的服务。企业如果能做到优于他人的服务，就获得了优于他人的超强竞争力。海尔集团总裁张瑞敏在推行客户服务工程后深有感触地说："市场竞争不仅要依靠名牌产品，更要依靠名牌服务。"

5. 客户服务有利于提高企业经济和社会效益

企业的利润完全来自于客户，客户是企业生存和发展的支柱。若企业能吸引众多的客户，其经济效益就好；反之，企业就难以实现自己的经济效益。要更好地满足客户的需求，吸引更多的客户购买/消费本企业的产品/服务，就要完善销售服务。随着客户对销售服务的需要日益迫切，销售服务对提高企业经济效益的作用也越发显得举足轻重。因此，为了吸引客户，就要在提高产品质量、增加产品功能的同时，改善服务质量，不断丰富服务内容，来更好地满足客户的需求，这也符合社会主义生产目的的要求，从而有利于提高社会效益。

三、客户服务管理

（一）客户服务管理的内涵

客户服务管理不单单指某个具体的服务结构和服务内容，而是各种具体服务的综合。客户服务管理以实现客户满意为目的，是一种了解和创造客户需求，由企业全员、全过程参与的经营行为和管理方式。其包括营销服务、部门服务和产品服务等几乎所有的服务内容。

客户服务管理的核心理念是：企业（包括服务行业）以提供满足客户需要的产品或服务作为自身的责任和义务，以客户满意作为企业经营的目的。客户服务管理的目的是最大限度地使客户满意，使企业在市场竞争中赢得优势，获得利益。

客户服务质量取决于企业认识市场的能力，了解客户现有和潜在需求的能力，并将此导入企业的经营理念和经营过程中。

（二）客户服务管理的内容

客户服务管理必须对服务的全过程进行管理，在实际运用中这种全过程服务管理可分成售前、售中和售后三部分内容。

1. 售前服务管理

售前服务管理是指在客户购买商品之前，企业向潜在客户提供的服务管理。售前服务管理的目的是尽可能地将商品信息准确、快捷、有效地传递给客户，沟通双方感情；同时了解客户潜在的、尚未满足的需求，并在企业能力范围内尽量通过改变产品特色来满足这种需求。可见，售前服务管理是一种超前的、积极的客户服务活动，它的关键是树立良好的第一印象。最常见的售前服务管理主要有以下几种形式。

（1）广告宣传。广告已成为人们生活中的一个重要组成部分。在人们的生活中广告几乎无处不在，打开电视，会看到广告；阅读报纸，会发现几乎整版的广告；走在路上，一辆行驶而过的公共汽车上也有广告……广告宣传实际上是一种售前服务管理的方式。它通过向客户传送有关产品信息，使客户了解产品并能诱发客户的购买欲望，还有利于扩大企业的知名度，树立企业的良好形象。因此，企业必须高度重视广告宣传。

（2）销售环境布置。作为售前服务管理的一种方式，销售环境布置应该受到企业的充分重视。因为客户在购买商品时不但重视产品本身和销售人员的服务，对销售环境的要求也在不断地提高，希望能在舒适、干净的环境中购买商品。此外，销售环境的布置还对树立企业形象有着重要的作用，它能最直接地体现出企业的经营管理状况。

（3）开设培训班。许多技术含量高的新产品由于其结构复杂，操作方法相对较难掌握，因此对使用者的知识水平等方面要求较高。要让客户拿着产品说明书查找学习，未必能够学会，即便能够学会，也未必有足够的时间和耐性去学习，从而很可能丧失购买信心。通过参加培训班，企业为客户提供技术咨询和指导，使客户掌握了有关技术，可能会对产品产生兴趣，有助于激发客户的购买欲望，促进产品的销售。

（4）提供咨询。客户在购买商品之前一般都会搜集尽可能多的商品信息和资料，一般来说，客户不会购买不甚了解的商品。因此，企业极有必要派遣有专业知识的人员在销售场所开设咨询服务台，或外出销售时为客户提供各种咨询服务，加深客户对商品的了解，增强客户对商品和销售人员的信任。

（5）开通业务电话。开通业务电话、提供电话订货等服务，可以使企业的触角伸到原本未进入或难以进入的市场，挖掘潜在客户，扩大企业占据的市场份额，增加产品的销量，抓住更多的销售机会。

（6）社会公关服务。哪些属于社会公关服务？企业协助举办大型歌舞晚会或体育比赛、赞助希望小学、为灾区人民捐款捐物、创办社会福利机构等都属于社会公关服务。这类服务所资助的领域往往都是人们所关注的焦点，其社会影响很大，能大大提高企业的知名度和美誉度。

（7）其他便利服务。销售商应尽可能地为客户提供方便。如工厂为客户提供技术培训、免费咨询指导；商店设立问讯处、服务台、试衣间、休息室、储蓄所等。一方面让客户感到舒适方便，另一方面也节约了客户的采购时间，提高了采购效率。

2. 售中服务管理

售中服务管理是指企业向进入销售现场或已经进入选购过程的客户提供的服务管理。这类服务管理主要是为了通过服务，展示对客户的热情、尊重、关心、帮助、情感和向客户提供额外利益，帮助客户做出购买决策，以进一步使客户了解商品特点及使用方法。售中服务管理主要有以下几种形式：

（1）向客户传授知识。销售人员在向客户销售产品的同时，必须向客户介绍有关产品的性能、质量、用途、造型、品种、规格等方面的知识。这是客户在决定购买时，必须了解的有关知识；同时，销售人员详细地向客户介绍产品，有利于营造良好的销售氛围，形成和谐的人际关系，也有利于促进销售。

（2）满足客户的合理要求。在销售过程中，客户会提出许多要求，销售人员应尽最大努力满足客户的合理要求，提高客户的满意度，增强客户对销售人员的信任，从而促成交易；同时，还会使客户重复地购买商品，并提高企业的声誉。

（3）帮助客户挑选商品。当客户向销售人员询问商品的价格、质量、性能、用途及商品的优点和缺点时，销售人员应该正确地引导客户，设身处地地为客户着想，放弃自身的习惯和爱好，依据客户的特点和想法如实地为客户挑选商品。

（4）提供代办业务。售中服务管理不仅对普通消费者非常重要，而且也受到批发零售商、生产企业这类客户的重视。向这类客户提供的售中服务主要包括代办托运、代办包装、代办邮寄、代购零配件等。

（5）示范表演。示范表演能让商品现身说法，真实地体现出商品在质量、性能、用途等方面的特点，引发客户的兴趣，并激起客户的购买欲望。

3. 售后服务管理

售后服务管理是指商品出售以后，经营者仍继续向购买商品的客户提供的服务管理。它是商品质量的延伸，也是对客户感情的延伸。其目的是为了解决客户由于使用本企业产品而带来的一切问题和麻烦，使其放心使用，降低使用成本和风险，增加产品实体的附加价值，从而增加客户购买后的满足感或减少客户购买后的不满情绪，以维系和发展品牌的目标市场。售后服务管理的形式主要有：

（1）送货上门。对购买较笨重、体积庞大、不易搬运的商品或一次性购买量过多、携带不便或有特殊困难的客户，有必要提供送货上门服务。其形式可以是自营送货，也可以采取代管送货的形式。送货上门服务为客户提供了极大的便利，从而提高客户的重复购买率。

（2）产品安装。科学技术的发展使得商品中的技术含量越来越高，一些商品的使用和安装也极其复杂，客户依靠自己的力量很难完成，因此要求企业提供上门安装、调试的服务，使客户一旦购买就可以安心使用。这种方式解决了客户的后顾之忧，大大方便了客户。

（3）维修和检修。企业应通过在各地设立维修网点或采取上门维修方式为客户提供维修服务。企业也可进行抽样检修，及时发现隐患并予以排除，使客户用得安心、满意。

（4）提供咨询和指导服务。客户在购买产品后，还不熟悉产品的操作方法，企业应为客户提供指导和咨询，帮助客户掌握使用方法和简单的维修方法，以免产品一旦出现故障客户不了解应如何予以排除。

（5）电话回访和人员回访。客户购买商品以后，企业应按一定时间以打电话或派专人上门服务的形式进行回访服务，及时了解客户使用产品的情况，解答客户提出的问题。

（6）包装服务。商品包装不但使商品看起来美观，而且还可起到一定的稳固作用，便于客户携带。同时，许多大中型和知名企业在包装上印刷本企业的名称、地址、标识，起到了广告宣传的作用。

（7）建立客户档案。通过建立客户档案，一方面可以跟踪客户所购买的商品的使用和维修状况，及时主动地给予相应的指导；另一方面还可以了解到客户的喜好，在出现新产品后，及时向可能感兴趣的客户推荐。

（8）妥善处理客户的投诉。无论企业和销售人员的售后服务做得如何尽善尽美，有时总难免会招致一些客户投诉。企业和销售人员应尽可能地减少客户的投诉。在遇到客户投诉时，要运用技巧，妥善处理，使客户由不满意转变为满意。

第二节　建立高效的客户服务管理

资　料

SERVICE（服务）

S：Smile for everyone 向每个人微笑；

E：Excellence in everything you do 让自己成为本领域的专家；

R：Reaching out to every customer with hospitality 态度亲切友善；

V：Viewing every customer as special 每个客户都是特殊的；

I：Inviting your customer to return 争取回头客；

C：Creating a warm atmosphere 创造温馨的环境；

E：Eye contact that shows we care 用眼神传达关心。

企业应提高对客户的服务水平，积累每个客户的数据库并加以分析，并针对个性化需求提供全面服务，从而达到双赢的局面。高效的 Service 就是要用更低的成本、高效率的方式为客户提供更多的价值，获得更高的客户满意度，与客户建立起长期合作、互惠双赢的战略合作伙伴关系。

一、客户服务理念

市场在不断地变化，客户对产品和服务的要求也在不断地变化。企业要不断赢得客户的满意，获得企业的长足发展，就要把优质的产品和真诚的服务展现给客户。为使客户服务工作令客户更满意，应制定客户服务理念，向社会广泛宣布，并作为企业各级部门人员的行动指南。

（一）基本理念

用简洁的语言阐明企业对客户服务的基本理念，要求所有员工都能熟记，并能运用于日常工作中。例如："客户是我们的衣食父母"；"无论何时、无论何地、无论采用何种方式，客户满意是我们不懈的追求！"

（二）具体化理念

客户服务的基本理念是行动指南，为使之更有效地贯彻执行，必须将其具体化，体现到客户服务的各个环节中。以下是某公司的客户服务理念的具体化，可供参考：

1. 服务理念：沟通零距离，服务无止境

（1）"沟通"是指与我们的客户沟通，做好各方面的交流工作；

（2）"零距离"既是一种尺度的衡量，更是一种质量目标的反映，表明了我们服务快车与客户之间的全程、亲密关系；

（3）当沟通零距离的前提、目标设定以后，服务有永无止境的要求。

2. 口号

（1）客户需求十万火急时，我们是消防员；

（2）客户需求事关性命时，我们是急救员；

（3）客户正在使用产品时，我们是保健师。

3. 具体服务思想

我们 2007 年的中心思想是："一二三四五"。

（1）一个使者：

我们是促进和保证企业使命实现的一个使者；我们每个人都努力，才能把我们的客户服务好。

（2）两种客户：

客户、客户的客户都是我们的客户，为客户着想，更要从维护客户的客户利益出发。

（3）三个时段：

我们的服务应该是为客户提供售前、售中、售后等三个阶段的全程服务，不能在客户面前表现出铁路警察各管一段的狭隘服务思想。对应到服务快车售后服务的性质，我们要树立提示性的咨询、现实性维护维修、预防性的咨询等三时段的全程服务。对应到公司，我们要做好交货、安装、调试、培训和售后服务的各项工作。

（4）四"着"和谐：

着想（心）：提前为客户、客户的客户想到问题，全面地想到问题，把问题处理在爆发状态或扩大危害程度之前。

着急（脚）：急客户、客户的客户之所急，我们处理客户交换机故障的时间对于客户的时间、客户的客户的时间而言，不是等比的关系，而是级数级的影响关系。

着落（手）：对于客户的每一件咨询请求、申告、投诉等要做到处处有着落，事事有人管；服务快车的职员，人人有事干，人人管好每件事。

着装（外貌）：统一订制的工服以及配备、配带的工具是服务快车工作人员着装的整体组成，公司配备的工具是使者性职员身体整体性的组成部分。

（5）五"度"统一：

服务速度：具体包括远程 7×24 技术支援、现场服务和备件支持服务。

服务精度：每次的售后服务，要求树立不再有重复的精品意识，没有后患的零缺陷意识，服务规范的实施要精益求精。

服务深度：根据服务协议提供对应深度的标准服务或增值服务。

服务广度：适应性满足客户需求、创造性引导客户的发展要求，增强自有发展能力，拓展市场业务。我们已经把工程服务划分若干个小组，直接对应各分公司，与我们的销售大区相配合，直接面对最终用户。

服务高度：服务的质量和效果要高于从前的自己，高于我们的竞争对手，高于客户的期望，高于我们现有的经验；而且服务的高度是建立在服务的速度、服务的精度、服务的深度、服务的广度等基础上的。

（三）客户服务基本理念的制定

1. 获取客户信息

对于企业来说，研究客户的行为和消费习惯是非常必要的。企业必须从客户的记录、客户服务系统、客户数据库等方面了解客户，与客户建立一对一的服务关系。还可以选择并利用来自客户群、战略合作伙伴或者第三方的数据资料，Internet 等技术使企业获得更多客户信息。当然，无论采用哪种方法，都要以获得客户的真实身份为前提。

2. 对客户表示欣赏

千万不要忘记对客户表示欣赏，客户能够选择你们企业的产品和服务，那是你们的福分。只有给客户"可靠的关怀"与"贴心的服务"，欣赏客户，把客户当做朋友，他们才可能频繁购买。

3. 答谢客户

答谢是维系客户与企业感情的绝好手段，通过答谢，客户会感到他们受到企业的重视。我们要向客户传递一种答谢的信息，答谢的方法很多，关键客户名单、特殊折扣、业务通信记录，甚至记住客户名字都是向客户表示感谢的好方法。

4. 分析客户言行

客户的任何有关企业的一言一行，都会使企业产生极有价值的信息。企业应该不断分析客户的言行，注意客户变化的动向，掌握客户的需求，由此更好地为客户服务。

5. 让客户满意

如果希望赢得客户，并想长期留住客户，秘诀在于让他们感到满意，不论是产品还是个人服务，都应让客户满意。客户是否愿意再次光临，不依赖于他本人，而依赖于员工能不能让他这一次满意而归。客户购买的动机在于拥有产品后的满足感，而不在于产品本身有多么好；产品好坏只是客户内心效用评价的一个重要因素，不是全部。当时做好最重要，如果客户当时不满意，事后工作再细致周到，也于事无补。要获得客户的满意和忠心，只有一个办法，就是先找出他们的需要，然后找出他们心中期望的满足方式，百分之百地，甚至超出他们的期望来满足其需要。

二、提升客户服务的策略

提升客户服务即要让客户满意，满意度是客户的心理感知。在营销活动中，要提高客户满意度，提升客户服务水平，主要从以下两方面入手：

（一）改进客户满意度指标

客户满意度可以简要地定义为：客户接受产品和服务的实际感受与其期望值比较的程度。这个定义既体现了客户满意的程度，也反映出企业提供的产品或服务满足客户需求的成效。客户满意度有两个层面：行为意义上的满意度和经济意义上的满意度。

　　行为意义上的客户满意度是一种经过长期沉淀而形成的情感诉求，是消费者在历次购买活动中逐渐积累起来的连续的状态。它是一种总体感觉，不仅仅限于"满意"和"不满意"两种状态。据研究，企业的客户服务处于一般水平时，客户的反应不大；一旦其服务质量提高或降低一定限度，客户的赞誉或抱怨将呈指数倍的增加。

　　经济意义上的客户满意度，如果从量化的指标来看，应从 4 个方面来考虑：①与产品有关的满意度指标：产品质量、产品利益（功效）、产品特色、产品设计、可靠性、性价比等；②与服务有关的指标：保修期、送货、客户抱怨处理、维修和问题解决等；③与购买有关的绩效指标：礼貌、沟通、获得信息、交易、时间等；④行业特殊的指标：比萨饼：30 分钟送货上门；保健品：服用方便、口感好；银行：迅速更换丢失的信用卡；家具：放到位的搬运服务；长途电话：通话的质量；汽车：节能；电脑：软件维护等。

　　企业应结合行业和企业的实际，针对不同客户关注的指标有针对性地进行改善，从而提高客户的满意度。

（二）提高服务质量

　　服务的无形性等特征使得服务质量的高低不仅与服务提供者有关，还与服务接受者的心情、偏好等有关。因此，在提高服务质量过程中，一定要注意以下几点：

　　1. 有科学的标准

　　如在商场，外部需要不挡客的感觉，显得大方、轻松等；有家庭的感觉，能够愉快购物，享受服务；货物的摆放应该方便、开架式、触手可及；拥有贴心周到的服务。据科学统计，对于商场面积，客户的心理最大承受量为 $17143m^2$，客户的生理最大承受量为 $22857m^2$，柜台的高度为 $92cm \sim 1m$。沃尔玛要求员工在客户与其接近 3m 的时候就必须微笑，并且对微笑的程度进行了量化规定。

　　2. 无形服务有形化

　　通过对服务设施的改善、对服务人员的培训与规范等措施来使无形服务有形化。

　　3. 服务自助化、自动化

　　通过自动、自助的方式来提高客户对个性化方面的满意度。如自己在商场组装电脑、在移动通信营业厅对话费查询、打印。

　　4. 服务过程透明化

　　最近，麦当劳向社会开放其操作间，增强消费者消费的信心，满足消费者对服务过程的好奇，从而提高了消费者满意度。

5. 实施服务补救

当客户对企业某方面服务不满意时，企业应迅速查找原因实施服务补救。快速的补救措施不仅可以提高客户满意，而且还提升了企业的形象。

总之，在进行客户服务时，应判断客户在消费时的心情和消费偏好，同时要衡量自己与竞争对手之间价值差异，创造服务差异化。服务多一点，满意多一点，全方位地提高客户满意度，关注细节，提供增值服务，不仅让客户满意，更要让客户在享受服务过程中的愉悦。

三、发掘客户资源价值

客户是企业生存与发展之本，而客户资源是企业中最重要、最有价值的资产之一。一个企业即使建立了客户档案，但若只是保存起来并未进行有效的利用，一旦某个业务员离去，他就会带走一批客户。可见，这样的客户资源并没有被企业真正拥有，更不被企业所控制。因此，企业要发掘客户资源，对客户资源进行数据管理，将数据转化为对公司有利的信息，以便更好地监控和了解客户行为。对此，可以通过以下手段来发掘客户资源的价值：

（一）客户分类管理

经济学上有一个重要的原理，叫"二八原理"，意思是说大约 20% 左右的客户，创造了 80% 左右的销售收入。对于每个企业来讲，首先要对所有的客户进行分类，对主要的客户要实行重点管理，在他们身上投入更多的人力、物力和财力，以便通过销售产品和提供服务，从他们身上创造更多的现金流入量。当然，对于那些非重点管理的客户，也不能轻易放弃。例如，海尔集团对于"海尔家庭"的管理内容就要比一般的用户丰富得多；但同时，对于一般的用户，他们也没有放弃必要的管理和服务。

（二）与客户进行沟通

企业应主动与客户进行沟通，让客户感觉到企业与客户之间不仅仅是一种买卖关系，更多地体现为朋友关系。沟通不是简单的说教，而是带有很浓厚的人情味，冷冰冰的沟通方式则会适得其反。通过与客户沟通，使老客户达到忠诚，使新客户成为"回头客"，或者乐意向他人介绍推荐企业产品。

（三）实施客户跟踪管理

企业的客户始终是流动的，即使是同一客户，其对产品和服务的需求也是持续变化的。因此，企业要随时根据情况的变化，调整重点管理的客户对象，实施持续的客户跟踪管理，僵化或者一成不变的管理方式是难以达到好效果的。

（四）延伸客户服务内涵

当企业开拓了一个新的客户之后，即意味着可能创造了一个源源不断的现金流入的机会。企业应当将第一次交易当做与客户往来的开始，而非结束。如电信行业在提供电话服务的基础上，通过增加服务的内容：开通来电显示、留言、上网服务等，对客户提供一揽子通信解决方案，增加了电话线路的使用频率，提高了话费收入。这样，企业就能从客户身上获得更多的现金流入量。此外，保持长期的客户关系，还可以减少广告支出。因为客户本身就是一个免费的广告资源，很多人在购买之前喜欢听取朋友的意见，觉得比广告更可信。

（五）选择客户

1. 识别客户群体

从理论上来讲，所有的消费者都有可能成为企业的客户，但在现实生活中，由于每个企业都有其特定的经营范围，所生产的产品亦有相对应的特定的客户群体，因此，某一个企业的客户群体是有范围限制的。只有识别了客户群体，企业的客服工作才能有的放矢。那么，如何来识别客户群体呢？可从以下三方面着手：

（1）企业的收入来自哪里？对于制造商来说，如果它不能将最终消费者的需求刺激起来，它们就可能会失去对零售商客户的吸引力；对于批发商来说，零售商或次级批发商至关重要，它们是批发商收入的提供者；而对于零售商来说，收入的提供者是购买商品的消费者。

（2）购买产品或服务的决策者是谁？在客户购买企业产品或服务的过程中，其购买的决策者将起到至关重要的作用，他们往往左右着客户的行为，进而影响到企业的产品销售和服务的提供。

（3）产品和服务的受益是谁？一般情况下，受益者往往就是接受产品或服务的客户，但有时并不一定是。只有找出受益者，企业的产品或者服务才能有针对性的目标。

2. 选择优质客户

优质客户是指那些与企业建立了相互信任关系，能够为企业提供稳定利润的客户。当识别完客户群体之后，就要进一步选择企业优先开发的目标客户。企业优先开发的目标客户通常有三类：①喜欢稳定而长期的业务关系的客户；②习惯在某处集中购买，付账及时，需要的服务相对简洁的客户；③认为企业的产品和服务比竞争对手的更物有所值的客户。

企业吸引上述三类的客户越多，那么企业可拥有的优质客户就会越多，客户价值保持率就会越高，客户群体生命周期就会越长。

（六）赢得客户信任

企业的客户资源同时也是竞争对手争夺的重要对象，因此，即使可以通过努力不断地获得客户，但也有可能不断地流失客户。要想赢得新客户，留住老客户，企业一定要赢得客户的信任。

1. 不要迷信价格竞争

价格仅仅是一个有吸引力的区别工具。尽管在某些时候价格是吸引客户的有效手段，但它不能长期留住客户。比如，传统保险公司正在竞相提供高额的储蓄利率，一家公司报出的价格竟然比银行主导存款利率高出 3 个百分点。如果这家公司想赚钱，这样的许诺是不太可能长久的。

2. 多渠道提供优质服务

如果客户得到一些额外的服务，这小小的额外服务使他们与企业交易时变得愉快、有收获、受欢迎。企业可通过以下渠道来提供额外服务：及时、专业、礼貌地与客户打交道；听取客户的意见，努力满足客户甚至超越于他们提出的需求。

3. 建立客户忠诚

客户在与企业第一次打交道的时候，总是怀着疑虑的心态。只要企业能够打消客户的这种疑虑，并让客户确信其选择是正确无误的，就能建立客户忠诚。客户忠诚是逐渐积累起来的，企业可以通过让客户打消自己的疑虑以及让客户自己成为专家来建立客户忠诚。

案　例

有一家硬件商店，至少有 65% 的人在走进商店的时候对这方面并无太多了解。他们当中的很多人甚至不知道哪些工具是自己所需要的，哪些材料是必不可少的。这种害怕的情绪是使他们成为客户的障碍。但商店可以向他们保证所购买的材料是合格的，可以正常工作，否则可以退还，保证客户可以打电话让商店派人去帮助他们解决问题。通过预先就提供这些帮助，怀疑的情绪就会消失掉，问题也可以得到有效的解决。

（七）对不同的客户实行"差别待遇"

客户服务应以客户需求为导向。企业应该根据客户的需求，为客户提供个性化、差异化服务，以达到客户满意。不同客户的赢利能力是不同的，因此，需要区别对待客户。

1. 划分客户层级

客户层级主要划分为四层：

（1）铂金层级：代表那些赢利能力最强的客户，典型的是产品的长期用户，他们对价格并不十分敏感，愿意花钱购买新产品，对企业比较忠诚。

（2）黄金层级：这个层级的客户希望价格折扣，他们往往与多家企业而非单单一家企业做生意，以降低他们自身的风险。

（3）钢铁层级：该层级的客户包含的数量很大，能消化企业的产能，但他们的消费支出水平、忠诚度、赢利能力不值得企业去特殊对待。

（4）重铅层级：该层级的客户要求很多，属问题客户，消耗企业的资源，他们不能给企业带来赢利。

2. 80/20 法则

80/20 法则即 20% 的客户能为企业创造 80% 的利润，而另外的 80% 客户仅给企业带来 20% 的利润。在这种分布中，20% 的客户构成企业的铂金层级和黄金层级，他们是企业赢利能力最强的客户。其余的 80% 客户是钢铁层级客户，他们是企业产品最广泛的消费者，他们离不开企业的产品，但消费额小，企业在其身上所获得的赢利少。

3. 新管理思路与策略

在管理上客户层级模型有很重要的意义，因为它是一种思考客户与产品关系的新方法。首先，许多客户挤占了企业的时间、精力和雇员的情感，而回报很少或对企业无益，所以，企业并非在所有的客户上都花费相同的时间，对客户层级划分可让企业更合理地分配和利用资源；其次，通过向顶级客户提供优质服务，可以提升企业的声望，口碑宣传较好，竞争地位也会加强；再次，不同层级客户的服务目标不同，因此，向不同层级客户提供不同服务能更好地满足客户的需求；最后，如果能清楚地划分客户需求，就能为目标市场提供更有针对性的产品，为不同层级客户开发新的服务。这样企业在市场上成功的机会更大，就更能满足客户的需求，获得更强的竞争力。

第三节　售后服务

案例启示

海尔售后服务

（1）随叫随到：

①在与您约好的时间内准时到达约定的服务现场；

②我们服务的全过程诚心地接受您的监督。

（2）到了就好：

①一次到位迅速满足您的需求，解决您的抱怨；

②若不能一次当场解决问题，则保证提供家电周转机（包括冰箱、彩电、洗衣机、手机等），确保您正常使用。

（3）创造感动：

①上门为您提供规范化、专业化的海尔星级服务。并根据您的需求提供定期维护、保养、清洗服务；

②根据您的个性化需求或潜在需求，为您提供超值服务，让您得到意外的惊喜。

（4）信息增值：

①您的意见和建议就是给我们最好的礼物；

②无论在产品开发设计、性能功能改进，还是产品营销等方面提出的意见或建议，一旦被我们采纳，我们都会给您相应的奖励。

一、售后服务的概念

随着社会的发展、竞争的加剧、国家对消费者权益保护的加强和消费者对自身权益的觉醒和重视，消费者对企业产品和服务的不满意不再采取一味忍让的消极方式，而采取投诉的主动方式。消费者不仅要求企业对问题产品和服务失误进行维修和补救，有些还要求企业对由此给其造成的显性和隐性的损失提供补偿。客户中对在保修期内的问题产品提出退货与换新、对在超过免费维修服务期后仍要求免费维修的这些看似"无理要求"的比例正逐渐上升。

前文已提到过，按照服务的时序，可将客户服务分为售前服务、售中服务和售后服务。在这一节，我们将详细阐述有关售后服务的内容。那么，什么是售后服务？售后服务就是企业对客户在购买商品后提供多种形式的服务的总称，其目的是提高客户满意度，建立客户忠诚。售后服务是营销的一部分。没有售后服务的营销，在客户的眼里，是没有信用的销售；没有售后服务的商品，是一种最没有保障的商品。

对于售后服务的理解，应从以下三方面入手：

（一）售后服务具有滞后性

与商品交易时间相比，售后服务时间具有滞后性。售后服务对商品使用价值的实现起着保证作用。因为商品交易时间与商品使用价值实现时间并不统一，商品交易时间一般随着商品所有权的转移而很快结束；而商品使用价值一般是从商品交易行为完成后开始，到商品没有任何使用价值时才终止。

（二）售后服务由产品经营者组织

不论是生产企业、商业企业还是服务行业，只要经营某一产品，就应该周到、及时、热情地组织售后服务，保证产品全部使用价值的实现。所以说售后服务是由产品经营者组织的以产品消费者为对象的服务活动。

（三）售后服务是综合性服务行为

售后服务不仅包括产品的运送、安装、调试、维修等劳务活动，也包括介绍产品使用过程中的注意事项等信息活动，还包括使用技术、维修技术的指导、培训等技术活动。由此可见，售后服务是一种包括劳务、信息和技术在内的综合性服务行为。

二、售后服务的内容

售后服务的内容主要包括以下几个方面：

（一）向客户提供相关支持

1. 提供商品包装和运输

商品包装是售后服务中不可缺少的项目，其形式多种多样；对于购买大件商品或者一次购买量比较大以及有着特殊困难的客户，还存在运输和送货的问题。

2. 提供商品销售资料

有许多商品，其销售资料常以报道性的文件记载，企业可用它作为赠送客户、联络感情、吸引更多客户的最好工具；此外，当商品脱手之后，客户基于某些理由，常常希望了解商品本身的动态资料。比如，药品的推销，当企业将同样厂牌出品的止痛药送交至药房后，如果成分、规格、等级有任何变动，这些资料都应该立刻提供给药房。

3. 提供技术服务

包括向客户提供技术资料、对客户进行技术指导或培训以及提供知识性指导及技术咨询服务等。

4. 提供产品支持

包括产品的安装服务、零配件的配套供应等。客户购买的产品有的须在使用之前进行正确安装，这就需要派人上门服务，帮助客户安装、调试；此外，生产企业还要做好产品的零配件供应。

（二）保证产品质量

售后服务最主要的目的是保证产品质量，维护产品的信誉。一项优良的产品，企业在销售时总是强调售后服务，这不只是对客户道义上的责任，也是维护本身信誉的必要行动。常见的有企业提供的"三包"服务：包修、包换和包退。

（三）投诉处理

面对投诉，企业要善于听取客户意见，同时，要查清事实，与客户充分交流意见，依据投诉原因妥善处理。若问题出在公司一方，要做好善后工作，促成坏事变好事；若问题出在客户一方，要善于诱导，使客户认识到自己的问题。例如，客户若购买到不合格或不合适的产品，企业若允许客户退货，可以消除客户不满。

（四）建立客户反馈系统

通过客户跟踪、客户调查等方式，建立良好的客户关系，随时掌握客户动态，为新一轮的生产和销售提供建议，同时也可以及时为客户解决实际问题，减少客户在购买后的抱怨，提高客户服务水平。

三、售后服务的作用

售后服务的具体作用，概括起来有以下几点：

（一）提高产品质量的保证

售后服务工作是质量管理在使用过程的延续，是实现商品使用价值的重要保证。现在消费者强调产品质量问题，而产品质量只有在使用过程中才能完全地表现出来。由于生产、运输、安装及使用中的种种原因，售出产品的使用价值可能受到损坏，而售后服务作为一种补救措施，可以保证产品的使用价值，为消费者排除后顾之忧。同时，在售后服务中，可以把客户对产品的意见和要求及时反馈到企业，促使企业不断提高产品质量，更好地满足客户的需要。

（二）塑造企业形象，提高市场竞争能力

良好的企业形象和信誉是企业的无形资产。企业要有良好的形象和信誉，除了能为客户提供优质产品外，周到的售后服务也是必不可少的。任何产品都不可能十全十美，毫无缺陷，总还有某些不足，给客户在使用中可能造成这样或那样的麻烦。如果企业能够有良好的售后服务工作，及时解除客户的后顾之忧，弥补这些缺陷和不足，使客户买时称心，那就能得到客户的信赖和青睐，提升企业的市场竞争力。

（三）促进企业不断开拓创新

客户在长期的、连续不断的产品使用过程中，积累了丰富的经验，他们不仅会提出很多很好的对产品的改进设想，有的还会自己动手进行改革。通过售后服务，广泛搜集客户的这些设想和改革，在此基础上进行设计，就可以研制开发出使客户更加满意的新产品来。

（四）可以更好地满足消费者的需求

根据国家有关政策法规，消费者具有了解商品和服务的权利、选择的权利、求得商品和服务安全卫生的权利、监督价格和质量的权利、对商品和服务提出意见的权利、受损时要求索赔的权利。因此，企业搞好产品的售后服务有助于上述权利的实现。

（五）有助于创造一个忠实的客户群

客户是企业的安身立命之本，没有固定的客户群就很难在竞争中立足。每一个客户都有自己的社交圈，在这个社交圈里，他既受别人的影响，又对别人施加影响。对产品质量和售后服务满意的客户，不仅自己会成为回头客，而且还会成为企业的宣传员和广告员，带动一大批客户上门来。而不满意的客户则不仅自己不再上门，而且会向自己的亲朋好友散发不满情绪，使企业失去一大批潜在的客户，此外，企业在名誉上的损失和对企业员工士气的打击以及对企业未来发展的影响更难以估量。

四、售后服务的方式

按照不同的分类标准，售后服务方式也有多种分类方法（如图 8 - 2 所示）。

$$售后服务方式 \begin{cases} 服务是否收费 \begin{cases} 有偿服务 \\ 无偿服务 \end{cases} \\ 服务机构是否定点 \begin{cases} 定点服务 \\ 流动服务 \end{cases} \\ 售后服务提供的联系手段 \begin{cases} 面对面服务 \\ 在线服务 \end{cases} \end{cases}$$

图 8 - 2　售后服务的方式

（一）有偿服务与无偿服务

按照售后服务是否收费，可分为有偿服务与无偿服务。比如，根据保证单或合同规定，保修期内因质量问题而进行的修理服务是无偿服务；而在保修期外，或虽在保修期内但因个人或事故造成损坏而进行的售后服务，都应是有偿服务。

（二）定点服务与流动服务

按照服务机构是否定点，可分为定点服务与流动服务。定点服务的对象多是大批量生产的产品，生产企业按照区域设立技术服务网点，根据产品的市场结构和分布状况进行服务。而流动服务是由生产企业的销售技术服务部门的技术服务人员，根据售货登记记录，定期检修本厂产品；或根据用户电话要求，在较短时间内，携带工具、材料、配件等到达现场进行服务。

（三）面对面服务与在线服务

根据售后服务提供的联系手段的不同，将售后服务划分为面对面售后服务方式与运用技术手段的在线服务。

面对面的服务是传统方式的售后服务，这种服务被认为是"高接触、低技术"的，即，消费者只需与服务提供方派来的代表接触、交流即可，而不必具备相关方面的技能，也无须自己亲自动手。目前，由于网络日益普及，通过网络完成一些无须直接见面的在线服务越来越多地被许多企业所采用；此外，通过拨打免费电话也可以提供服务，这属于在线服务的另一种具体形式。

五、售后服务跟踪

在企业所提供的售后服务跟踪中，有三项与质量跟踪有关的连带性措施：质量信誉卡的发放，用户信访、电访、来访的处理以及咨询服务。

（一）质量信誉卡的发放

质量信誉卡，是企业为了抵抗假冒伪劣商品、服务，进行自我约束，而采用的一种新的商品、服务质量的管理手段。其基本内容是销售单位、商品或服务的名称、规格与型号、质量等级、售出时间、售出数量、销售价格、注册商标、生产厂家、客户姓名等。将其发放到客户手中，可发挥一定的质量担保作用和社会监督作用。

目前，消费者凭质量信誉卡可要求退换、维修等项服务；企业则应按其规定，承担属于己方的一切责任。企业在发放质量信誉卡时，要使之印刷规范、填写准确、说明清楚，并且负责解释，承担必要的责任。

（二）客户来访的处理

客户信访、电访、来访的处理，是售后服务工作的重要一环。对其处理不当，往往会损害本企业的声誉，甚至导致诉讼风波。有条件的服务单位，应当指定专人或由专人兼职，负责信访工作。在信访工作中，有关负责人员要耐心细致地开展工作，认真维护消费者的切身利益。

最好应当指定专人或由专人兼职，负责来访工作。在来访工作中，有关负责人员要耐心细致地开展工作，认真维护消费者的切身利益。

对于客户的来信、来电，要认真做好编号、登记。对上门来访者，要以礼接待，并做好来访记录。对于客户有来信、来函的处理率，要达到100%。对有必要回复的来信来电，要及时做出回复。对于客户来信、来电、来访之中所客观反映的问题，要及时进行综合分析、处理，并且转报给有关领导。

（三）咨询服务的提供

咨询服务，一般是指客户在购买商品、服务之后，就与此相关的使用、保养、维修等方面的问题，要求企业给予解答、指导时，所应当享受到的服务。

在服务过程之中，咨询服务乃是重要的配套项目，不可或缺。企业要做好咨询服务，就必须安排专人负责，并且最好设立专用的咨询电话，正式将其向社会公布。售后服务人员要做好咨询服务，还必须善解人意，保持热心与耐心。

六、售后服务提升

（一）重视客户反馈意见

1. 搜集意见反馈资料

了解客户反馈意见是使客户满意的必要前提。提取和搜集有关客户反馈的资料，对解决售后服务的相关问题将会产生极大的推动作用。为了充分赢得客户反馈，则必须：

（1）使反馈简单化。

若想听到意见，就要让提意见的过程尽可能地简单化。比如：发一张付过邮资的明信片，但在附近也一定要设一个意见箱，这样客户可根据自己的意愿决定是当时还是过后投寄。如果可能的话，也可以让企业的客户直接向企业的一线员工反映意见。意见栏的内容要言简意赅，并且给客户足够的发挥空间。

好的意见卡应该有 5～10 个不同角度的问题，并且备有 4～5 个各种程度的回答（差、凑合、好、很好等）。如果提的问题太少，就会漏掉许多信息；如果提的问题太多，客户就会没有耐心回答所提问题。客户只需在他选择的答案上画个钩就行了，而不必写什么，但在问题下面也应该留出空白，以备那些想再多说些的客户使用。

另外，不要例行公事地要求客户签名。即使在后面加上"可签可不签"，客户可能已经因为看到姓名栏而决定写了。最好的解决办法是写上"如果您想得到答复，请留下您的姓名和地址"，然后给他们留下空白即可。若客户没有留下名字，就说明他不需要答复。若他留了名，那么企业就该保证让客户得到答复。

（2）主动要求反馈。

①由一线员工把卡片亲手递给客户，让他们填写。这就更让客户感觉到企业的确需要他们的反馈；同时也向他们暗示了企业的一线员工有足够的自信去要求反馈。

采用这种方式，会得到更多的意见，但必须弄清所得到的信息是否完全真实。如果一线员工认为客户的意见会对他们不利，他们就会设法只让上司知道那些满意的反映。意见卡送上去的时候，客户的不满就会被刻意剔除出去。

如果企业的一线员工信任上司，上司听到的可能也都是好话。这一方面是因为员工们的确做得很好，另一方面也是因为他们发放卡片时态度和蔼，许多客户不好意思提出不满意见。

②在客户购买商品的同时附送意见卡。不必每样商品都送，但最起码在一定量的样品之中，应包含有意见卡。

③电话或信件搜集。如果与客户之间是通过电话或信件联系的，也能以同样的方式从他们中的一部分或所有人那里得到意见。在每周固定的时间给打来电话的客户写信要求反馈，有规律地更换这一日期和时间，或是给在某天或某周订货的每位客户随账单邮去一张意见卡等，都是不错的方式。

2. 重视反馈

如果要求得到反馈，就应该重视反馈——尤其是当反馈中包含姓名的时候。如果客户们认为企业根本不把他们的意见放在心上，即使是那些肯花时间提意见的人也不会帮企业的忙。

如果要求反馈，就应读读这些反馈。如果客户告诉企业他不满意，就该对他的不满给予答复。如果企业不能——答复所有的意见，至少也不该漏掉那些最重要的。

3. 意见反馈的其他细节

（1）保证客户能通过电话找到相关责任人。把企业的电话号码放在醒目的地方，并鼓励客户使用它。如果企业的客户数量很多，可以设立热线电话。

（2）在意见卡上，要向客户表明企业希望获得信息是因为企业想更好地为他们服务。绝不是"愿意听听您的意见，以便我们改进工作"，而是"我们想知道如何让您更加满意"。

（3）对每个客户的意见做出答复，但不能就此为止，应建立起客户意见的信息库。最好使用计算机来储存，把这些意见分类处理，并定期进行复检。当客户对某一产品、服务、场所或是个人的不满达到一定程度时，就必须采取一些积极有效的行动来改变这一状况。

（4）不要用高度概括的资料代替直接获得的第一手资料，因为概括的资料可能已经扭曲了事情的真相，而这必然会带来不良的后果。

（二）售后服务规范化管理

公司应制订一些规章制度如售后服务管理办法、售后服务人员守则、售后服务人员管理制度、上门安装服务制度等，对售后服务作业、售后服务人员的行为进行规范，以此为客户提供专业化、规范化的服务，从而提升企业在客户心目中的形象。

第四节 客户关系管理（CRM）

客户关系管理（CRM）能为企业获得更多的客户，保留更好的客户，创造更大的客户价值，保持客户永久的忠诚，建立一对一市场营销，从而为企业带来更丰厚的利润和持续的竞争优势。

一、CRM 的内涵与分类

（一）CRM 的内涵

目前，市面上有很多关于 CRM 的定义。通过众多 CRM 的文献研究可以发现，CRM 的实质是企业运用完整的资源，结合软件与硬件服务，利用信息科技加以整合企划，全方位地了解每一位客户，并通过所有可能的渠道与客户进行互动，以此来达到提升客户价值且创造公司收益最大化的目的。CRM 作为一种新的经营管理哲学，对其内涵可以从不同角度、不同层次来理解。

1. CRM 是对传统管理理念的更新

CRM 的核心思想是将企业的客户（包括最终客户、分销商和合作伙伴）作为最重要的企业资源，通过完善的客户服务和深入的客户分析来满足客户的需求，保证实现客户的终生价值。在引入 CRM 的理念和技术时，不可避免地要对企业原来的管理方式进行改革，业务流程重组则为这种变革提供了具体的思路和方法。在互联网时代，仅凭传统的管理思想是不够的。互联网带来的不仅是一种手段，它触发了企业组织架构、工作流程的重组以及整个社会管理思想的变革。因此，CRM 首先是对传统管理理念的一种更新。

2. CRM 是一种新型管理机制

CRM 实施于企业的市场营销、销售、服务与技术支持等与客户相关的领域。一方面，向企业的销售市场和客户服务的专业人员提供全面、个性化的客户资料，并强化跟踪服务、信息分析的能力，使他们能够协同建立和维护一系列与客户和生意伙伴之间卓有成效的"一对一关系"，从而使企业得以提供更快捷和周到的优质服务，吸引和保持更多的客户，提高客户满意度，从而增加营业额；另一方面，通过信息共享和优化商业流程来有效地降低企业经营成本。因此，CRM 是一种旨在改善企业与客户之间关系的新型管理机制。

3. CRM 也是一种管理技术

CRM 将最佳的商业实践与数据仓库、数据挖掘、一对一营销、销售自动化以及其他信息技术紧密结合在一起，为企业的销售、客户服务和决策支持等领域提供了一个业务自动化的解决方案，使企业有了一个基于电子商务的面对客户的前沿，从而顺利实现由传统企业模式到以电子商务为基础的现代企业模式的转化。

4. CRM 并非单纯的技术

CRM 是一种企业商务战略，而并非等同于单纯的信息技术或管理技术。其目的是使企业根据客户分层进行重组，连接客户与供应商之间的过程，强化使客户满意的行为，从而优化企业的可赢利性，提高利润并改善客户的满意度。为了实现 CRM，企业与客户连接的每一环节都应实现自动化管理。

（二）CRM 的分类

美国调研机构 Meta Group 把 CRM 按照功能分为三类：操作型 CRM、分析型

CRM、协作型 CRM，这一分类已得到了业界的公认。

1. 操作型 CRM

操作型 CRM 与企业业务运营紧密相关，因此又被称之为运营型 CRM。包括销售自动化、营销自动化、服务自动化等应用以及前端办公室和后端办公室的无缝集成。

2. 分析型 CRM

分析型 CRM 从操作型 CRM 系统应用所产生的大量交易数据中提取各种有价值的信息，通过运用数据挖掘、在线分析处理 OLAP（On – Line Analytical Processing）、交互查询和报表等手段，了解客户的终身价值、信用风险和购买趋向等。

3. 协作型 CRM

操作型 CRM 和分析型 CRM 只是企业员工自己单方面的业务工具，在进行某项活动时，客户并未一起参与。而协作型 CRM 是由企业客户服务人员和客户共同完成的，两者是协作关系。协作型 CRM 主要由呼叫中心、客户多渠道联络中心、帮助台以及自助服务帮助导航等功能模块组成。为客户交互服务和搜集客户信息提供了多种渠道及联系手段，提高了企业与客户的沟通能力。

二、CRM 系统结构

一个完整的 CRM 系统由 4 个子系统构成（如图 8 – 3 所示）。

（一）业务操作管理子系统

在业务操作管理子系统中，CRM 的应用主要是为了实现基本商务活动的优化和自动化。在此子系统中，主要涉及三个功能模块：营销自动化（MA）、销售自动化（SA）和客户服务自动化（CSS）。随着移动技术的快速发展，销售自动化可进一步实现移动销售（MS），客户服务自动化则将实现对现场服务的支持。

（二）客户协作管理子系统

在客户协作管理子系统中，CRM 的应用主要是为了实现客户接触点的完整管理、客户信息的获取、传递、共享和利用。具体涉及企业不同职能部门的管理信息体系、呼叫中心、移动设备、Web 渠道的信息集成、处理等问题。

（三）分析管理子系统

在分析管理子系统中，CRM 的应用主要是为了实现客户数据库的建设、数据集市、数据挖掘等工作，在此基础上实现商业智能和决策分析。

（四）应用集成管理子系统

在应用集成管理子系统中，CRM 与企业管理信息系统的集成，乃至整个企业应用集成（EAI）方案，以实现 CRM 与企业资源计划（ERP）、供应链管理（SCM）等系统的紧密集成。

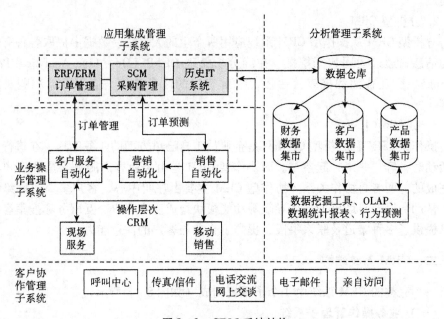

图 8-3　CRM 系统结构

三、CRM 系统构建

案　例

有一个关于 CRM 的经典笑话。一位数据库营销人员根据销售记录给老客户 A 打电话："您是我们 3 年前的老客户，您买的电视机已经用了 3 年了，我们现在有很多新产品，并且对老客户有优惠，是否需要换一台？"该客户说："还能凑合看，没必要。"该销售人员又打给另外一个老客户 B："您已经 5 年没换微波炉了，为了您的健康考虑，该换一台了。"该客户回答："我是个健康主义者，我讨厌微波炉。"销售人员于是打给经常换新款家电的 C 客户："您几年没买过我们的冰箱了，现在需要换吗?" C 客户回答："最近怎么老问我这个问题，我已经告诉你们几次了，我换了进口品牌。你们从来不更新数据库吗?"

(一) CRM 系统集成组合

CRM 系统的构建应该以客户数据库的建设、供应链合作伙伴关系的建立、技术集成和业务流程的重组为基础。

1. 客户数据库建设

客户数据库对 CRM 系统的集成至关重要。客户数据库是 CRM 系统的信息心脏，是客户信息集成和企业借以决策和快速反应的依据。企业通过建立客户数据库，在处理分析的基础上，可以研究客户购买产品的倾向性，当然也可以发现现有经营产品的适合客户群体，从而又可有针对性地向客户提出各种建议，并更加有效地说服客户接受企业销售的产品。

2. 供应链合作伙伴关系

供应链合作伙伴关系一般是指：在供应链内部两个或两个以上独立的成员之间形成的一种协调关系，以保证实现某个特定的目标或效益。在新的竞争环境下，供应链合作伙伴关系强调了成员间直接的、长期的合作，强调共有的计划和共同解决问题的努力，强调相互之间的信任与合作。而要打造这种伙伴关系，就要求每一个成员在获益的同时必须对业务联盟有所贡献，提供为他人和供应链提高生产力的能力。

3. CRM 技术的集成

集成不是简单地把两个或多个单元连接在一起，而是将原来没有联系或联系不紧密的单元组成有一定功能的、紧密联系的新系统。主要包括 5 个方面：

(1) 应用功能的集成。应用功能的集成就是将客户关系管理系统（CRM）、决策支持系统（DSS）、计算机管理信息系统（MIS）、计算机辅助工程（CAE）、计算机辅助设计（CAD）等应用系统融为一体，从而将产品设计、制造、库存、分销、采购、物流、财务、人力资源等连接起来，建成计算机集成工程设计系统。

(2) 信息的集成。从信息资源管理（IRM）出发，统一规划设计建立数据库系统，使不同部门、不同专业、不同层次的人员，在信息资源方面达到高度共享，进行全企业的数据总体规划与应用分析；并通过公用系统和可兼容系统的连接，实现合作伙伴的信息共享。

(3) 技术的集成。由多种高技术综合的计算机集成应用系统，包括数据库技术、网络通信技术、多媒体技术、可视化技术、并行工程与计算机支持的协同工作、人工智能与优化技术以及工程设计理论与技术和管理科学等，需要有关专家学者的技术咨询和多方面的高级技术人员参加。

（4）系统运行环境的集成。系统运行环境的集成主要是将不同的硬件设备、操作系统、网络操作系统、数据库管理系统、开发工具以及其他系统支撑软件集成为一个系统，形成一个统一的高效协调运行的应用平台，用户可共享系统软硬件资源。

（5）人和组织的集成。首先，高层领导必须亲自介入开发建设集成应用系统，加强统一领导；其次，随着集成应用系统规划、分析、设计实施逐步完成，必须促使管理机制的改革，使之真正达到生产组织和管理机构的科学化和现代化；最后，对集成应用系统的每一个管理者和使用者而言，都要明确系统集成的观念，每一个人都将在系统的控制下进行工作，其工作任务能否正确、适时地完成，将影响系统的维护和运行。

4. 业务流程重组（BPR）

企业的业务流程重组是 CRM 的主要内容。CRM 系统是建立在业务流程简洁化、职能分工明确化、生产运作协同化、客户需求快速反应化的基础上的。而业务流程的要求是将官僚模式的"纵向一体化"转化为"供应链一体化"。CRM 借助先进的信息技术和管理思想，通过对企业业务流程的重组来整合客户信息资源，并在企业内部实现客户信息和资源的共享，为客户提供更经济、快捷、周到的产品和服务，改进客户价值、满意度、赢利能力以及客户的忠诚度，保持和吸引更多的客户，最终实现企业利润的最大化。

（二）CRM 的建模方法

1. CRM 建模的原则

一个良好的 CRM 系统必须同时满足管理者、员工、客户和合作伙伴 4 个方面的需求。

（1）有利于管理者进行考核和跟踪，能够方便地对员工进行绩效评估，提供培训；

（2）提供给员工有用的、足够的、容易解读的信息，协助员工采取正确的客户服务行动方案；

（3）为客户提供一个简单易行、可随时提供支持和反馈的系统；

（4）及时与合作伙伴沟通，能够实现信息共享、协调运行的系统。

CRM 模型设计的总原则是以企业在供应链中的层级和企业业务流程特点为基础的，在设计 CRM 系统时应体现以下几个建模原则：

第一，保证企业内部资源共享和基层员工应用；

第二，确保企业与客户的互动；

第三，利于合作伙伴信息共享。

2. CRM 建模解决的问题

在设计 CRM 模型时，要重点解决好以下问题：

（1）企业类型。企业类型不同，CRM 的内容也是有区别的，服务业与制造业在客户管理的对象、要素、内容、要求上都不相同。

（2）界定客户。客户的行为特征千差万别，企业在设计 CRM 系统之前应该对客户进行合理划分，使之能够方便地辨别出各个层级的客户，然后提供有针对性的服务。

（3）系统兼容。企业不是独立的，它们是供应链一体化成员。企业在设计 CRM 系统时，要与现有 CRM 系统尤其是核心企业的系统兼容。

（4）处理好 4 种关系。①CRM 与企业再造的关系；②CRM 与环境因素的关系；③CRM 与物流系统的关系；④CRM 与先进制造模式的关系。

3. CRM 建模方法的应用领域

在 CRM 中，建模技术是一种相当重要的方法。运用建模可以实现从数据、信息到知识的转化，解决最为关键的业务问题。通常的建模方法适用于以下领域：

（1）应用于客户细分

客户细分是 CRM 的一种初始性方法，在拥有足够的客户数据基础上，可以采取任何参数和导向来进行细分。无论是采用传统方法，还是根据利润贡献度、忠诚度和价值变化的方法，CRM 都能使我们在构建模型的基础上，将客户细分到具体的方方面面。

（2）应用于客户保留

企业实施 CRM 是得到客户并保留客户，从而提高客户忠诚度的有效手段。客户可以选择自己喜欢的方式，同企业进行交流，方便地获取信息，得到更好的服务。客户的满意度得到提高，可帮助企业保留更多的老客户，并更好地吸引新客户。从本质上说，CRM 就是保留客户，最大化新的业务机会并持续赢利。它是一个通过开发与执行客户关系策略，安装并使用 CRM 技术从而成功实施 CRM 的企业哲理。

采用 CRM 的企业能够有效地使用客户信息，从而管理企业与客户间的关系。信息可以被共享并最终转化为知识。而这些知识又使企业得以了解客户，同时这些知识还可以用来加强企业的能力，为客户提供更高的价值。

对流失客户需要精深的洞察力，开发并使用模型来预见哪些客户可能流失，这样就可以进行客户保留管理。通过使用这些模型，加上利润潜力模型，就可以确定哪些客户是应该予以保留的。

同时，强有力的证据表明，客户使用的产品越多，客户保留的可能性就越大。许多模型表明，将近75%的客户在离开之前的整整一年里只使用一种产品。

（3）应用于目标营销

从目标营销的角度看，客户更有可能被新产品或改进型产品和服务所吸引，进而购买，这是由于这种产品或服务更加时尚或与老产品有关联性所致。现在，CRM将数据库应用于目标营销，反应率由以前最高的8%达到目前的20% ~ 25%。通过细分，建模技术在目标营销中可以得到多种应用。

①从最近类似的商业活动中分析数据，验证反应良好的客户的特性。

②在试验邮寄的基础上为新客户建立一个模型。

③对各种各样的个人和社会经济数据进行客户细分，并且为每一个验证过的细分建立预测模型。

（4）应用于欺诈检测

数据建模应用于欺诈分析和检测问题的手段与客户保留和目标营销方面手段相似，即开发一个预测模型，然后利用这个模型指示客户的欺诈倾向。这个模型可应用于当前的客户数据库，从而为客户的欺诈概率记分，或应用于某些服务的新申请，以预测欺诈的可能性。在预测模型中，首先应当查找已知的欺诈性客户和非欺诈性客户例子，分析有关的数据，并找出可能影响欺诈的诸多因素，如客户的年龄、性别、欠费金额等。然后，通过相关测试得出客户欺诈的可能概率。

（5）应用于关联分析

关联分析是要建立客户属性指标之间、客户群与指标之间、客户群与客户群之间的相互关系，并通过对此关系的观察研究，发现各种有益的内在规律，为销售部、咨询服务和信息服务人员以及高层管理人员提供经营管理决策支持。

适用于零售行业，在其他行业适用程度较小。产品购买的关联性，是指在同一次交易中不同的产品被一起购买。通过验证产品购买的关联性，能够获得有价值的见解。利用数据可视化技术能够被用来使产品或者其他关联性可视化。例如，蜘蛛网图表：每一个被购买的物品在图表上被显示为一个点，任何两个物品购买关系的强弱程度用连接它们的线的粗细表示。

零售商在为客户设立忠实卡之后，即拥有一套客户数据，根据客户数据得出具有某一种购买习惯的客户的特性。例如，已经验证了某种购买方式或者类型

（如：同时购买红酒、糖果和美食加咖啡可以叫做"时尚"的购买类型），客户记录能够以类型属性来分类，然后开发一种分类模型来预测每一种购买类型的特性（如"时尚"趋向于 25～45 岁高收入的女性）。根据预测的客户购买类型，可以针对客户制定促销活动方案。

（三）CRM 系统构建程序

1. 可行性评估

企业实施 CRM 的首要问题不是去购买软件，而是聘请有丰富经验的专业咨询管理公司对企业进行诊断，明确问题的关键所在。哪些问题可以通过技术解决，哪些问题需要通过战略调整解决，哪些问题需要转变观念、重造文化解决，只有解决了这些问题，企业才能顺利地实施 CRM 项目。表 8－2 介绍了 4 种企业实行 CRM 项目的可行性评估。

表 8－2　　　　　　　　　4 种企业实行 CRM 项目的可行性评估

企业特点	可行性评估	建议
企业规模还很小，供应商不多，生产流程简单，产品品种有限，业务量不大，下游企业和客户都很明确	不必要实施 CRM 项目的企业	只需开设一个 800 服务电话，用微机建立一套适合自身业务需要的客户管理档案系统即可
生产和销售季节性日用品的企业、生产量大而价低的短生命周期产品的企业、没有长远发展规划的企业	不适宜实施 CRM 项目的企业	略
企业经营困难重重、业务流程混乱、发展前景不妙	暂时不能实施 CRM 项目的企业	运行良好、业务流程清晰、运作规范之后可实施
企业在某一条供应链中处于非核心地位，并且希望能够在此供应链中长期与核心企业合作	暂缓实施 CRM 项目的企业	最好在核心企业上了 CRM 之后再上，并且 CRM 软件要与核心企业兼容

2. CRM 战略目标规划

实施 CRM 的真正目标应该是通过与客户建立适当的关系，整合企业和社会的优势资源，提高企业竞争力，从而提高企业的赢利率。因此，在实施 CRM 之前，企业首先应该规划好目标，其次才是如何达到这一目标。

在真正明确实施 CRM 的目标之前，企业应该与专家顾问认真研究，提出企业短期、中期、远期目标和直接、根本目标。目标的不确定会导致 CRM 实施的失败。此外，目标不要定得太高，目标越高，工程越大，不确定性越多，同时 CRM 现在也还处于开发阶段，技术还有待完善。

3. 阶段目标与实施路线

作为一个系统工程，CRM 需要分阶段来实施。在实施之前，要确定阶段性目标和实施效果，并且量化 CRM 的目标。设计好目标之后，企业还要确定 CRM 的入口。这需要根据企业的具体情况和技术发展的趋势来定，因为入口的方法很多，现在常用的是 Call Center 和 Web 入口。

4. 业务流程设计

一个成功的项目小组应该把注意力放在流程上，而不是过分关注于技术。技术本身不是解决方案，只是促进因素。此外，技术的运用也要注意其灵活性。选择技术的标准应该是根据业务流程中存在的问题选择合适的技术，而不是调整流程来适应技术要求。

确定完业务流程之后，企业应该根据业务流程调整组织结构，使企业的组织结构具有足够的弹性，增强对市场和客户的反应能力，避免企业行为与市场行为脱节。

5. CRM 系统结构设计

CRM 系统结构的主要功能有：与供应商、销售商、客户沟通手段的集成化、自动化和简便化；对供应商、销售商、客户和企业内部信息的流程化、系统化和信息化；在此基础上的决策智能化。

在设计 CRM 系统结构时企业可以借鉴他人模式，但是不能照搬。CRM 系统没有相同的模式，不可能存在"一种号码，人人通用"的万能软件。在实施 CRM 之前，一定要对企业现状和对现有影响客户关系的运作方法进行分析。如果一个企业没有高层领导对企业战略的明确方向，没有流程的科学化，而寄希望于购买软件，马上实施 CRM 项目，结果不但不会给企业带来绩效的提高，反而会落得个失败的下场。

6. 实施与培训

CRM 的实施主要是专业技术人员的事情，但 CRM 的应用却是全体员工的工作。因此，在专业技术人员实施 CRM 时，企业应该对全体员工开展培训，掌握先进的技术，统一员工的观点。培训的重点体现在 3 个方面：①通过培训改变观念，将以产品为中心的观念转变为以客户服务为导向的观念；②培训专业技术；

③培训创新能力。

CRM 实施之后，应随着企业环境、企业业务和客户情况的变化不断作出相应的调整和完善，使 CRM 能够"与时俱进"。

7. 系统集成

系统各个部分的集成对 CRM 的成功很重要。CRM 的效率和有效性的获得有一个过程，依次是：终端用户效率的提高、终端用户有效性的提高、团队有效性的提高、企业有效性的提高、企业间有效性的提高。

因此，CRM 在系统试运行过程中，应当与企业的其他信息系统，如物料采购系统、生产制造资源系统等相耦合，形成信息兼容的庞大功能群。

8. 实施效果评估

企业在实施 CRM 时，建议聘请专业监理公司参与进来，一方面可以当企业的顾问；另一方面可以适时评估实施进程与实施效果。

在实施过程中，应当把评估效果作为项目参与人奖惩的依据。实施过程中会发生工作人员效率不高、情绪消极甚至互不协作的事情，有了奖惩依据可以保证参与者的职业操守得到尊重。

四、CRM 系统实施

 案　例

有一位日本商社的职员 B 先生，到当年联邦德国一家机械工厂访问时，其总务科长是一位年轻的德国人。这位总务科长不仅热情而郑重地招待 B 先生，而且对 B 先生的家庭、兴趣、爱好、出生年月日、所属的社会团体、所信仰的宗教等都很了解。B 先生对他的敬业精神大为感动，尽力促成他的商社继续购买这家公司的机械。从此以后数十年的时间里，双方保持着密切的交易关系。为什么会有这样的结果呢？这就是联邦德国这位年轻的总务科长把客户资料做了很好的整理，分类并加以运用的结果。

（一）CRM 实施的原则

在 CRM 实施过程中，通常要遵守以下 3 点原则：

1. 企业内部创新需求是实施的推动力

CRM 的实施，会带来企业内外的变革。在企业内部，不应当仅仅是信息部门或销售部门应用 CRM 系统，而应当是整个企业在高层领导的直接参与指导之下的多方协同调整。因此，实施 CRM 系统要获得企业高层管理者从发展战略上

的支持。CRM 项目的行政管理者应当有足够的决策和管理权力，从总体上把握建设进度，设定明确的目标、向实施团队提供为达到目标所需的时间、财力、人力和其他资源，并推动这个目标从上到下的实施。也就是说，在企业内部的高层支持和直接参与下，实施团队制订出 CRM 目标、客户价值分类的依据，并动员相关部门为整个项目投入精力和资源，实现内部和外部的转变，最后达到客户和企业的双赢效果。整个过程如图 8 - 4 所示。

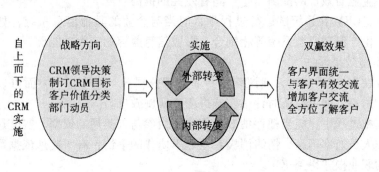

图 8 - 4 CRM 的实施

2. 明确实施 CRM 的目标

将"以客户为中心"的 CRM 管理理念贯彻到各个客户接触点之后，企业的绩效应当有较大的提高。对于企业管理来说，各种绩效衡量指标的提高都很重要。在实施 CRM 之前，项目管理者需要根据企业本身的管理现状，将最需要解决的问题和最期望获得的改变排出优先顺序，以此来确定实施目标。

确定实施目标之后，企业应当针对这一目标的现状进行调查，确立出量化指标。例如：如果实施目标定义为"提高销售业绩"，那么量化的指标应包括：

（1）现有的销售周期有多少天？

（2）现有的销售成功率（潜在客户转为正式客户的比率）是多少？

（3）在销售人员需要（潜在）客户信息时，是否能够及时地获得最新资料？

（4）销售人员离开时，企业是否能够保留客户信息？

（5）销售人员对成单的估计精确率大约为多少？是否因人而异？

在实施结束，系统启用了一段时间之后，我们建议企业以同样的量化指标来衡量实施的效果，并把效果通知到每个实施小组成员，逐步增强企业上下对 CRM 的理解，便于确立下一个改进目标和实施计划。

3. 实施 CRM 不仅是安装软件

在企业内部的高层支持和直接参与下，实施团队制订出 CRM 目标之后，企业将开始流程优化和技术更新，整个转变过程如图 8－5 所示。这个流程优化的成功与否将直接关系到实施的成败。在开始实施的时候，常见两种情况：一种情况是企业内部已经具备规范的流程，但整个流程忽略了如何对客户更亲切、让客户更方便以及给客户更好感受，仅仅围绕着产品和内部管理来设计；另一种情况是企业运作主要通过惯例和领导直接指示的方式进行，企业内部的流程没有形成明确化、规范化的步骤及文档。这两种情况都需要企业内部的 CRM 项目管理者和实施团队紧密配合，根据 CRM 系统功能和特点，进行符合 CRM 战略目标的流程再设计。

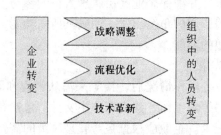

图 8－5 CRM 带来的企业转变

（二）CRM 实施步骤

在 CRM 的实施过程中，不少企业认为只要购买了数据仓库软件和一些数据挖掘工具，就可以实现 CRM。但是，依据国内外 CRM 的实践经验得知，CRM 并不是简单地购买、安装一些软件就可实现的。由于 CRM 的实施需要巨大的信息设施投入，许多企业往往为了尽快收回投资成本而匆忙展开 CRM 运作。但不是员工缺乏对 CRM 运作中的数据仓库、数据挖掘工具等信息技术的使用经验；就是数据仓库缺乏必需的历史数据；或者营销部门无法对所建立的客户视图给予正确的评价，无法采取正确的以客户为导向的营销策略；或者数据仓库的管理人员不能熟练地应对纷至沓来的各种需求，而导致系统的瘫痪。最终使 CRM 无法获得预期结果，使企业丧失 CRM 的应用信心，导致 CRM 应用失败。那么，企业应该如何实施 CRM 项目呢？

1. 确定业务目标

企业在考虑部署 CRM 项目之前，首先应该明确其具体的目标，也就是了解运用 CRM 系统的价值。例如提高客户满意度、缩短产品销售周期以及增加合同的成交率等。

2. 组建 CRM 团队

为了成功地实现 CRM 项目，管理者应当在项目实施之前，对企业业务进行统筹规划，并及时地组建一支有效的团队。可以在拟使用 CRM 系统的每一个部门中选出一名代表加入该团队，进行有计划的早期培训和 CRM 概念推广，以保证团队的工作能力。

3. 评估销售、服务过程，明确企业应用所需

在评估一个 CRM 项目的可行性之前，使用者需多花费一定的时间，详细规划和分析自身具体业务流程。对此，需广泛地征求员工意见，了解他们对销售、服务过程的理解和需求，并确保企业高层管理人员的参与。充分了解企业业务运作情况后，再从各部门应用的角度出发，明确其所需功能，令最终使用者能找出对其有益的及其所期望的功能。

4. 明确客户实际需求

充分了解企业的业务运作情况后，接下来需从销售和服务人员的角度出发。企业应做好客户信息的搜集工作，建立客户主文件。包括有客户原始记录、统计分析资料和企业投入纪录。企业应根据自身管理决策的需要、客户的特征以及搜集信息的能力，来选择确定不同的客户档案内容，保证档案的实用性、经济性。

5. 选择供应商和实施伙伴

确保所选择的供应商对企业所要解决的问题有充分的理解。了解其 CRM 项目可以提供的功能及应如何使用其 CRM 项目。确保该供应商所提交的每一软、硬件设施都有详尽的文字说明。

同样，对外部实施伙伴的选择也是十分重要的。首先，所选择的外部实施伙伴应当在 CRM 领域中有成功实施的经验，且对企业所在的行业有一定的背景认识；其次，企业应在实施前对所需要的外部人员的能力、时间阶段要求等内容进行详细描述，并与外部实施伙伴达成协议，以保证所提供的实施人员的稳定性。

6. 开发与部署

CRM 项目的设计，需要企业与供应商两个方面的共同努力。为使这一项目得以迅速实现，企业应先部署那些当前最为需要的功能，然后再分阶段不断添加新功能。其中，应优先考虑使用这一系统的员工的需求，并针对某一用户群对这一系统进行测试。另外，企业还应针对其 CRM 项目确定相应的培训计划。

7. 组织用户培训、实现应用系统的正常运行

针对 CRM 项目，企业应确定相应的培训计划，培训计划中应包括管理人员、销售人员和服务人员，还应根据业务需求不断对员工进行新的培训。使员工明白项目实现后管理与维护方面的需求，维持企业 CRM 方案成功运行。

8. 使用、维护、评估和改进

企业应用 CRM 系统，开展为企业编制衡量管理绩效的数据监控体系和内部管理报表体系，编制决策数据体系和决策数据分析方法，建立信息系统管理等工作；对 CRM 系统提供的性能指标功能进行维护；要与供应商共同负责系统的正常运行和运行审查；估算系统应用的成功率，为了确保系统能产生预期的效果，就要花时间对不足的模块进行改进，直到满足需求。

（三）CRM 的运行

为了使 CRM 达到预期的效果，除了按照上面的实施步骤去做，还需要做好基础工作，也就是要确定客户管理的主要内容，制作客户信息卡，遵循一定的原则进行客户管理的分析。

1. 客户管理的内容

客户管理内容主要包括以下几项：

（1）基础资料：主要包括客户的名称、地址、电话、所有者、经营管理者、法人代表及他们个人的性格、兴趣、爱好、家庭、学历、年龄、能力、创业时间、与公司交易时间、企业组织形式、业种、资产等。

（2）客户特征：主要包括服务区域、销售能力、发展潜力、营销观念、经营方向、经营政策、企业规模、经营特点等。

（3）交易现状：主要包括客户的销售活动现状、存在的问题、保持的优势、未来的对策、企业形象、声誉、信用状况、交易条件以及出现的信用问题等方面。

（4）业务状况：主要包括销售业绩、经营管理者和业务人员的素质、与其他竞争者的关系、与本公司的业务关系及合作态度等。

2. 客户信息卡

客户信息卡是销售经理了解市场的重要工具之一。通过客户信息卡，销售经理可以连续地了解客户详情，从中看到客户的销售动态。这样，销售经理就可以对市场实态做出判断并采取相应的行动。

3. 客户管理的原则

（1）重点寻找：通过资料找到重点客户。

（2）动态管理：不断调整客户资料，及时补充新的资料，对客户的变化进行跟踪，使客户管理保持动态性。

（3）灵活运用：客户信息卡建立之后，应以灵活的方式及时全面地提供给推销人员及其他相关人员，使他们能进行更详细的分析，使信息更加灵活，提高客户管理的效率。

（4）专人负责：客户管理应有专人负责和管理，应确定具体的规定和办法，严格客户情报资料的利用和借阅。

4. 客户管理的分析

进行客户管理，不仅要搜集客户资料，而且还需要对客户进行多方面的分析。具体包括：交易状况分析、客户等级分析（如客户等级 ABC 分析法）、客户信用调查分析、客户投诉处理等。

 **案例启示**

假设你有一位大客户，每年的订单数量极为庞大。那么，你就必须派遣手下的王牌业务员，施展灵活的交际手腕，不断地拜访他，同他联系，还要与他手下的重要人员接近，更要毫不吝啬地款待他。并且，你还得时时召见那些王牌业务员，听取"公共关系"进展的情形。这就是所谓的"紧迫盯人"，也只有这样，大客户才不至于跑掉。此外，你还必须常常邀请那些大客户，到你的工厂参观，或者安排几次宴会，由公司经理级的人物招待他们。因为，这些大客户的确是忽视不得的，他们可是你事业上真正的后台老板！

复习思考题

1. 试比较客户服务管理与售后服务有何区别？
2. 提升客户服务的策略有哪些？
3. 售后服务方式有哪些分类？
4. 分析 CRM 系统的构成。
5. 分析 CRM 系统构建的程序。
6. CRM 系统是如何实施的？

第九章 国际服务贸易

本章学习要求：

掌握：中国服务贸易的发展；中国服务贸易竞争力评价；中国服务贸易发展战略。

熟悉：国际服务贸易的定义及特点；服务贸易相关概念的区分；国际服务贸易的分类。

了解：国际服务贸易的发展阶段；发展的特点；原因及影响因素；发展趋势。

导引案例

陆家嘴金融贸易区处于黄浦江与浦东内环线之间，与20世纪30年代被称为"远东华尔街"的外滩隔江相望，是我国唯一一家以"金融贸易"命名的国家级开发区。目前，陆家嘴金融贸易区已成为全国经济流量最大、服务最完善的金融贸易中心，与纽约曼哈顿、伦敦金融城、东京新宿金融区等国际CBD地区一样，它已初步形成了以金融业、生产者服务业为核心的现代服务业集群。陆家嘴金融贸易区内集聚了大批能为企业提供专家、综合、全球服务的生产者服务机构，包括会计、律师、咨询、广告等有形服务的企业，还有能吸引包括融于跨国公司和国际组织机构内部的研发、创新、市场开发与应用创新部门中所有无形服务功能机构。这是陆家嘴金融贸易区内一个重要的主导产业，它为陆家嘴功能开发迈上新台阶创造了得天独厚的环境和条件。据不完全统计，2003年底区内有法律、会计、信息、咨询等各类现代服务机构1125家。在区域分布上，浦东地区85%以上的中介机构和96%以上的业务收入（量）及税基都集中在陆家嘴金融贸易区内。其中，在规划设计领域中，先后有29家外国中介服务公司主持或参与了浦东46幢办公楼宇和住宅小区的建设；在咨询中介服务领域中，"九五"期间除安达信、波士顿、麦卡锡、安永等世界一流咨询公司已先期在浦东展开业务外，又有一批在国际上具有相当知名度的咨询机构前来加盟。仅金茂大厦内，就会聚了道琼斯、雷格斯商务服务、格宁信用信息咨询（上海）有限公司等 17 家国际一流咨询公司或代表处。

第一节 服务贸易的概念

一、国际服务贸易的定义

"服务贸易"一词最早出现在 1971 年经济合作与发展组织（OECD）的一份报告中，这份报告探讨了关贸总协定"东京回合"谈判所涉及的议题。美国《1974 年贸易法》首次使用了"世界服务贸易"的概念，20 世纪 70 年代后期，"服务贸易"便成为共同使用的贸易词汇。

但是，到目前为止，国际上尚未有一个精确的国际服务贸易的定义。现将现有的定义总结如下：

（一）早期定义

国际服务贸易就是服务的国际交换，指的是不同国家之间所发生的服务买卖与交易活动。服务的提供国称为服务的出口国，服务的消费国称为服务的进口国，各国的服务出口额之和构成国际服务贸易额。

当一国或地区的劳动力向另一国或地区的消费者提供服务时，相应获得外汇收入的全过程便构成服务的出口；相对的，一国或地区消费者购买他国或地区劳动力提供服务的过程便形成服务的进口；各国的服务进出口活动便构成国际服务贸易，其贸易额为服务总出口额或总进口额。

这样的定义涉及的范围很广泛，意义很模糊。涉及国籍、国界等问题，即人员移动与否、服务过境与否及异国国民之间的服务交换等问题。因此，需要注意以下几点：

1. 劳动力的含义。它的范围较广，既可以以单个的形式提供服务，也可以以集体形式提供服务。

2. 工具设备。劳动力在提供服务时，一般要借助一定的工具设备及手段。

3. 国籍问题。应广义理解"劳动力"与"消费者"的国籍问题。如跨国公司在境外设立分公司，雇用当地居民并向当地消费者提供服务。

4. 服务进出口的过境问题。这里的服务进出口是相对过境而言，主要是因为服务贸易一般涉及人员、资本及技术信息的流动。有时服务并不需要人员过境，例如，越洋电话服务只有信息过境，而没有人员过境。所以，只要有一种要素发生移动，就会构成服务贸易。

5. 劳动力的知识产权问题。对于劳动力的智力成果，也应被视做劳动力提供的服务。

（二）《北美自由贸易协定》的定义

《北美自由贸易协定》是世界上第一个在国家间贸易协议上正式定义服务贸易的法律文件。服务贸易是指由其他缔约方的一个人或代表其他缔约方的一个人，在其境内或进入一缔约方提供所指定的一项服务。对定义的解释如下：

1. 这种描述性的、非规范性的定义，说明了服务贸易活动的复杂性。

2. "指定的一项服务"包括：

（1）生产、分销、销售、营销及相关的采购活动；

（2）进入或使用国内的分销系统；

（3）以商业存在的形式为分销、营销、传递或促进一项指定的服务；

（4）遵照投资规定，任何为提供指定服务的投资及任何为提供指定服务的相关活动。

3. 这里提供服务的"相关活动"包括：

（1）公司、分公司、代理机构、代表处和其他商业经营机构的组织、管理、保养和转让活动；

（2）各类财产的接受、使用、保护及转让以及资金的借贷。

4. 进入缔约方提供服务包括过境提供服务。缔约方的"一个人"指法人或自然人。

（三）《国际服务贸易总协定》（GATS）的定义

1994 年 4 月 15 日关贸总协定"乌拉圭回合"谈判达成了《服务贸易总协定》（General Agreements on Trade in Services，GATS），并在 GATS 中从服务贸易提供方式的角度给服务贸易下了较为准确的定义，具有一定的权威性和指导性，并为各国和各界所普遍接受。

具体来说，GATS 将国际服务贸易作如下具体界定：

1. 跨境交付（Cross – border Supply）

跨境交付是指从一国境内向另一国境内提供服务，例如电信、邮政、金融服务等。这种服务提供方式特别强调卖方和买方在地理上的界限，跨越国境和边界的只是服务本身，服务提供者与消费者都不移动。它又可以分为被分离服务（Separated Services）贸易和被分离生产要素服务（Disembodied Services）贸易两种类型。

被分离服务贸易类型中的服务与货物一起在出口国生产，经过国际间的交易在进口国消费。保险和金融服务就是国际间的可以通过通信手段进行交易的服务。在这些被分离服务中，可能有附加在货物上已被物化的出版物或光盘，因而就产生了区别服务与货物的困难。

被分离生产要素又称缺席要素（Absent Factor）服务贸易。这种服务贸易形式是指在提供服务时并不需要所有要素都移动、都需要跨越国境，可能有某种要素没有被移动，这种要素被称为"缺席要素"。例如管理，位于一国不动，但可以通过信息通信技术提供服务，以强化海外生产要素。

2. 境外消费（Consumption Abroad）

境外消费是指在一国境内向其他国家的消费者提供服务，如旅游和留学等。这种服务提供方式的主要特点是，消费者到境外去享用境外服务提供者提供的服务。

3. 商业存在（Commercial Presence）

商业存在是指一个国家通过在另一个国家境内建立某种形式的商业机构提供服务。这种方式既可以是在一成员领土内组建、收购或维持一个法人实体，也可以是创建、维持一个分支机构或代表处。例如，一个跨国银行或保险公司到境外开设分公司，为境外提供金融、保险服务。这种服务提供方式有两个主要特点：一是服务的提供者和消费者在同一成员的领土内；二是服务提供者到消费者所在国的领土内采取了设立商业机构或专业机构的方式。大多数人认为，商业存在是4种服务提供方式中最为重要的方式。商业存在可以完全由在当地雇用的人员组成，也可以有外国人参与。在后一种情况下，这些外国人以自然人流动方式提供服务。

4. 自然人流动（Movement of Personnel）

自然人流动是指一个国家的个人在另一国家境内以自然人存在的形式提供服务。如外籍教师、律师等以自然人的身份在我国境内提供服务。具体来说，比如某先生是 A 国的律师，他来到 B 国后，没有设立自己的律师事务所，而直接提供法律咨询服务。自然人流动与商业存在的共同点是，服务提供者到消费者所在国的领土内提供服务；不同之处是，以自然人流动方式提供服务，服务提供者没有在消费者所在国的领土内设立商业机构或专业机构。

上述定义内容都很宽泛，有些内容相互重叠，互相交叉。这是因为谈判委员会在一些发达国家的要求下，尽可能多地把服务贸易纳入谈判内容；同时，服务贸易往往是十分复杂的，不是以一种方式完成的，而是几种方式的互相结合。

"乌拉圭回合"中期评审报告中曾指出，对于服务贸易的定义，多边服务贸易法律框架中，应包括服务过境移动、消费者过境移动和生产要素过境移动（主要指服务提供者过境移动）。它们一般要符合以下 4 个标准：①服务和支付的过境移动性（cross – border movement of services and payments）；②目的具体性（specificity of purpose）；③交易连续性（discreteness of transactions）；④时间有限性（limited duration）。这 4 种判别标准有助于理解服务贸易的含义。

GATS 对服务贸易的定义与瑞德尔在其所写的《服务部门在经济发展中的作用：按发展类型区分的异同》一文中的服务贸易定义相似。瑞德尔根据服务提供者与服务消费者是否移动这一标准，对服务贸易作以下描述（如下图所示）：

	不移动	移动
消费者 不移动	A过境贸易	C要素收益贸易
消费者 移动	B当地贸易	D第三国贸易

GATS 与瑞德尔的服务贸易分类

由上图可知，服务贸易本身就是存在着多变性的特殊概念，这种多变性的核心意义在于其超越了一国国界。在全球范围内，无论是提供服务还是接受服务，已无法在单一环境内发展。

二、国际服务贸易的特点

与国际货物贸易相比较，国际服务贸易具有以下特点：

（一）交易过程与生产和消费过程的同时性

由于服务具有生产和消费的同时性，国际服务贸易的交易过程一般来说也是与服务的生产和消费过程是同步进行的。换句话说，服务价值的形成和使用价值的创造过程，与服务价值的实现和使用价值的让渡过程，以及服务使用价值的消费过程往往是在同一时间和同一地点完成的。服务交易与服务生产和消费的同步性要求服务交易必须具备不同于货物交易的条件，这就要求服务的提供者和消费者实体上的接近，显然与货物贸易中二者分离的状况是不同的。

（二）贸易主体地位的多重性

服务的卖方往往就是服务生产者，并作为服务消费过程中的物质要素直接加入服务的消费过程；服务的买方则往往就是服务的消费者，并作为服务生产者的劳动对象直接参与服务产品的生产过程。

（三）贸易标的一般具有无形性

服务贸易的标的是服务。由于服务的无形性，贸易的标的通常情况下也是无形的。尽管随着科学技术的不断发展，有些服务能够通过科技表现出来，但是多数服务都是无形的，无法物化。

（四）服务贸易市场具有高度垄断性

国际服务贸易市场的垄断产生的原因主要是：

1. 国际服务贸易在发达国家和发展中国家的发展严重不平衡。表现在少数发达国家在国际服务贸易中的垄断优势上。一直以来，美、日、欧盟各国的服务贸易额占了全球服务贸易总额的2/3以上。

2. 服务市场的开放涉及一些诸如跨国银行、通信工程、航空运输、教育和自然人跨国界流动等直接关系到输入国主权、安全和伦理道德等极其敏感的领域和问题。

3. 全球服务贸易壁垒森严，多种贸易障碍林立。据世界贸易组织的前身关税及贸易总协定（GATT）统计，全球服务贸易壁垒多达2000多种。

如上所述，国际服务贸易市场的垄断性很强。应该看到，国际服务贸易市场的这种高垄断性，不可能在短期内消失，因为，相对于商品贸易自由化而言，服务贸易自由化过程不仅起步晚，而且遇到的阻力更大。

（五）贸易保护方式更具刚性和隐蔽性

由于服务贸易标的无形性的特点，因此关税壁垒无法有效地对本国服务业采取保护。从而只能采取在市场准入方面予以限制或进入市场后不给予国民待遇等非关税壁垒的形式，这种保护常以国内立法的形式加以施行。比较而言，商品贸易遇到的壁垒主要是关税，关税表现为数量形式，具有较高透明度，通过相互减让的方式消除障碍相对来说容易得多。服务贸易中遇到的壁垒主要是国内法规，难以体现为数量形式，也往往缺乏透明度，而且调整国内立法的难度一般都比调整关税的难度大。因此国际服务贸易受到的限制和障碍往往更具刚性和隐蔽性。

（六）营销管理具有更大的难度和复杂性

无论在国家的宏观管理方面，还是在企业的微观经营方面，国际服务营销管理都比商品的营销管理具有更大的难度和复杂性。

1. 宏观角度上说，国家对服务进出口的管理，不仅涉及对服务自身的物的管理，还必须涉及服务提供者和消费者的人的管理，涉及包括人员签证、劳工政策等一系列更为复杂的问题。某些服务贸易如金融、保险、通信、运输以及影视文化教育等，还直接关系到输入国的国家主权与安全、文化与价值观念、伦理道德等极其敏感的政治问题。另外，国家主要采取制定法规的办法，即不是通过商品检验、边防检查、海关报验等商品贸易管理中较为有效的办法对服务贸易进行调控和管理。法规管理往往存在时滞，因法律的制定与修订均需一定时间，往往会落后于形势；另外，法规管理的实际效果在相当程度上也不是取决于国家立法而是取决于各服务业企业的执法，因而，容易出现宏观调控的实际效果与预期目标相背离的情况。

2. 微观角度上说，由于服务本身的固有特性，也使得企业营销管理过程中的不确定性因素增多、调控难度增大。主要表现在对服务的质量控制和供需调节上。

（七）服务贸易的惯例、约束具有相对的灵活性

GATS 是世界贸易组织处理服务贸易的多边原则和规则的框架性文件，它具有较大的弹性。GATS 条款中规定的义务有一般性义务和具体承诺的义务两种。

1. 一般性义务适用于 GATS 缔约国所有服务部门，不论缔约国是否开放这些部门，都同样具有约束力。一般性义务包括最惠国待遇（GATS 中的最惠国待遇同时还允许各国根据各自部门的特殊情况申请对该原则的豁免和例外）、透明度、发展中国家更多参与等。

2. 具体承诺的义务是指必须经过双边或多边谈判达成协议之后才承担的义务，包括市场准入和国民待遇，且只适用于缔约方承诺开放的服务部门。

就市场准入而言，GATS 要求可以采取循序渐进、逐步自由化的办法，允许缔约方首先根据各自的国内政策目标和发展水平等实际情况递交初步承诺单，然后进行减让谈判，根据协议实行部门对部门的互惠减让，并非是一参加 GATS 就要立即开放全部服务市场。就国民待遇来说，GATS 的规定也不是硬性的，而是可协商的。GATS 允许缔约方根据自己的经济发展水平选择承担国民待遇义务，不仅可以决定在哪些部门或分部门实施国民待遇原则，也可以为国民待遇原则在本国实施列出一些条件和限制。

三、服务贸易相关概念的区分

由于国际服务贸易的定义多是一些描述性的语言，含义较模糊、较广泛。国际服务贸易与商品贸易、无形贸易、第三产业和国际服务交流等概念极容易混淆。它们之间既有着密切联系，也存在一定差异。

（一）服务贸易与商品贸易

现代国际贸易主要由商品贸易与服务贸易构成。它们的区别主要是贸易标的不同。商品贸易的标的是商品，是有形的；服务贸易的标的是服务，是无形的。服务贸易可以不跨越国境实现，只需各生产要素——人员、资本和技术知识中的一项移动即可实现；而商品贸易一般要跨越国境才能实现，需要其生产要素综合后形成的产品的移动才能实现。二者的联系是：部分服务贸易伴随着商品贸易的发生而实现，这就是通常称作的"追加服务贸易"，如售后服务等。

（二）服务贸易与无形贸易

国际无形贸易比服务贸易范围更广泛，除了服务贸易中的所有内容外，还包括国际直接投资收支以及捐赠、侨汇和赔款等无偿转移。

（三）服务贸易与服务业

服务业中的消费者服务业、生产者服务业、分配服务业均涉及贸易，构成了一国国际服务贸易的主体；而服务业中的政府服务业是由国内提供的，较少涉及贸易。

（四）服务贸易与国际服务交流

国际服务交流大致可分为3类：

1. 政府间为了政治、经济和文化交流的需要，互派人员，提供各种免费服务。由于不发生商业性收益，故不构成服务贸易。

2. 一国（地区）的服务人员到另一国（地区）谋取工作，为境外雇主所雇用，为其工作，获得工资报酬，并只在当地消费（没有汇回母国）。由于未发生支付的过境流动，故也不构成服务贸易。

3. 一国（地区）的法人或自然人对外提供服务，并获取服务收入，有收支的过境流动，从而构成服务贸易。

综上所述，前两类属于国际服务交流，后一种构成部分国际服务贸易。

四、国际服务贸易的分类

服务的内容很多，几乎囊括了社会生活的方方面面。与此相对应，服务贸易也具有鲜明的多样性和复杂性的特点，其内容也相当广泛，目前对国际贸易尚未形成一个统一的分类标准，许多国际组织和经济学者从各自选择的角度对国际贸易进行了划分，下面介绍几种具有代表性的分类。

（一）国际服务贸易的统计分类法

国际服务贸易的统计分类法是一种操作性分类，它是根据国际货币基金组织（IMF）统一规定和使用的各国国际收支账户形式（如表 9 - 1 所示）。国际服务贸易统计分类的要点是将国际收支账户中的服务贸易流量划分为要素服务贸易和非要素服务贸易两种类型（如表 9 - 2 所示）。

表 9 - 1　　　　　　　　　　国际收支账户（IMF）

1. 经常项目 （current account）	①商品/有形贸易（visible trade） ②服务贸易（service trade） ③单方面转让（unilateral transfer）
2. 资本项目 （capital account）	①长期资本项目（long - term capital） ②短期资本项目（short - term capital）
3. 平衡或结算项目 （balancing or settlement account）	①错误和遗漏（errors and omissions） ②官方储备（official reserves）

表 9 - 2　　　　　　　　　国际服务贸易的统计分类

国际服务贸易	
非要素服务贸易项目	要素服务贸易项目
运输	股息（利润）
旅游（旅馆和餐厅）	利息
金融服务	国外在投资的收益
保险服务	其他资本净收益
专业服务（咨询管理和技术服务）	
特许使用项目（许可证等）	
其他私人服务	

1. 要素服务贸易

同国际收支账户中的资本项目相关的国际服务贸易流量，即同国际间的资本流动或金融资产流动有关，称作要素服务贸易（Trade in Factor Services）流量。一般意义上的"要素"是指创造社会经济财富所需的劳动、资本、土地；而要素服务贸易中所涉及的"要素"仅指资本要素，"非要素"则是指除本要素以外的其他要素。因此，在国际服务贸易领域，要素服务贸易专指资本服务收益流量的跨国转移。主要实现方式有两种：国际投资和国际信贷。国际投资又有两种主要方式——直接投资与间接投资。严格说来，直接投资的收益流量并非单纯的资本要素报酬，它实际是经营管理技能同金融资产跨国转移相结合的产物，但它所包含的两种成分——经营管理的报酬流量（利润）和资本要素的报酬流量（利息和股息）都要作为要素服务收益的内容记入国际收支账户的服务贸易项目。同国际投资一样，国际信贷的利息收入也是一种纯粹的要素服务报酬，其收益流量也作为金融资产的要素报酬记入国际收支账户的服务贸易项目。

2. 非要素服务贸易

只同国际收支账户中的经常项目相关，而同国际间资本流动或金融资产流动无直接关联的国际服务贸易流量，称作非要素服务贸易（Trade in Non – factor Services）流量。它根据要素服务贸易的概念引申而来，涉及劳务项目、专业服务等多种项目，种类繁多，内容庞杂，很难用一个标准和尺度界定。不过可以用确定的要素服务贸易的概念和范围，采用剩余法或排除法来界定非要素服务贸易项目。

在国际收支账户统计的经常项目流动中，除了商品贸易、单方转移外，剩余的无形贸易项目中的运费、保险费、旅游收入、国际资本流动中所产生的利益、股息、利润等要素服务贸易流量以及邮电费、手续费、广告宣传费等均作为国际服务贸易流量。因此，从统计角度看，非要素服务贸易的流量就是国际收支统计的经常项目流量的剩余，即经常项目流量减去商品贸易（货物进出口）流量、单方转移流量及要素服务贸易流量的剩余。

（二）世界贸易组织关于服务贸易的分类

世界贸易组织统计与信息系统局（SISD）按照一般国家标准（GNS）的服务部门分类法，将全世界的服务部门分为 11 个大类 142 个服务项目。这 11 个大类如下：

1. 商业服务（包括专业服务、研究与开发服务、房地产服务、无经纪人介入的租赁服务、其他商业服务，共有 42 个服务项目）。

2. 通信服务（包括邮政服务、快件服务、电信服务、视听服务、其他服务，共有 21 个服务项目）。

3. 建筑及相关工程服务（含有 5 个服务项目）。

4. 销售服务（包括批发、零售、特约代理等 5 个服务项目）。

5. 教育服务（含初等、中等、高等成人教育等 5 个服务项目）。

6. 环境服务（含 4 个服务项目）。

7. 金融服务（包括所有保险及与保险有关的服务、银行及其他金融服务等 16 个服务项目）。

8. 健康与社会服务（含 4 个服务项目）。

9. 旅游服务（包括宾馆、旅行社、导游等 4 个服务项目）。

10. 文化与体育服务（含 4 个服务项目）。

11. 运输服务（包括海运、内河航运、空运、航空运输、铁路运输、公路运输、管道运输以及所有运输方式的辅助性服务，共 33 个服务项目）。

（三）服务贸易的要素密集度分类

按照传统的要素密集度来划分，可将服务贸易划分为劳动密集型服务贸易、资本密集型服务贸易和技术密集型服务贸易。

1. 劳动密集型服务是指主要靠人直接提供的服务，如会计服务、保险服务等。劳动密集型货物贸易的比较优势在于劳动力成本，而劳动密集型服务贸易的比较优势则侧重于劳动力素质。

2. 资本密集型服务是指主要靠设施提供的服务，如电话服务、自动洗车服务等。资本密集型货物贸易的比较优势在于资本金，而资本密集型服务贸易的资本除了指有形的机器设备外，还包括人力资本这一重要因素。

3. 技术密集型服务是指主要靠信息技术提供的服务，如电信服务、信息服务等。技术密集型货物贸易的比较优势在于货物的技术含量，而技术密集型服务贸易的比较优势则侧重于研究开发、培训教育、信息传输。

除了上述 3 种传统要素密集型服务外，还有自然资源密集型、文化密集型服务贸易、知识密集型服务贸易，如国际旅游、教育服务、法律服务。

（四）国际服务贸易的逻辑分类法

国际服务贸易的逻辑分类法是一种理论分类，按照不同标准，国际服务贸易的理论分类有多种方法，而最具有代表性的是以服务贸易同货物的国际转移（由商品贸易或国际投资引起）的关联程度为标准。

1. 国际核心服务贸易

货物的国际投资和国际贸易与国际核心服务贸易无直接关联。国际核心服务贸易是市场需求和市场供给的核心对象。

(1) 国际核心服务贸易按供给者与需求者的接触形式分为两类：

①远距离型核心服务。远距离型核心服务是指无须提供者和需求者的实际接触而跨国界交易的服务。远距离型核心服务传递的媒介有：国际通信、互联网等电信技术。

②面对面型核心服务。与远距离型核心服务相对，面对面型核心服务则需要供给者与需求者的实际接触。这种实际接触方式是双向的，可以是供给者流向需求者，或者是需求者流向供给者，也可以是两者之间的双向流动。但无论是哪一种实际接触方式，通常都伴随着人员或生产要素的跨国界流动。

(2) 国际核心服务贸易以服务的国内分类为依据，可以划分两类：生产者服务贸易和消费者服务贸易。

①生产者服务是作为其他商品和服务进一步生产的中间投入，是人力资本、知识资本和技术资本进入生产过程的桥梁。生产者服务贸易的扩大必然会全面提高世界各国的总生产力。生产者服务贸易形式主要有金融服务贸易、企业管理知识与技能服务贸易、国际咨询、国际技术贸易和国际人才交流与培训等。

②消费者服务进入国际贸易领域，在逻辑上是由于国内消费者服务业的供给（生产）能力的增长和国外对该国消费者服务需求的扩大，在实践上则是由于随着科技的发展、社会的进步，世界各国人民的交往日益频繁。各国人民对于外国消费者服务的需求，一方面取决于自己的收入水平，另一方面取决于服务的相对价格。

2. 国际追加服务贸易

国际追加服务贸易与国际核心服务贸易有着本质上的不同。国际追加服务贸易同货物的国际贸易和国际投资有着密不可分的联系。国际追加服务贸易实际上是分配服务的国际化延伸，它本身并不向消费者提供直接的、独立的服务效用，而是作为货物核心效用的派生效用，所以，国际追加服务贸易市场的需求和供给都是属于派生的需求和供给。

然而，随着科学技术的快速发展，追加服务在消费者对所需核心效用的选择上所受的影响越来越大。这是因为，在当代以不完全竞争为主的国际市场上，基于差别产品的非价格竞争已经取代了传统的价格竞争而上升到首要地位。与此相适应，强调过程管理，技术服务投入，增加软件比重，借以改善生产函数的动态比较利益说，也开始在理论上补充过去那种基于自然禀赋不同的静态比较利益说而受到人们的重视。今天，各国企业都大力发展这类服务尤其是知识密集型追加服务，这类服务正被广泛地应用于商品生产的各个阶段（如表9-3所示）。

表9-3	生产的各个阶段中商品的应用
上游阶段	要求有先行追加服务投入，包括可行性研究、风险资本筹集、市场调研、产品构思和设计等项服务
中游阶段	1. 要求有与有形商品融为一体的追加服务，包括质量控制与检验、设备租赁、后期供给以及设备保养和维修等 2. 要求与有形商品生产平行的追加服务投入，包括财务会计、人员聘用和培训、情报和图书资料等软件的搜集整理和应用、不动产管理、法律、保险、通信、卫生安全保障以及职工后勤供应等项内容
下游阶段	要求的追加服务项目包括广告、运输、商品使用指导、退货索赔保证以及供应替换零件等一系列售后服务

上面介绍的追加服务分为两类：

（1）"锁住型"追加服务，即这类追加服务很难从某一特定生产阶段脱离，只能与一定比例生产要素相结合，从而完全附着于商品价值体而并不形成一种独立的市场交易对象。

（2）"自由型"追加服务，即这类追加服务虽与商品贸易有关，但可以外在化而成为独立的市场交易对象。

以上三个阶段的"锁住型"和"自由型"的各项追加服务，通常都是互相依存而组合成为一个一体化过程的服务网络。各个厂商所提供的这些同类异质的追加服务及其组合网络，正是形成其产品差异和增值的主要源泉，也是厂商之间开展非价格竞争的一个决定性因素。

第二节　国际服务贸易的发展

随着经济的不断发展，服务业的地位在国民经济中越来越高。国际服务贸易在经济国际化和国际分工的基础上迅速发展起来。

一、国际服务贸易的发展阶段

（一）第一阶段：20 世纪 40 年代以前

在工业革命之前，大多数人从事自给自足的农业生产，直接利用自然资源来获取水、矿产等资源，对社会需求基本不存在。工业革命以后，工业活动在社会活动中的比重不断上升，社会经济得到不断的发展。运输、通信、银行和其他服务成为社会运行的基础。随着经济结构的优化和社会分工的深化，服务在经济和社会的发展中作用不断提高。这一阶段也是国际服务贸易发展的重要转折时期。

总而言之，工业革命以前，农业社会服务业产生但难以发展，国际服务贸易更是难以发展。工业革命以后，社会分工细化，生产率大大提高，生产力得到巨大发展，社会分工进一步深化，各主要资本主义国家在工业发展的同时，服务业也随着得到发展，国际贸易加快，国际服务贸易也开始产生与发展。

（二）第二阶段：20 世纪 40 年代到 70 年代初

经过了第二次世界大战，世界经济在受到严重破坏后正处于恢复和发展阶段。同时，这个阶段也是第三次科技革命产生和发展时期，因此整个世界经济处于蓬勃发展中，生产力得到了前所未有的发展。生产力的提高促进了国际分工，带动了国际贸易的发展，国际服务贸易也随之增长。1948 ~ 1973 年，世界工业生产年均增长率为 6.1%，劳动生产率年增长为 3%。同期，国际服务贸易快速增长。到 1970 年，国际服务贸易已达 662 亿美元，占整个世界贸易总额的 17.6%。

（三）第三阶段：20 世纪 70 年代初到 80 年代末

这一阶段由于资本主义国家经济进入了停滞阶段，整个世界经济的发展速度也趋于缓慢，世界经济进入调整期。在这样的环境下，国际贸易增长速度却较快，尤其是国际服务贸易发展迅速，特别是劳务输出、技术贸易、国际旅游、银行保险等服务部门发展特别快。如在劳务输出方面，1985 年，全世界劳务输出达 2000 万人次，其中菲律宾、韩国、印度、巴基斯坦、埃及等国的劳务出口均在 140 万人次以上。尤其是埃及的劳务出口高达 350 万人次以上，几乎占全国人口的 9%。巴基斯坦的劳务出口人数大约占总人口的 10.7%。而发达国家的劳务输出主要是技术人员和管理人员，虽然输出人数并不大，但劳务创收额达 375 亿美元，占世界服务贸易总额的 10% 左右。在此期间，技术贸易有了长足的发展。在 20 世纪 60 年代中期，全世界技术贸易总额为 27 亿美元，到 70 年代中期，增长到 110 亿美元，10 年间平均增长 15%。而到了 80 年代中期，国际技术贸易额已超过 400 亿美元。此外，国际旅游业快速发展，成为新兴的"无烟产业"。1950 ~ 1980 年，参加国际旅游的人数从每年的 2500 万人次猛增到 2.7 亿人次，增长了 11 倍，年均增长率达 14% 左右，大大高于世界商品贸易的年增长率。世界银行业和保险业也伴随着世界经贸的发展而异常活跃，出现了若干个世界性的金融市场中心，如纽约、伦敦、东京、香港、新加坡等。

（四）第四阶段：从 20 世纪 80 年代末至今

这一时期国际服务贸易继续保持增长，其增长速度超过货物贸易的增长速度。根据世贸组织秘书处的统计，全球 1994 年服务贸易总额已达 10800 亿美元，比 1993 年增长了 8%。1995 年服务贸易总额又增加到 12300 亿美元，比 1994 年增长了 14%。到 1996 年，其总额已达 12600 亿美元，占世界贸易总额的 25%，比 1995 年增长 5%。2002 年全球货物总额比 2001 年增长了 2.5%，而服务贸易总额的增长速度达到 6.6%。1980 ~ 2004 年，全球服务贸易规模已经从 3600 亿美元扩大到 21000 亿美元，其间增长了 4.8 倍。与此同时，国际服务贸易结构也正走向高级化，如 2004 年，通信服务、建筑服务、保险服务、金融服务、计算机和信息服务以及特许权使用和许可、专业服务等现代服务贸易已占到整个服务贸易的一半左右。当然，在这一过程中，发达国家占据了国际服务贸易的绝对主导地位，已占全球服务贸易总额的 75% 以上，其中，美、英、德三国就占了全球服务贸易总额的近 30%。

二、国际服务贸易发展的特点

（一）服务贸易呈上升趋势

世界服务贸易总的发展状况是处于上升趋势，已经从货物贸易的附属地位逐渐独立出来并经历了一个快速发展的过程，在世界贸易所占份额也逐渐上升。1990 ~ 2005 年世界服务贸易额及增长率如表 9 - 4 所示。

表 9 - 4　　　　　　　　1990 ~ 2005 年世界服务贸易额及增长率

年份	贸易额/亿美元			增长率/%		
	出口	进口	总额	出口	进口	总额
1990	7830	8196	16026	—	—	—
1991	8259	8503	16762	5.7	3.1	4.4
1992	9241	9442	18683	11.9	10.3	11.1

续表

年份	贸易额/亿美元			增长率/%		
	出口	进口	总额	出口	进口	总额
1993	9419	9579	18998	1.93	1.45	1.69
1994	10380	10433	20813	10.2	8.92	9.56
1995	11887	12008	23895	14.52	15.1	14.81
1996	12752	12700	25452	7.28	5.76	6.52
1997	13251	13093	26344	3.91	3.14	3.52
1998	13441	13329	27770	1.43	1.76	1.59
1999	13921	13867	27788	3.57	4.04	3.8
2000	14807	14722	29529	6.36	6.17	6.26
2001	14827	14827	29699	0.14	1.02	0.58
2002	15786	15786	31397	6.47	4.97	5.72
2003	17626	17626	35053	11.66	11.63	11.64
2004	21795	21328	43123	23.65	21.00	23.02
2005	24147	23613	47760	10.79	10.71	10.75

（二）国际服务贸易发展不平衡

发达国家在国家服务贸易中仍占有主导地位，从服务贸易总量上看，服务贸易的进出口大国均是发达国家，发展中国家所占世界服务贸易总额的比重较小。在世界服务贸易排名中，居于前列的大多数是发达国家。发达国家与发展中国家服务贸易不平衡，不仅体现在世界市场占有率的巨大悬殊上，还体现在发展中国家服务贸易存在大量逆差，而发达国家却存在大量的顺差。

发展中国家在服务贸易中的地位呈上升趋势。可以预见，未来发展中国家将在国际服务贸易中占有更大的比重。在发展中国家中，亚洲（主要是东亚）服务贸易发展尤为迅速。亚洲的国际服务出口已经超过所有发展中国家和地区服务出口的一半。虽然遭受金融危机的影响，但出口潜力不容忽视。新兴工业化国家和地区的服务业发展速度较快，处于国民经济中的重要地位，服务贸易发展较快。其中北美洲和亚洲是世界服务贸易最活跃的地区，特别是亚洲"四小龙"，它们均列入 2001 年世界服务贸易主要进出口国家和地区的前 20 名。非洲、拉丁美洲和中东地区近年来在商品贸易额下降的同时，服务贸易额也下降了。非洲各国在服务贸易中所处地位较之商品贸易更差，其服务贸易逆差大于商品贸易逆差，使经常项目长期处于逆差境地。

国际贸易发展的不平衡规律，既表现在发达国家内部，也表现在发展中国家之间。首先，在发达国家内部，西欧、日本贸易发展较快，在世界出口总额、进口总额中所占比重均不断提高；其次，发展中国家之间贸易发展也极不平衡。这突出表现为亚洲的新兴工业化国家和地区，中国香港、中国台湾、韩国、新加坡的出口占世界总出口的比重持续上升。

（三）国际服务贸易保护主义盛行

由于服务业的独特性，各国发展又极不均衡，加上服务贸易市场竞争日趋激烈，各国为了自身的经济利益，或者出于国家主权、文化需要、社会稳定安全方面的需要，对服务进口往往施加各种限制性法规及政策，以保护本国服务业及促进自己的服务出口。这种情况不仅出现在服务业不发达的国家，在服务贸易占绝对优势的发达国家也同样如此，整个世界在服务贸易方面存在着一个巨大的多重的贸易壁垒。比如，为保护美国的印刷业，美国的版权法禁止进口美国作者在海外印刷的作品。

（四）国际服务贸易自由化趋势

随着服务贸易的强劲发展和服务贸易在各国经济中的重要性日益提高，国际服务贸易市场的竞争不断加剧，客观上促进了服务贸易自由化趋势。所谓服务贸易自由化趋势，就是各成员方通过多边贸易谈判，降低和约束关税，取消其他服务贸易壁垒，消除国际贸易中的歧视待遇，扩大本国市场准入度。当然，由于服务贸易壁垒的隐蔽性和非数量性等特征使得消减壁垒的进程十分缓慢，与货物贸易相比，服务贸易自由化仅仅是一个开端。

（五）国际服务贸易虽然有了很大的发展，但并没有比货物贸易增长快

虽然在大家的印象中世界各国的服务业都在蓬勃发展，第三产业的地位逐年上升，其发展速度远远超出其他产业，但实际上国际服务贸易的年增长率是呈下降趋势的，也就是说国际服务贸易的增长速度是在不断减慢的，这也许正是由于服务贸易的无形性造成的。再者，我们发现乌拉圭回合取得的重大成果是货物贸易，WTO 关于服务谈判并没有解决服务开放的实质问题。

（六）国际服务贸易的自由化程度远低于国际货物贸易

"乌拉圭回合"达成的《服务贸易总协定》在很大程度上推进了世界服务贸

易的自由化进程。但由于发达国家和发展中国家的服务业及国际服务贸易发展水平具有较大差距，加上服务市场的开放涉及国家主权与安全、政治与文化等敏感问题，因此国际服务贸易市场显示出很强的垄断性，国际服务贸易领域的保护程度远远超过了国际货物贸易领域。

三、国际服务贸易发展的原因及影响因素

（一）国际服务贸易发展的原因

国际服务贸易的迅猛发展是新技术革命引起的国际分工深化和产业结构调整的必然结果，具体原因是多方面的。

1. 产业结构服务化为服务贸易的发展提供了基础

第二次世界大战以来，世界经济结构调整步伐加快，服务业迅速发展使其在发达国家经济中的地位不断提高。一些发达国家服务业已占 GNP 的 70% 甚至更高。发展中国家服务业虽起步较晚，但自 20 世纪六七十年代以来也有了长足的发展，在产出和就业中的比重也呈上升态势，特别是新兴工业化国家和地区的经济服务化取得重大突破，服务业在其产出和就业中的比重均开始超过制造业而成为最大的产业。在经济全球化和区域经济一体化的影响下，经济服务化有力地推动着世界服务贸易的发展。服务业在国内的壮大势必带动其向国外流动，成为国际服务贸易强盛的供给基础。

2. 经济和商品贸易的迅速发展构成国际服务贸易发展的重要动力

货物贸易的快速发展是服务业产生和发展的重要前提条件。在货物贸易中，必然伴随着与之相应的服务活动的进行，因为货物贸易需要服务业的进入才能得以完成。例如，货物进出口离不开运输、通信、保险业务。因此，世界货物贸易的增长必然会促进世界服务贸易的发展。

3. 科学技术进步推动了国际服务贸易的迅速发展

科技进步极大地提高了交通、通信和信息处理能力，为信息、咨询和以技术服务为核心的各类专业服务贸易提供了可能。世界服务贸易的核心是技术服务贸易，这与国际间的技术、产品和产业梯度扩散紧密相关。新技术的发展并广泛运用，使许多以前不可贸易的服务项目转化为可贸易的项目，从而扩大了国际服务贸易的外延；同时，使核心服务贸易特别是高新技术服务贸易得到更快的发展。

4. 跨国公司的迅速发展加强了服务的国际化

与货物贸易领域一样，跨国公司在资金、技术和信息上的巨大优势和跨国公司在全球范围内配置资源的经济行为，使其在服务贸易领域占据主导地位。由于

新兴服务业的知识化和信息化特征，服务部门跨国公司比制造业跨国公司的资本密集度更高，技术优势更强，也更易形成世界市场的垄断局面。由于服务业涉及商业存在和自然人流动，加之服务业部门在国民经济中的重要作用，服务业跨国公司对东道国尤其是发展中东道国的影响更为广泛和深远。

5. 发展中国家积极发展服务贸易

发展中国家采取开放政策，积极参与服务贸易，从而推动了国际服务贸易的发展。

6. 国际服务合作的扩大促使服务贸易扩大

区域贸易一体化为国际服务贸易提供了发展条件。20 世纪 60 年代以来，地区经济一体化组织的发展因为消除了服务在成员国之间流动的障碍，而有了一个如同商品在一体化体内流动的"贸易创造"（Trade Creation），也促进了国际服务贸易的发展。

此外，不同国家各种服务业的比较优势差异，世界经济中区域经济一体化组织的建立，各国在金融、税收、法律方面的优惠和保护措施等，都对国际服务贸易的发展起到促进作用。

（二）影响国际服务贸易发展的因素

影响国际服务贸易发展的因素主要有以下几点：

1. 社会生产力是国际服务贸易发展的决定性因素

（1）社会生产力是服务业国际分工形成和发展的决定因素。生产力的快速发展表现在科学技术快速进步，随之而来的是社会分工的深化，服务就会渗透到社会再生产的各个领域。

（2）国际服务业分工的地位是由各国社会生产力水平决定的。生产力发达的资本主义国家在国际服务贸易中处于绝对优势地位，新兴工业化国家与地区也跻身国际服务贸易的前列。

（3）社会生产力的发展对服务业国际分工的形式、广度、深度起着决定性影响，并最终决定国际服务贸易的内容、范围和方式。

2. 参加国际服务贸易竞争的比较优势

（1）比较优势决定了国际服务贸易的格局。在国际服务贸易中，比较优势是经济发展水平和国际经济格局造成的结果。资本和技术是决定国际竞争力的主要因素，国际服务贸易本身又是一种资本积累和技术转让的渠道，它可以通过影响技术和其他生产条件改变原来的比较优势，形成新的国际贸易格局，也可以强化原来的比较优势。

（2）在国际服务贸易中创造比较优势。信息技术的快速发展将成为衡量国际服务贸易水平的重要标准。信息技术将成为国际服务贸易依赖的主要资源。

3. 跨国公司对国际服务贸易的影响

第二次世界大战以后，跨国公司在全球范围内快速发展。促进了劳动力的国际流动，带动了金融服务、法律服务、保险服务、运输服务、计算机服务、技术服务、工程咨询服务等国际服务贸易的发展。

4. 社会需求结构变化对国际服务贸易的影响

社会需求是服务业发展的动力。随着经济的发展和生活水平的不断提高，社会需求结构不断变化，人类社会对于各种新兴服务的需求极大地推动了国际服务贸易的发展。

5. 政策对国际服务贸易产生巨大影响

各国政府所采取鼓励国际服务贸易的政策，使得服务贸易更加自由化，进而促进服务贸易的发展。

四、国际服务贸易发展趋势

随着国际服务贸易的迅速发展，国际服务贸易逐步呈现自由化、结构优化、壁垒隐蔽化、地区发展不平衡等趋势。

（一）国际服务贸易自由化趋势

《服务贸易总协定》为参与服务贸易的国家提供了服务贸易的管理与监督的约束机制，是国际多边贸易体制推动服务贸易自由化的一个重要突破，对各国的服务贸易政策的制定与调整发展产生了重大影响，加速全球产业的优化，推动服务贸易的规范，从而促进全球服务贸易自由化的进程。根据《服务贸易总协定》的原则和宗旨，各国政府在服务贸易准入方面达成了多边或双边旨在进一步自由化的承诺。《服务贸易总协定》中对服务贸易自由化有着明确的规定，逐步自由化就是在适当尊重参加方的国内政策目标和发展水平的前提下，确认服务贸易自由化为一个渐进，并要求所有参加方在协定生效后，就进一步扩大服务贸易自由化问题定期举行实质性谈判。

（二）服务贸易结构优化趋势

随着知识经济时代的到来，服务产业与高新技术产业在当今世界经济中的作用越来越重要。20 世纪 80 年代以来，世界服务贸易的结构发生了很大的变化，逐渐向新兴服务贸易部门倾斜，旅游、运输等传统服务贸易部门保持稳定增长。1990～2005 年，运输服务占世界服务贸易的比重从 28.6% 下降到 23.3%，旅游服务比重从 33.9% 下降到 28.9%，而以通信、计算机和信息服务、金融、保险、专有权利使用费和特许费为代表的其他服务类型比重则从 37.5% 逐步增长到 47.8%。不过，运输和旅游服务在近几年还是保持了稳定增长。在货物贸易快速增长和运输成本大幅提升的双重推动下，世界运输服务出口 2004 年增长 23%，2005 年增长 12%。世界旅游服务出口主要受亚洲旅游业的大幅度反弹影响，近年有了较大程度的增长，2004 年增长了 18%，2005 年增长了 10%。详见表 9-5。

表 9-5　　　　　　　　世界服务贸易出口中各部门金额及其所占比重变化

（金额单位：亿美元　　比重单位:%）

年份	1980		1990		2000		2005	
	金额	比重	金额	比重	金额	比重	金额	比重
运输	1344	36.8	2233	28.6	3485	23.4	5632	23.3
旅游	1035	28.4	2648	33.9	4778	32.0	6977	28.9
其他	1271	34.8	2924	37.5	6659	44.6	11538	47.8
合计	3650	100.0	7805	100.0	14922	100.0	24147	100.0

（三）服务贸易壁垒隐蔽化趋势

服务贸易壁垒不仅种类繁多、保护程度高，与货物贸易壁垒相比，服务贸易壁垒有其独特的特点：服务贸易壁垒更具刚性和隐蔽性。由于服务贸易标的的无形性、不可储存性、生产与消费的同步性等特点，使得各国政府对本国服务业的保护无法采取关税壁垒的方式，而只能采取非关税壁垒方式，这种保护通常都通过国内立法或政策加以施行，以国内立法形式实施的非关税壁垒与货物贸易壁垒相比往往更具刚性和隐蔽性。

（四）发展中国家地位逐渐提高

目前，广大发展中国家已经充分意识到抓住新一轮国际产业转移趋势对本国经济发展的重要性，开始利用比较优势大力发展服务业和服务贸易。发展中国家除在劳务输出、建筑工程承包、旅游等传统服务贸易中继续保持一定优势外，在通信、计算机和信息服务方面也在加大投入，发掘区位优势、人力资源优势和政策优势，积极承接发达国家的外包业务。中国、印度、菲律宾、墨西哥、巴西等国已经逐步成为区域性或全球性服务外包中心，2003 年印度就已经成为世界计

算机和信息服务出口第二的国家。从世界范围来看，发展中国家的服务贸易出口
竞争力正在增强。2000～2005 年，亚洲、非洲、中南美洲服务贸易出口增速均
高于进口增速，而北美、欧洲的出口增幅则低于或等于进口增幅。

（五）服务贸易的关注程度不断提高

随着世界新一轮产业结构的调整和贸易自由化进程的继续推进，服务业和服
务贸易在各国经济中的地位还将不断上升，服务贸易发展整体趋于活跃。世界各
国纷纷制定加快发展服务贸易的发展战略，欧美等经济发达国家利用其服务贸易
的发展水平领先的优势，通过各种多双边的谈判，要求世界各国开放服务贸易市
场，以此来扩大服务贸易的出口。

第三节　中国服务贸易

一、中国服务贸易发展现状

服务贸易是服务产业进步的标志，是服务产业国际化的体现。当今社会，服
务业的发达程度，是影响一个国家或地区经济和社会发展的重要因素，因为服务
业中的某些产业既是一个独立的产业，同时又是其他产业乃至整个社会发展的
命脉。

自 20 世纪中后期至今，全球服务贸易总量保持了持续增长的势头，尽管其
间由于亚洲金融危机和此后的全球性经济衰退使得服务贸易的增长暂时受阻，但
国际服务贸易的规模继续扩大。2004 年，世界服务贸易额增长 16%，达 2.1 万
亿美元。

直到 20 世纪 90 年代中后期，服务贸易对于广大的中国人来说，仍然是一个
全新的概念，但一个无可争辩的事实是，中国服务贸易已经在国人日益增强的竞
争意识中得到 发展，尤其是"十五"期间服务贸易的发展，成为未来中国服务
贸易进一步发展的坚实基础。"十一五"期间，正值全球产业结构大调整、服务
贸易自由化进程加快、中国服务业市场开放度进一步提高的关键时期，中国服务
贸易的发展面临着难得的机遇和新的挑战。

中国的服务贸易近年来已经成为国际市场上一支不可忽视的力量。尽管如
此，中国服务贸易的发展与总体贸易发展仍不相匹配，存在着各种各样的缺陷，
并表现出明显的滞后性。同时，与服务贸易高度发展的发达国家和部分发展中国

家相比，也存在着较大差距。综观我国服务贸易的发展状况，具有如下特征：

（一）中国服务贸易发展迅速但总体水平较低

中国的跨境服务贸易进出口总额从 1982 年的 43.4 亿美元增长到 2005 年的 1570.8 亿美元，23 年增长了 35.5 倍。其中服务贸易出口 739.1 亿美元，增长近 29 倍，年均增长 15.9%，是同期世界服务贸易年均出口增速的 2 倍。

与经济发达国家和新兴工业化国家相比，中国服务贸易在世界服务贸易中的比重仍然偏低，服务贸易逆差进一步扩大。如果考虑到经济规模的话，中国服务贸易在世界上的份额比中国香港、新加坡还低。逆差的主要项目是运输、保险、专有权利使用费以及特许费和咨询。从 1995 年以后，服务贸易每年都出现很大比例的逆差，至今这种逆差的趋势也没有扭转的迹象。在货物贸易年年大额顺差的情况下，持续的服务贸易逆差抵消了货物贸易的成果，也削弱了国家整体购买力和竞争力的提升。

（二）中国服务贸易内部结构不合理，行业间收支情况差异较大

1. 旅游业是我国服务贸易的最主要部门，占据整个服务贸易总收入的半壁江山，2000 ~ 2005 年旅游服务贸易出口额分别为 162.31 亿美元、177.92 亿美元、203.85 亿美元、174.06 亿美元、257.39 亿美元、292.96 亿美元，分别占当年我国服务贸易出口总额的 53.34%、53.37%、51.29%、37.25%、41.23%、39.60%，并且顺差分别达到 31.17 亿美元、38.83 亿美元、49.87 亿美元、22.19 亿美元、65.90 亿美元、85.37 亿美元，成为最大的服务贸易出口项目和服务贸易最大的顺差来源。

2. 运输业是我国服务贸易中的第二大部门，2000 ~ 2005 年的出口创汇额分别达到 36.71 亿美元、46.35 亿美元、57.20 亿美元、79.06 亿美元、120.67 亿美元、154.2 亿美元，分别占当年我国服务贸易出口总额的 12.06%、13.90%、14.39%、16.92%、19.33%、20.90%。但是该部门这些年分别存在 - 67.25 亿美元、- 66.89 亿美元、- 78.92 亿美元、- 103.26 亿美元、- 124.76 亿美元、- 130.21 亿美元的巨额贸易逆差，反映出我国货物进出口大量使用外国运输服务的现状。

3. 2002 年是建筑服务的转折点，不仅实现创汇收入 12.46 亿美元，比上年增长 50.12%，并且由上年的逆差 3.92 亿美元转为顺差 2.83 亿美元。2002 ~ 2005 年服务贸易出口额分别达到 12.46 亿美元、12.89 亿美元、14.67 亿美元、25.93 亿美元，分别占服务贸易出口总额的 3.13%、2.76%、2.35%、3.5%。

4. 从部门结构看，我国服务贸易的出口仍以传统的旅游、运输、其他商业

服务等劳动密集型行业为主,2005 年三项共占服务贸易总额的 83.3%,是中国服务贸易的三大支柱产业。说明我国服务贸易的发展主要集中在传统的劳动密集型和资源禀赋优势部门上,而在技术含量和增值率较高的保险服务、金融服务、计算机和信息服务、专有权利使用费和特许费、咨询等服务贸易领域呈现出贸易逆差,反映出我国在知识密集型、技术密集型等领域较为落后,而这正是现代服务业的特征,从一个侧面我们也得出我国服务贸易整体水平落后的原因。

表 9 - 6　　　　　　　2006 年上半年中国服务贸易发展状况　　　（单位：百万美元）

项　　目	进出口	出口	进口	差额
运输	25239	9380	15859	-6474
旅游	26173	14683	11490	3198
通信服务	675	353	322	31
建筑服务	2274	1307	967	340
保险服务	4319	284	4035	-3752
金融服务	173	66	107	-40
计算机和信息服务	2132	1249	883	366
专有权利使用费和特许费	3378	94	3284	-3190
咨询	6996	3440	3556	-116
广告、宣传	1156	686	470	215
电影、音像	100	52	48	4
其他商业服务	13167	8448	4719	3729
别处未提及的政府服务	488	261	227	34
合计	86263	40302	45961	-5659

（三）服务贸易立法不健全

长期以来,我国服务贸易立法严重滞后,直到近年才有较大的改观,先后颁布了《海商法》、《商业银行法》、《保险法》、《广告法》、《民用航空法》和《律师法》等一批涉及服务贸易领域的重要法律法规。但同发达国家相比,仍存在较大差距,目前,我国尚没有一个关于服务业的一般性法律,现有立法未成体系，不少领域还是空白。即使已颁布的一些有关服务贸易的法律法规，也比较抽象，缺乏可操作性，对在华外国机构服务提供者的规定较少或没有规定。有的规定主要表现为各职能部门的规章和内容规范文件，不仅立法层次低而且影响到法律的统一性和透明度，一些规定与国际经贸规则还存在一定的差距。

（四）服务贸易管理滞后

目前，我国对国际服务贸易的管理和协调主要由商务部负责，主要负责服务贸易的国际多边谈判、引进外资、对外工程承包及劳务合作等，这种管理在一段时间里对我国服务贸易的发展管理起过积极作用。但对应于《服务贸易总协定》的要求，这种管理体制是存在许多缺陷的，如中央和地方在服务业国际贸易政策和规章方面的差异性，服务业各有关部门职责不明确，外经贸部管理多头、交叉且力量分散，容易造成行业垄断等。此外，由于管理落后，造成我国对服务业统计不规范，在行业划分标准、服务标准等方面有许多不符合国际惯例。

（五）服务贸易的国际化程度很低

衡量一国服务贸易国际化程度的重要指标是服务出口程度。通常而言，一个国家的服务出口程度越高，其对国际市场的依赖性就越强，市场化程度就越高。从1997~2004年中国的服务贸易程度情况来看，与近年来高达70%的货物贸易出口程度相比，服务贸易出口程度还处于相当低的水平，而且增长速度极为缓慢，7年间仅增长了1个百分点。这表明我国服务贸易发展的国际化程度还很低，服务出口产品种类少、竞争力弱，远不能适应国际市场供给和需求的变化。

二、中国服务贸易竞争力评价

（一）中国服务贸易总体竞争力分析

据统计数据显示：1985~2004年间，服务贸易进出口总额年均增长18.24%，其中出口年均增长17.21%，进口年均增长19.30%，进口的增速高于出口增速。1985~2003年世界服务贸易年均增速为8.59%，我国的增速要远远高于世界水平。到2003年，我国服务贸易世界排名已上升到第9位。但从总量上看，2003年我国服务贸易总额仅占世界服务贸易总额的2.76%，仅为美国的18%，英国的38%，日本的54%。2005上半年，我国服务贸易规模达到730亿美元。其中，收入345亿美元，同比增长31%；支出385亿美元，同比增长19%。收支逆差40亿美元，同比减少32亿美元，为5年来的首次减少。

我国服务贸易整体国际竞争力状况可以用可比净出口指数来衡量。从1985~2003年的数据可参见表9-7所示。

表 9 – 7　　　　　　**1985 ~ 2003 年我国服务贸易逆差与可比净出口值数**　　单位：亿美元

年份	出口	进口	差额	NTB
1985	29. 3	22. 6	6. 7	0. 1291
1986	36. 1	20. 3	15. 8	0. 2801
1987	41. 8	23. 4	18. 4	0. 2822
1988	46. 9	33. 3	13. 6	0. 1696
1989	44	35. 7	8. 3	0. 1041
1990	57	41. 4	15. 6	0. 1585
1991	67. 9	39. 4	28. 5	0. 2656
1992	90. 5	91. 9	– 1. 4	– 0. 0077
1993	109. 5	115. 4	– 5. 9	– 0. 0262
1994	162. 4	156. 4	6	– 0. 0188
1995	184. 3	246. 4	– 62. 1	0. 1422
1996	205. 7	223. 7	– 18	– 0. 0419
1997	245. 3	300. 6	– 55. 3	– 0. 1013
1998	240. 4	287. 8	– 47. 4	– 0. 0843
1999	237. 8	312. 9	– 75. 1	– 0. 1364
2000	304. 3	360. 3	– 56	– 0. 0843
2001	333. 4	392. 7	– 59. 3	– 0. 0817
2002	394. 5	461. 8	– 67. 3	– 0. 0786
2003	464	549	– 85	– 0. 0839

近 19 年来我国服务贸易出口额累计 3295. 1 亿美元，而进口额则累计 3715 亿美元。服务贸易逆差累计 419. 9 亿美元。1992 年以后，除 1994 年外，我国服务贸易均为逆差，而且逆差总体上也呈现下降态势。1991 年以前我国服务贸易的可比净出口指数为正，但自 1992 年以来（除 1994 年）均为负数。1995 年达到最低值 – 0. 1422。由此可见，我国服务贸易不但总体水平低，国际竞争力弱，

而且服务贸易发展的趋势表明我国服务贸易国际竞争力有所下降。

贸易竞争力指数是某一产业净出口与该产业进出口总额的比例，用来说明该产业的国际竞争力。该指标作为一个与贸易总额的相对值，剔除了通货膨胀、经济膨胀等宏观总量方面波动的影响，即无论进出口的绝对量是多少，它均介于 −1 到 +1 之间。该指数值为 −1 表示该产业只进口不出口，指数值为 +1 表示该产业只出口不进口。从出口的角度来看，该指数越接近于 +1，表明国际竞争力越强。我国服务贸易总体竞争力较低，贸易逆差逐年增大。

贸易竞争力指数（TC 指数）是指某国产业或产品的进出口差额与总额之比。

由表 9 – 8 可以看出，我国服务贸易从 1995 年起从顺差变成逆差，TC 指数一直小于零，2000 ~ 2003 年连续 4 年为 − 0.08，到 2004 年达到 − 0.07。这反映我国服务贸易虽然保持了较高的增长速度，但其竞争力仍较低，处于比较劣势地位。1995 年因受东南亚金融危机的影响逆差额突然增大，达到 60.93 亿美元。1998 ~ 2004 年间，服务贸易逆差增大 3 倍多，从 27.77 亿美元增加到 96.99 亿美元。出现这种情况与我国近年来经济高速发展，入世后服务业对外开放及国内对服务业需求旺盛有关。但同期服务贸易逆差占服务贸易进出口总额比例一直保持在 8% 左右，并未随逆差绝对额增大而增加，这说明服务贸易逆差尚处于一种稳定状态。

表 9 – 8　　　　　　　1985 ~ 2004 年我国服务贸易 TC 指数　　　　（单位：亿美元）

年份	1985	1990	1995	1998	1999	2000	2001	2002	2003	2004
总额	55.79	102.07	443.53	505.67	578.37	664.62	726.01	862.73	1020.40	1345.67
差额	5.31	15.03	− 60.93	− 27.77	− 53.41	− 56.00	− 59.33	− 67.83	− 83.72	− 96.99
TC 指数	0.10	0.15	− 0.14	− 0.05	− 0.09	− 0.08	− 0.08	− 0.08	− 0.08	− 0.07

（二）中国服务贸易行业国际竞争力分析

从贸易竞争力指数来分析（参见表 9 – 9），我国各行业总体服务贸易竞争力指数均呈现过负数状态，这表明我国服务贸易整体上处于劣势，服务贸易的国际竞争力较弱。

表 9 - 9　　　　　　　　　　　我国服务贸易各部门 TC 指数

年份	2000	2001	2002	2003	2004
运输	- 0.48	- 0.42	- 0.41	- 0.40	- 0.34
旅游	0.11	0.12	0.14	0.07	0.15
通信	0.70	- 0.09	0.08	0.20	- 0.03
建筑	- 0.25	- 0.01	0.13	0.04	0.05
保险	- 0.92	- 0.85	- 0.88	- 0.87	- 0.88
金融	- 0.11	0.12	- 0.28	- 0.21	- 0.19
计算机和信息	0.15	0.14	- 0.28	0.03	0.13
专有权	- 0.88	- 0.89	- 0.92	- 0.94	- 0.90
咨询	- 0.29	- 0.26	- 0.34	- 0.29	- 0.20
广告、宣传	0.05	0.04	- 0.03	0.03	0.10
电影、音像	- 0.54	- 0.29	- 0.53	- 0.35	- 0.62
其他	0.07	0.12	0.28	0.40	0.31
政府服务	0.24	0.30	- 0.10	- 0.12	- 0.17

1. 从行业上看，贸易竞争力指数均大于零的只有旅游和其他商业服务，旅游服务已经成为我国服务贸易的支柱项目。

2. 一向被认为属于劳动密集型的运输服务的贸易竞争力指数却呈负数状态，建筑服务的贸易竞争力指数近两年才稍许改善。实际上，自 20 世纪 80 年代以来，随着远洋集装箱运输和国际建筑业 BOT 方式的盛行，这两项服务越来越偏向于向资本、技术密集型服务方式转变，而我国在资本、技术两方面基础较为薄弱，相应的比较劣势也日渐明显。

3. 通信、计算机和信息服务大多时间里呈现出正数状态，其优势的获得主要依靠国家垄断和服务外包的发展。

4. 在余下的所有其他项目服务中，贸易竞争力指数多为负数，反映了我国服务贸易的国际竞争力水平相当低下，尤其是在保险、金融、专有权等高附加值的服务贸易领域。

5. 2003 年旅游服务贸易竞争力指数的大幅度下降，直接降低了我国整体的服务贸易竞争力指数。说明我国服务贸易的相对优势过于集中于某个领域，对服务贸易的稳定发展会产生非常不利的影响。

三、中国服务贸易发展战略

通过前面对国际服务贸易发展现状和趋势的分析，结合我国服务贸易实际情况及发展制约因素，我国需要从产业结构优化、发挥政府职能以及其他方面选择符合国情的发展策略，以应对国际服务贸易发展趋势带来的机遇和挑战。

（一）提升宏观经济基础，大力发展中国服务产业

1. 制定发展战略，整体推进服务贸易发展

传统的比较优势理论认为，各国加入国际分工，参与国际贸易，应该根据自己的劳动生产率状况或资源优势来确定国际贸易结构。我们应该充分考虑中国服务业各行业的国际竞争力地位，来确定服务贸易产业结构和行业发展顺序，发挥中国服务贸易的比较优势；并根据竞争力的变化调整产业结构，优化资源配置，全面提升中国服务贸易国际竞争力。但是，值得注意的是，仅仅根据比较优势发展中国服务贸易，并不能缩小中国与发达国家的差距，因此，我们应该着眼培养新的竞争优势，以大力发展技术密集型、资本密集型和知识密集型服务行业为导向，确定中国服务贸易发展的战略重点，使其成为中国服务贸易国际竞争力提升的亮点。具体地说，要改善我国服务贸易结构，实施倾斜优惠政策，鼓励知识型、技术型、附加值高的服务出口，由劳动密集型服务向技术密集型服务和知识密集型服务转变，我国要重点发展旅游服务、金融保险、咨询、电信、航空运输、专业服务、工程承包等技术密集型、资本密集型等服务贸易；并在劳动密集型的基础上，努力提高知识含量和技术含量，充分利用自然垄断因素，增加输出附加值。这一对策也是与我国调整国内产业结构、促使产业升级相适应的。

2. 稳步推进国内服务消费需求的结构升级

国际服务贸易是在一国服务业充分发展的基础上形成的。在信息社会，消费需求的导向效应更加强烈。发达国家和地区的居民对一般商品消费的比重往往较低，而对高档商品及商业服务的消费比重较高。随着人均收入的大幅提高，尽管中国居民消费的恩格尔系数已降至50%以下，但中国居民对商业服务的消费需求还不是十分强劲，服务贸易的比重偏低。任何国家产业竞争优势的构建往往都以合理、高级的国内社会消费需求结构为基础。如果一个国家的居民消费是以商品消费为主，服务消费比重过低，或服务消费的层次过低，那么该国的服务贸易根本就不可能形成国家竞争优势。当今世界服务贸易强国的服务产业一般是首先

在其国内形成竞争优势，然后才逐步走向世界的。因此，入世后中国企业和政府应依托巨大的市场需求，努力引导居民优化消费需求结构，提高服务消费的比重，为中国服务贸易国家竞争优势的构建创造良好的市场环境。

（二）加强企业管理，做好中国服务业微观层次的工作

服务业的严重滞后，影响了服务贸易的发展。美国哈佛大学教授波特在其《国家竞争优势》一书中指出，国家竞争优势体现在行业竞争优势。要想提高我国在国际服务贸易中的竞争优势，关键是要提高服务业的发展水平：服务业在国际竞争中获得竞争优势，就会为服务贸易发展奠定坚实的基础。为了提高服务业的竞争力，关键是服务企业自身应充分挖掘自身潜力，培育自己的竞争优势。企业自身应从以下 5 个方面入手：

1. 要从企业的服务类型、特征出发，分析企业在自然资源、劳动力、管理、技术、人员培训、创新、企业形象等各方面的现状，正确认识现有的比较优势。

2. 要解决经济规模问题。依靠社会化经营，如商业、生活服务业实行联号或连锁经营，最大限度地利用已经积累的无形资产，并与经营的分散性灵活结合。还可以将业务相关、处在不同环节上的服务企业进行业务衔接，开展长期的分工协作，提高服务效率。

3. 企业比较优势的发挥应符合市场的需要。决定服务贸易市场需求的主要因素有服务特点、社会经济条件、消费者心理、供给制约、时间及地点等，弄清市场需求，可以有针对性地培育竞争优势，提高市场竞争力。

4. 企业要有创新精神。通过对服务需求的预测分析以及对服务市场的细分，努力寻找潜在的消费者并满足他们的需求，积极开拓市场，在新的市场中形成自己的竞争优势。

5. 以国内市场为依托，从国内市场向国际市场发展，培育国际竞争力。

从波特的观点可以看出，现阶段应进一步推进企业制度改革，深化专业化分工，形成国内生产者服务的大市场，以需求带动生产；同时，还可以加强国内服务市场的竞争，从而提高服务质量，进而提升国际竞争力。在管理服务企业时，我们必须站在战略的高度，综合考虑货币的时间价值和风险因素，尽量实现人、财、物的价值最大化。今后，在对企业业绩进行评价时，要注重企业长远发展潜力、内部流程和外部竞争，建立动态评价指标体系并切实贯彻落实相关指标。另外，必须强调的是，要真正把一个企业做大做强，并成为世界级企业，靠关系、人情这些不正当竞争手段是行不通的。像沃尔玛等世界 500 强企业，靠的是诚信意识、科学和严格管理、先进的经营理念、正确的经营策略等"关系"之外的东西。

（三）重视科技水平及人力资本，提高高等要素的水平

国际服务贸易本身是一种资本积累和技术转让的渠道，它可以通过影响技术和其他生产条件改变原来的比较优势，形成新的国际贸易格局，也可以强化原来的比较优势。因此，国际服务贸易的竞争应该建立在高等要素的生成机制上，努力提高服务贸易高等要素的市场供给能力，而其最终落实于人力资本要素上的竞争。我们在制定服务贸易发展战略时，要注意加大对教育、科研和开发等高等要素的投入，加速建立健全服务贸易高等要素生成机制，努力提高高等要素的供给能力，这对于促进中国国际服务贸易持续、健康发展，提高中国服务产品的科技含量是至关重要的。

1. 鼓励发明创新，加大技术投资，改善信息通信等基础设施，提高获取专利、专有技术的能力。

首先，建立技术基础设施，为技术创新奠定基础。技术基础设施是指多个市场主体（主要是企业）在进行技术创新时能共同使用的产业技术的组成部分，如基础技术知识、信息高速公路和基础制造技术等共性技术以及经济技术数据库等服务。这也是目前政府需要着力解决的问题；其次，建立国家创新基金，支持高风险和高技术部门的扩展，鼓励创新；再次，加强服务的专业化协作，扩大供给和需求的规模，以取得规模经济效益。

2. 加大人力资本和教育的投入，提高劳动力素质，改善人力资源，大力培养服务业人才，知识、技术密集型的服务业发展归根结底依赖于高素质的人力资源。目前我国缺乏服务贸易方面的人才，如熟悉服务贸易的研究人员、工商企业家、金融家、会计师、审计师、律师和工程承包商等。这是国际化经营的一个突出矛盾。因此，建议在现有各高校国际贸易和国际金融专业中加开国际服务贸易课程，有条件的院校、科研所要积极筹建国际服务贸易专业，培养熟悉国际服务贸易的复合型人才。对高校的服务相关专业按照国际服务业发展趋势进行细分和调整，鼓励海外专业人才来华就业，全面提升服务从业人员的素质。同时，加强对现有人员的短期培训，让他们尽快了解和熟悉《国际服务贸易协定》的有关条款及我国服务业面临的挑战和机遇，以提高我国国际服务贸易的市场竞争力。另外，我国政府要加大对国际服务贸易企业尤其是知识技术密集型服务企业的政策倾斜与扶持力度。切实改善教育状况，加大教育投入和教育创新改革，多层次、多渠道办学，改变高等教育的国家垄断局面，形成竞争机制，有利于高素质人才的培养。

（四）推动城市化发展，提供良好基础环境

从正相关因素考虑，完善基础设施和提高城市化水平应该是入世后扩大服务业利用外资规模的必然选择。基础设施的完善，不仅仅关系到服务业利用外资的水平，也是影响我国服务业总体规模的关键因素，而且还是和工业生产有密切关联的中间投入要素。提高城市化水平，是和服务业自身的行业特点有着密切关系的。服务业的内部结构与城市规模结构有很大关系，现代服务业、新兴服务业，往往与城市规模连在一起。当前我国服务业的主要问题就是传统服务业的过度膨胀和现代服务业、新兴服务业的相对短缺，因此进一步提高我国的城市化水平，对于引进在现代服务业和新兴服务业上具有比较优势的外资显然有着重要意义。

1. 发展各种城市类型

（1）从控制向合理转变，发展大城市。从市场规律出发，只要符合规模经济原则，仍要发展，有条件的甚至可以向国际性大都市方向发展，应当改变以往严格控制大城市发展的方针，代之以合理发展大城市，以促进大中小城市的全面发展。这样，才能加速我国的城市化进程，并为服务业的发展提供有利条件。

（2）从区域经济发展的需要出发，要继续充实提高现有区域性经济中心城市。发展方向是，适度扩大现有中心城市规模，在城区周边地区合理规划布局，发展功能性小城市和小城镇，形成区域性的经济、金融、信息、文化和科教中心。

（3）建设发展新城市。我国广大的中西部地区，城镇密度低，许多地区还没有辐射和带动区域经济发展的中心城市。配合西部大开发、加快中西部地区发展的要求，在2010年前，要把中西部一些有基础、条件较好的中小城市或小城镇，培育发展成为新的经济中心城市。

（4）规划引导城镇密集区。长江三角洲、珠江三角洲等地区，人口密集，工业化程度较高，城镇数量多、密度大，城镇间经济联系较紧密，已呈现城镇绵延区的发展态势。要进一步增强其经济实力，加强产业、要素聚集功能，提高对人口的吸引力，特别是要吸收区外人口，统筹规划城镇体系，统一规划区内大型基础设施建设，合理安排城镇间机场、高速公路、快速轨道交通、信息传输网络及清洁能源供应系统，完善体系，实现资源共享。

2. 改革城市化方式，从形式城市化向内涵型城市化转变

（1）完善城市化软硬设施建设，着力提高人民生活质量；

（2）进行城市产业重组，通过产业结构转换争取新的经济优势，使之更好地发挥规模效益和聚集效益；

（3）做好城市老城区的改造和新城区的扩展工作，充分挖掘其潜力；

（4）新建城市要有选择、有重点，避免一哄而起，从注重量的扩张和规模的膨胀向提高质量和内涵发展。

另一方面，短期内要积极引导劳动力的跨地区流动，取消限制劳动力合理流动的有关规定，促进城市规模的迅速提高，特大城市和大城市要加强对高素质人口的集聚，中小城市要加强人口数量的集聚。同时，要调整城市居民的居住结构，引导居民进入社区居住，提高人口的密度，增加服务需求。长期内，调整并最终取消我国的户籍管理制度，疏通城市化渠道或乡村—城市转型过程中的人口流通和迁移渠道，强化城乡联系，有效启动城市化的加速机制和进程。

（五）合理发挥政府职能，依法促进中国服务贸易

1. 政府的对内职能

充分发挥政府的孵化、激励作用，审慎建立国际服务贸易产业救济和保护机制。波特说："国家与产业竞争力的关系，也正是国家如何刺激产业改善和创新的关系。"政府对构建国家竞争优势的作用除了体现在对科技进步的孵化上，还体现在对产业创造力的激励上。现阶段我国应继续鼓励发展具有比较优势的传统劳动密集型服务业，例如旅游、工程承包、劳务输出、海洋运输以及传统的中医、中药等，不断增强国际竞争力。同时，通过政策倾斜和加大扶持力度，完善财政、信贷等优惠措施，辅以积极的产业政策，充分利用现有力量，有步骤、有重点地推进技术服务、信息服务、数据服务、电信服务等新兴服务贸易的发展，因为新兴服务贸易特别是技术密集型和知识密集型领域的服务贸易是提高服务贸易档次和结构效益的根本。

2. 政府的对外职能

一方面，服务贸易自由化是一个渐进的过程，我们应结合国际服务贸易发展趋势，根据我国服务业的具体情况，稳妥、慎重、有重点、有步骤、分阶段地开放国内服务贸易市场。在既考虑国际惯例又考虑国情的基础上，来确定服务业的开放度和保留度。

另一方面，要制定适度的服务贸易保护政策。在这方面，要区别不同情况采取不自由、半自由、全自由三类不同的政策。

（1）凡涉及国家主权、国家安全和国家机密的极少数部门或项目，应采取明令禁止的政策，不开放，不允许外资进入。

（2）凡关系国民经济命脉和人民生活安定的重要部门或项目，允许开放，允许外资进入，但不允许外商独资或控股，要规定其股份的最高界限。

（3）除以上二者外的绝大多数一般部门和项目，要完全开放，实行自由化的政策。但是，应在坚持国民待遇的原则下，采用严格规范的国内政策以限制或推迟外资进入。

3. 法律法规的制定与完善

服务贸易与货物贸易一样，其发展和市场都要以严格的法律法规为依据。而我国目前服务贸易的立法工作还很落后，服务业中许多部门都无专项法律法规。因此，为保证服务贸易能沿着正常、健康的轨道发展，我们应加强对 GATT、GATS、WTO 有关条款原则的研究，尽快建立健全既符合本国经济发展目标又不违背国际法准则的法律、法规，对服务市场准入原则、服务贸易的税收、投资、优惠条件等要以法律形式规定下来，以增加我们服务贸易的透明度，使服务贸易真正实现制度化和规范化。

在市场准入方面，我们不仅要及时、明确地公布开放行业、开放程度以及相关的法律、法规，还要及时公布适用的司法及行政决定，更好地履行 CATS 透明度义务。制定统一的服务贸易法律、法规和政策，致力于相关法律、法规的完善与配套。要制定和引入与 WTO 规则相符的竞争政策、保护性立法和主动性法律、法规。作为 WTO 成员国，我们已按承诺的时间表逐步开放了服务贸易市场，我们还应制定相应的竞争政策，规范服务市场。例如，对逐步开放的保险、金融及电信等市场，应有相关的竞争政策进行竞争规范。约束我国一些行业中存在的垄断与滥用垄断行为。特别是对做出承诺的反滥用垄断或专营的服务部门，我们还应按特别承诺制定和实施相应的政策；同时要根据 CATS 进行保护性立法和制定主动性法律、法规，如《反补贴法》、《反报复法》等，以保护我国的相关产业。

 资　料

"国际产业重心已经从制造业转向服务业"，"北京已成为全国服务贸易的重要基地，并成为重要的非港口式贸易中心"，在 2007 年 5 月 26 日举办的第十届科博会中国服务贸易发展国际论坛上，北京市副市长陆昊、商务部服务贸易司司长胡景岩对当前服务贸易的国际趋势、国家政策以及北京市有效利用地域优势发展服务贸易的独特性和前景进行了深入分析。

1. 2010 年服务贸易进出口总额将达 4000 亿美元

"服务贸易具有高技术含量、高附加值、环保、节能等特点，国际产业重心已经从制造业转向服务业。"商务部服务贸易司司长胡景岩表示，在全球的经济

总量中，服务业已经占到 60%，金融、保险、旅游、咨询等服务业是服务贸易的重要内容。

日本的动漫产品在美国的年销售收入已经超过 50 亿美元，是其对美国钢铁出口收入的 4 倍，由此可见服务贸易对一国经济的重要性。胡景岩表示："经济全球化推进了服务业的全球化，各国政府都已意识到发展服务贸易的重要性，纷纷制定了加快服务贸易的发展战略。美国更是把服务贸易看做其全球核心竞争力的关键。"

"我国政府正致力于营造加快服务贸易发展的宏观环境，建立符合国际规范的服务贸易统计体系和符合市场经济要求的服务贸易促进体系，推动服务贸易更快更好地发展。我国在'十一五'规划中明确提出'到 2010 年服务贸易进出口总额达到 4000 亿美元'的目标，下一步，国家将在确立发展战略、加大开放力度、重点行业出口、做好统计服务品牌、建立促进体系等几个方面促进服务贸易的发展。"

2. 北京服务贸易占全国总额近两成

统计数据显示，北京市服务贸易总额从 1997 年的 102 亿美元激增 2006 年的 374.7 亿美元，其中服务贸易出口额从 1997 年的 51 亿美元攀升至 2006 年的 220.6 亿美元，服务贸易进口额从 1997 年的 50 亿美元上升至 2006 年的 154.1 亿美元。

"北京在服务贸易发展方面具有自己的特点。从 1995 年开始北京服务业驶入发展快车道，2006 年服务业已占北京市经济总量的 70%。北京以占全国 4% 的经济总量支持了全国 10% 的服务贸易、24% 的服务贸易出口、15.3% 的服务贸易进口。这个比例充分说明了北京的服务业特别是服务贸易在全国的重要地位。"北京市副市长陆昊表示，北京已成为中国服务贸易的重要基地。

从结构角度看，北京在中国服务贸易的若干新兴领域占据更高份额。在北京的服务贸易收入中，金融保险业收入占全国的比例达到 39%，通信邮电业收入占到 82%，建筑安装及劳务承包收入占到 44%，计算机和信息服务占到 46%，专利使用特许费占到 49%，咨询费占到 36%，电影和影像占到 68%。从支出角度看，北京的通信邮电业收入占全国的比例高达 70%，建筑安装及劳务承包收入占到 55%，广告宣传占到 30%，电影和影像占到 72%。"从这些数据可以看出，北京服务贸易已经对全国产生了重要影响"。

3. 北京已成为重要的非港口式贸易中心

北京最具有潜力的服务贸易是软件业，在软件领域有很好的外包机会。2008

年北京奥运会的契机对城市旅游业是一个拉动和促进。近10年来，北京每年实际利用外资均保持在20亿美元，70%的外资集中在服务业。作为国际都市，北京的人员流动进一步促进了服务贸易的机会。目前，北京发展服务贸易的基础日益完备，在跨境服务、路径消费、商业存在、自然人流动等方面具有很好的发展机遇。

过去几年，北京的货物贸易进出口总额一直保持高速增长态势。2002年北京的货物贸易进出口总额仅为525亿美元，到2006年已达1581亿美元。

北京不是最大的产品制造所在地，但北京调度了全国很多城市的货物贸易进出口活动。北京也非重要港口，但在北京海关却发生了1581亿美元的进出口货物贸易交易额。

北京有着全国密集的各类消费信息，北京的消费对内陆地区具有一定的示范作用，同时北京还连接环渤海地区，对东北、西北、华北有着重要的连接功能。

复习思考题

1. 国际服务贸易的含义及特点是什么？
2. 论述国际服务贸易发展阶段的发展趋势。
3. 论述国际服务贸易发展的原因及影响因素。
4. 简述中国服务贸易的发展现状。
5. 中国服务贸易的发展趋势如何？
6. 简述中国服务贸易的发展战略。

参考文献

1. ［美］RICHARD METTERS, KATHRYN KING – METTERS, MADELEINE PULLMAN 著. 金马译. 服务运营管理. 北京：清华大学出版社, 2004.

2. ［美］K. 道格拉斯·霍夫曼, 约翰·E. G. 彼得森著. 胡介埙译. 服务营销精要. 大连：东北财经大学出版社, 2004.

3. ［美］詹姆斯 A. 菲茨西蒙斯, 莫娜 J. 菲茨西蒙斯著. 张金成, 范秀成等译. 服务管理运作、战略与信息技术. 北京：机械工业出版社, 2007.

4. ［美］卡罗琳·费希尔, 詹姆斯·苏特著. 武永红, 陶峻译. 新服务开发. 大连：东北财经大学出版社, 2005.

5. ［美］德里克·艾伦, 特尼鲁·拉奥著. 客户满意度数据分析. 大连：东北财经大学出版社, 2005. 1.

6. 李怀斌, 于宁. 服务营销学教程. 大连：东北财经大学出版社, 2002.

7. 季辉, 冯丽云. 服务营销. 北京：高等教育出版社, 2001.

8. 郑吉昌. 服务营销管理. 北京：中国商务出版社, 2005.

9. 傅云新. 服务营销学. 广州：华南理工大学出版社, 2005.

10. 范秀成. 服务管理学. 天津：南开大学出版社, 2006.

11. 刘建军. 服务其实很简单. 北京：机械工业出版社, 2006.

12. 叶万春. 服务营销管理. 北京：中国人民大学出版社, 2003.

13. 杨米沙. 服务营销. 广州：广东经济出版社, 2005.

14. 刘丽文, 杨军. 服务业营运管理. 北京：中国税务出版社, 2005.

15. 陈祝平. 服务市场营销. 大连：东北财经大学出版社, 2001.

16. 刘建国, 申宏丽. 服务营销与运营. 北京：清华大学出版社 & 北京交通大学出版社, 2005.

17. 韩经纶, 董军. 顾客感知服务质量评价与管理. 天津：南开大学出版社, 2006.

18. 崔立新. 服务质量评价模型. 北京：经济日报出版社, 2003.

19. 黄明涛. 服务意识. 北京：中国传媒大学出版社, 2006.

20. 杨俊著. 服务补救运作机理. 北京: 中国经济出版社, 2006.

21. 王小平. 服务业竞争力——一个理论以及对服务贸易与零售业的研究. 北京: 经济管理出版社, 2003.

22. 制造业内训教程编委会. 客户服务管理. 广州: 广东经济出版社, 2006.

23. 滕宝红. 客户管理·售后服务. 广州: 广东经济出版社, 2007.

24. 周传林. 售后服务从业规范. 北京: 中国经济出版社, 2004.

25. 宿春礼. 客户管理方法. 北京: 经济管理出版社, 2003.

26. 李先国, 曹献存. 客户服务管理. 北京: 清华大学出版社, 2006.

27. 李先国, 曹献存. 客户服务实务. 北京: 清华大学出版社, 2006.

28. 王广宇. 客户关系管理方法论. 北京: 清华大学出版社, 2004.

29. 雷扬. 客户服务管理. 北京: 电子工业出版社, 2004.

30. 宿春礼. 客户管理制度. 北京: 经济管理出版社, 2003.

31. 何荣勤. CRM 原理·设计·实践. 北京: 电子工业出版社, 2003.

32. 郑方华. 客户服务技能案例训练手册. 北京: 机械工业出版社, 2006.

33. 汪素芹. 国际服务贸易. 北京: 机械工业出版社, 2007.

34. 陈宪, 程大中. 国际服务贸易. 北京: 高等教育出版社, 2003.